J.S. ミルと I. バーリンの政治思想

山下重一 著

泉谷周三郎 編集・解説

御茶の水書房

著者(山下重一先生)

J・S・ミルとI・バーリンの政治思想　目次

目次

〔凡例〕

〔初出一覧〕

第一部　「J・S・ミルの一八三〇年代における思想形成と政治的ジャーナリズム」『國學院法学』第四四巻第二、三、四号収録、二〇〇六年九月―二〇〇七年三月刊。

第二部　「バーリンにおける自由論と価値多元論」『國學院法学』第三六巻第三、四号収録、一九九八年一二月―一九九九年三月刊。

J・S・ミルとI・バーリンの政治思想

第一部　J・S・ミルの一八三〇年代における思想形成と政治的ジャーナリズム

はしがき

ミル（Mill, John Stuart, 1806–73）は、『自伝』（*Autobiography*, 1873）の第一章から第四章までの四章で幼時以来の父ジェイムズ・ミルによる英才教育の過程と少年時代から始められたベンサム主義の改革思想に基づく論説と演説による政治的実践活動を詳述した後、第五章を「わが精神史上の一危機・一歩前進」と題して、一八二六—七年の冬、彼の二十歳の年に経験した深刻な精神の危機を契機として、貪るようにさまざまな思想を吸収して、自己の思想形成のために苦闘した軌跡を細やかに回顧している。次いで彼は、第六章において、「わが生涯の最も貴重な交友」として、後に彼の妻となったハリエット・テイラー（Taylor, Harriet, 1807–58）との交わりを詳細に記すと共に、一八三〇年代の著述とその他の活動について述べている。

ミルは、ベンサムと父ミルの指導下に、産業革命後のイギリスにおいて、法律と政治の全面的改革を推進しようとした哲学的急進派（the Philosophic Radicals）の指導者となるためにいわば純粋培養されたのであるが、精神の危機によってベンサムの功利主義の狭隘性、一面性を強く自覚し、「ヨーロッパの、すなわち大陸の思想、特に十八世紀に対する十九世紀の反動の思想」を鋭意吸収すると共に、「十八世紀に対する反動に与することなく、真理の反面を採り入れたと同様に、別の半面も着実に把握し続けた。[1]」特に注目すべきは、彼が「私は、ヨーロッパに関して、特にイギリスに関して、それまでと全く同様に急進主義者であり、民主主義者であった。私は、イギリスの国制において貴族や富豪の貴族階級が優越していることは、どのような闘争によってでも除去しなければならない害悪であって、それも、課税などの比較的小さな不利益のためではなく、国家を道徳的に著しく堕落させる力として除去しなければならないと考えた。[2]」と強調していることである。彼は、サン・シモン派、コールリッジ主義、さらにトクヴィル等から大きな影響を受けたが、彼の支配的な地主貴族寡頭支配に対する全面的な対決の姿勢については、哲学的急進派の立場から逸脱することはなかった。

本稿では、一八三〇年代に焦点を当てて、時代的に全く重なり合っていた彼が思想形成に全力を投入した時期と彼が最初は週刊紙『エグザミナー』と月刊誌『マンスリ・レポジトリ』を中心とし、一八三五年以降は彼自身が実質的な主筆となり、後には自ら経営者となった『ロンドン・レヴュー』『ロンドン・アンド・ウェストミンスター・レヴュー』によって旺盛な政治的ジャーナリズムを展開した時期の多彩な文筆活動を検討したい。

彼は、『自伝』の第七章「私の残りの生涯の概観」の冒頭に、「この時以来、私の生涯について述べる価値があることは、ごく狭い範囲となるであろう。私には引き続き精神的進歩があったと自負しているとはいえ、連続的に記録するほどの精神的な変化はもはやなかったし、私の精神的進歩がもしも本物であったならば、私の著述の中に最もよく見出されるであろう。[3]」と記している。彼の最初の著述は、一八四三年に刊行された『論理学体系』(*A System of Logic*)であるが、彼がその後次々に世に送った『経済学原理』(*Principles of Political Economy*, 1848)、『自由論』(*On Liberty*, 1859)、『代議政治論』(*Considerations of Representative Government*, 1861)、『功利主義論』(*Utilitarianism*, 1863)などの主著を理解するためには、一八三〇年代の彼の思想形成過程と政治的ジャーナリズム活動の全貌を展望することが不可欠であろう。彼の二十歳代半ばから三十歳代半ばに当たっていたこの時期は、東インド会社の勤務とハリエット・テイラーをめぐる三角関係の中にありながら、多角的に異質思想の吸収と総合に努力すると同時に、院内の哲学的急進派を指導鞭撻するために政治的ジャーナリズムに驚くべき精力を投入した極めて充実した時期であった。

彼は、実質的主筆となり後には経営者にもなった『ロンドン・アンド・ウェストミンスター・レヴュー』を、自己の新思想の発表機関とすると共に、哲学的急進派の行動指針としても活用しようとしたのであった。本稿の課題は、一八三〇年代のミルの思想的成長過程と現実政治を直視して改革の目指すべき方向を具体的に指示するためのジャーナリズム活動とを一体として把握することにほかならない。

（1）*Autobiography, Collected Works of John Stuart Mill*（以下 *CW* と略記）p. 169. 拙訳『評註ミル自伝』（御茶の水書房）二二三―四頁。

（2）*Ibid.*, p. 177. 拙訳二三〇頁。

（3）*Ibid.*, p. 229. 拙訳三一五頁。

第一章　一八三四年までの思想的模索

一　一八三〇年代初期のミル――スターリング宛の手紙――

ミルの一八三〇年代初期の動静と思想状況を窺わせる資料として、一八三一年十月二十二―二十四日付の親友スターリング（Sterling, John, 1806–44）宛の長文の手紙は極めて貴重である。二人の初対面は、一八二八年にスターリングが「ロンドン討論協会」に加入してミルと論争を交えたのが契機であったが、コールリッジ（Coleridge, Samuel Taylor, 1772–1835）に私淑していたスターリングは、思想的模索の中にあったミルに大きな影響を与え、二人の親交が始まった。この手紙が書かれた時、スターリングは、新婚の妻と共に西インドのヴィンセント島に滞在して、療養の傍わら農園の管理をしていたのであるが、ミルは、僻遠の地にあった友に、イギリスの政局と自分の生活と思想について詳しく書き送り、この手紙は、当時のミルの心境と動静を余すところなく伝えている。次にこの手紙の豊富な内容を重点的にまとめて見たい。

（一）選挙法改正問題

当時の政局は、一八三一年にグレイ（Grey, Charles, 2nd Earl of. 1764-1845）内閣が提出した選挙法改正法案（Reform Bill）の審議をめぐって白熱していた。ミルは、下院で可決された法案が上院で四十一票差で否決されたことを伝えると共に、「私は、貴族や国教会の没落が近付いていることを遺憾に思いませんが、立法部の保守的な部門がなければならないし、それがコールリッジがその著『教会と国家』で概説したような国民的聖職者或いは聖職者団体（a national clergy or clerisy）でなければならないと確信しています。ですからもしも現在の貴族と聖職者が反利権的な原理（antijobbing principles）と非宗派的な教会の聖職に基づいて構成される政府の上院議員になることに同意するならば、私は、その永続を望みます。しかし彼等は、決して同意しないでしょう。」という極めて示唆的な一節を記している。コールリッジの『国家と教会』（*On the Constitution of the Church and State, according to the idea of each.*）は、一八二九年に刊行されたばかりであった。彼は続いて、「国民的聖職者は、国民を彼等の義務を果たし権利を行使するのに適合させる知識の教師として、また義務を権利の行使を勧告する人びととして、彼等の時代と国家に対して有益な効果を生み出すことができるすべての人々を含むように構成されなければならないと考えることに、あなたが賛成されないことは存じていますが、コールリッジは賛成するでしょう。私は、このような人々は、キリスト教徒のあらゆる宗派の間に、否全くキリスト教徒でない人々の間にも見出すことができると主張します。」と述べている。(1)

この一節は、当時のミルが選挙法改正法案が上院の抵抗のために難航していた時に、現実の上院の頑迷な態度をきびしく批判しながら、上院の廃止を主張したのではなく、国教会と貴族が支配している上院を非宗派的な学識者による文化的、教育的な機関に改組することを将来の課題として強調している点について注目に値する。彼は、当面の政局が上院とトーリ党の抵抗によって行き詰まった状態が続くならば、選挙法改正の成立までに不測の事態が起こるに違いないと予測して、「もしも内閣がしりごみしているか、上院が頑固な態度を続けるならば、私は、六箇月以内に普通選挙によって選ばれた国民公会（national convention）がロンドンに樹立されると確信しています」[2]と述べて、選挙法改正を全面的に支持していた。彼は、選挙権の拡大を議会の民主化の第一歩と考えて、上院とトーリ党の抵抗を強く批判する一方で、ベンサムと父ミルから教えられた政治改革の理論の一面性を自覚し、国教会と貴族の統治機関であった上院を非宗派的な学識者による機関に改組することに将来の展望として期待をかけていた。それは、彼がスターリングに教えられて耽読したコールリッジの著述の極めて独特な影響であったと言うことができるであろう。

（二）　論理学の研究

ミルの手紙には、選挙法改正をめぐる政治問題から一転して、自分の最近の研究について言及し、自分が精を出して努力しているのは、「あらゆる時に役に立つ原理、すなわち道徳、統治、法、教育、就中自己教育の原理」を探求することであると強調して、「私が自分に最も適していると信じている唯一のことは、抽象的な真理の探求であり、抽象的であればあるほどよいのです。私が促進することができる何かの科学があるとすれば、それは、科学の科学、探求すなわち方法の科学だと思います。……私は、論理学に関する私の考え方の非常に多くのことを書き下していますが、いつか書物にまとめてみたいと思っています。」と記し、さらに、「私は、五つの論文を書きましたが、四篇は個別の諸問題に関するもので、一篇は、科学そのものに関するものです。」と書き知らせている。[3]この五論文は、一八四四年に刊行された『経済学試論集』（*Essays on Some Unsettled Questions of Political Economy*, 1844）の原型になったものであり、その中の「科学そのもの」に関する論文とは、単行本の第五章となる前に『ロンドン・アンド・ウェストミンスター・レヴュー』の一八三六年十月号に発表された「経済学の定義と方法」（On the Definition of Political Economy and on the Method of Philosophical Investigation in that Science）である。この論文は、彼が『論理学体系』（*A System of Logic*, 1843）の第六部で詳述した社会科学方法論の輪郭を示すものであった。この時期に既に構想されて草稿が書き始められていた『論理学体系』の大著は、一八三〇年代の多彩な著述活動の間を縫って書き続けられた。ベンサムと父ミルから教えられた思想に飽き足らず独自の思想形成に努力していた彼の最大の関心事は、科学方法論であり、十数年かけて完成された成果が『論理学体系』であったが、彼の思想的模索の誠実な告白として読むことができるスターリング宛の長文の手紙のこの一節は、ミルが論理学の研究に賭けた意欲の強さを明示していたと言えるであろう。

（三）「思弁的トーリ主義」への評価

続いてミルは、七月十九日から八月二十五日まで湖水地方を旅行して、ワーズワスとサウジイに会った印象を詳しく記しているが、特にワーズワスの偉大さを強調したことは特筆に値する。彼は、ワーズワスの広般な思想と豊かな感情、また一面性とは正反対の包括的な精神に感嘆したことを伝えると共に、社会の状態と政府の形態について教訓的に語ったことに感銘を受けたと記している。彼が「私と彼やその他の哲学的なトーリ主義者との間の相違は、すべて事実や些細なことに関する相違でしょうが、私と急進主義者や功利主義者との間の相違は、原理の相違です。」[4]と述べているのは驚くべきことである。彼は、「思弁的トーリ主義」（specurative Toryism）と「実際的トーリ主義」（practical Toryism）とを峻別して、「実際的トーリ主義とは、内部にいて、乗物の中で自分たちの快い立場に満足して、外で凍えている貧民たちのことを考えないことを意味する。」と記し、現実のトーリ党員が猟官運動と私利の追求に狂奔していることを批判して、「『恐ろしいデモクラシー』の叫びだけが彼等の弱々しく怠惰な心を刺戟して、彼等を無関心の眠りから目覚めさせることができる。」と強調した[5]。彼は、現実の固陋なトーリ党にはいささかも妥協することなく対決する姿勢を明示しながら、ワーズワスやコールリッジ等のロマン主義思想の貴重な教訓を汲み取らなければならない源泉と考えて、次のような注目すべき主張を書き連ねた。

「彼等が尊敬しているのは、理想的なトーリ主義、理想的な国主、上院、下院であり、それは、新しいイギリスと対照的な古いイギリスですが、それもイギリスの現実ではなくて、あるべき姿のイギリスです。私には、ワーズワス、コールリッジ（もし彼をトーリと呼ぶことができればですが）とサウジーさえも含めて私が挙げることができるその他多くの人々のトーリ主義は、真正面に抽象的な統治に対する畏敬であり、そのことは、彼等が人間にとって支配されること、心身共により高度の知性と徳性に服従することはよいことであるということを意味しています。従ってそれは、自由主義とは正反対です。自由主義は、すべての人々を自分の案内人、全権の主人とし、自分で考えさせ、自分が最善と判断する通りに行動させ、他の人々が証拠で説得することができるならば説得することを認めるが、権威に譲歩することを禁じ、いわんやすべての人々の人格と財産と我慢することができるほどの保障が不可避的に必要とする以上に他人が拘束を加えることを許さないと主張します。このような思想が意味していること以上に人間性と人間の幸福とに必要なこと、また人間はどの程度の幸福と徳性とを達成し得るかということに対する完全な無知を考えることは困難です。しかし私は、このような偏狭な見解と有害な異端者に最もよく対抗することができる人々が、生命と活力に満ち溢れているのに、もはや生き返らすすべのない死んだ政治的、宗教的制度の生気のない形骸に自らを縛りつけていることを慨嘆せざるを得ません[6]。」

後年の『自由論』の基本的な理念と明らかに対立するこのような主張は、当時のミルの思想形成過程に見出される振幅の大きさを明白に示している。彼は、過去のイギリスを理想化して独自の保守主義的社会哲学を樹立したコールリッジ等のロマン主義者たちが、安定した社会の条件を重視するために敢えて伝統的な国家体制と国教会を理想化した「思弁的トーリ主義」の中に、歴史的伝統的な諸制度を根底から打倒するための理論体系を呈示したベンサム主義とは正反対の思想を見出し、ロマン主義者たちが「思弁的トーリ主義」を主張しながら「実際的トーリ主義」すなわち形骸化して完全に反動的になっていた国家体制と国教会を支持していることを慨嘆しながらも、彼等から重要な教訓を汲み取ろうとしていた。ミルが彼等に見出したのは、歴史的認識を重視することと共に強烈なエリート主義に立脚する見解であった。彼は、貴族階級と国教会の高位聖職者を中心とする伝統的な支配体制を打破しようとするベンサム的急進派の改革運動から決して離れてはいなかったが、将来の展望については、ベンサム主義だけでは基礎付けることのできない哲学的、政治学的な広い視野を追い求めていた。スターリングに詳細に告白したロマン主義への強い共鳴の中にミルの著述だけでは知ることができない彼の極めて振幅の大きい思想的模索の一端を窺うことができるように思われる。

(四)　カーライルとの親交

ミルの長い手紙の末尾には、カーライル、ジェイムズ・スティーヴン、オースティン夫妻、ブラー、ロウバック等の友人たちの消息が記されているが、最も興味深いのは、カーライルについて、「彼は、人探しの名人（a great hunter-out of acquaintance）です。」と謎めいたことが記されていることである。これは、ミルが後節で述べるサン・シモン派の影響を強く受けた論文「時代の精神」（Spirit of the Age）を『エグザミナー』紙に連載した時、スコットランドのクレイゲンパトックの僻地で文筆に専念していたカーライルがこれを読んで、一八三一年八月にロンドンに上京した際にその筆者がミルであったことを知ったことが二人の識り合って忽ち親友になる契機であったことを指している。ミルは、カーライルを極めて大らかで寛容な人物と評し、「彼の心がドイツの著述者たちの生命の息吹きの霊感から引き出されているとはいえ、彼等の反映或いは影であるようには私には見えない。」と述べている。[7] カーライルは、翌年三月にクレイゲンパトックに帰ったが、彼がロンドンに来て定住するまでの間、ミルとの間に緊密な文通が交わされたことは、本稿第二章の初めで取り上げたい。カーライルとスターリングが初めて会ったのは一八三五年のことであったが、スターリングは、カーライルを深く敬愛し、カーライルも年少のスターリングを親切に指導し、彼が三十八歳で夭折したことを惜しんで、伝記（*The Life of John Sterling*, 1851）を書いたのである。

(五)　サン・シモン派の動向

この手紙の終わりには、「サン・シモン派は、フランスで大いに発展して、彼の地で非常によいことをしています。フランスには全般的に彼等に匹敵する人々は誰もおりません。彼等は、イギリスに伝導者を派遣すると話していますが、よいことは何もできないでしょう。」と記されている。[8] ミルのサン・シモン派への言及は、これだけであるが、彼の同派との接触は、一八二八年以来のことであり、彼が同派のディシュタールとの親交を通じて受けた影響は大きなものであった。この点については、次節で検討しなければならない。

（1）　Mill to Sterling, 20–22, 1831, *Earlier Letters*, *CW*, vol. XII,（以下 *EL* と略記）, pp. 75–6.
（2）　*Ibid.*, p. 78.
（3）　*Ibid.*, pp. 78–9.

（4） *Ibid.*, p. 81.
（5） *Ibid.*, pp. 84–5.
（6） *Ibid.*, p. 84.
（7） *Ibid.*, p. 85.
（8） *Ibid.*, p. 88.

二　サン・シモン派との交流

ミルは、『自伝』第五章に、「その他の何びとよりも政治思想の新様式を教えてくれたは、フランスのサン・シモン派（Saint-Simonian School）の著述家たちであった。私は、一八二九年と三〇年に、彼等の著述のいくつかに親しむようになった。当時は、彼等の思索の最初期の段階であって、彼等の哲学を宗教として装うことも、社会主義の思想を体系化することもしていなかった。彼等は、世襲財産の原理を疑い始めたばかりであった。私は、この程度でも彼等に同調するつもりは全くなかったのであるが、彼等が初めて私に示した相関連する見解から大きな感銘を受けた。それは、人間の進歩の自然的な順序ということ、特に彼等がすべての歴史を組織的時代（organic period）と批判的時代（critical period）とに分類したことである。[1]」と述べている。サン・シモン派とは、サン・シモン（Saint-Simon, Claude Henri de Rouvoy, 1760－1825）の死後アン・ファンタン（Enfantin, Barthélemy Prosper, 1796－1864）とバザール（Bazard, Saint-Armand, 1791－1832）を中心として活動した宗教的色彩の強い思想結社であり、ミルがこの派と接触したのは、一八二八年四月から十二月までロンドンに滞在したディシュタール（Eichthal, Gustave D', 1804–86）が「ロンドン討論協会」でミルの演説を聞いて親交を求めたことが契機であった。彼は、ミルをサン・シモン派の理論に「改宗」させようとして、コントの『実証政治学体系』（*Systéme de politique positive*, 1824）と同派の機関紙『生産者』（*Le Producteur*）を贈って精読することを勧めた。ミルのサン・シモン派からの呼びかけに対する反応は、一八二九年の二通の手紙によって知ることができる。

十月八日付の手紙には、コントの書物について、「私にとって正しいと思われるのは、批判的部分（*parti critique*）だけであって、組織的部分（*parti organique*）は、多くの反論を受けなければならないように思われます。」と記され、また政府の仕事は、主要な産業家の世俗的権力と学者と芸術家の精神的権力から構成されなければならないというコントの主張に対して、「イギリスでは、この三者は、偏狭で固陋な理解力しか持たず、広範な領域に対しては卑しく狭量な配慮しかしないことが明らかです。」と反論が記された。(2) しかし、「今回は、主としてこの派について私が承認し称讃している点について記します。」と書き始められた十一月七日付の手紙には、ミルがサン・シモン派から学び取ろうとした主要な見解が二点にわたって次のように挙げられている。

「第一に、私は、彼等の体系の中心的な原理で、彼等が信念として確立していること、すなわち精神的権威（*pouvoir Spirituel*）の必要性を高く評価し賛同しています。彼等は、われわれが進みつつある、また何時の日か到達するであろう究極的な目標として、人民の集団、すなわち教養のない人々が、現在自然科学についてそうしているように、道徳や政治についても教養のある人々の権威に畏敬の念を抱いて服従する状態を挙げています。このような状態は、人間精神の唯一の健全な状態だと思います。……

私見によれば、サン・シモン派がなした第二の貢献は、それ自体として考察した場合には全くの弊害以外を生み出すことが不可能だと考えざるを得ないような諸制度（例えば、カトリック教会）も、人間精神の進歩の特定の段階では高度に有用であったばかりでなく、極めて不可欠なものであったこと、すなわち、人間精神を進歩の究極的な段階まで引き上げて行くための唯一の手段であったという事実について、それ以前よりもずっと詳細に例証し、他の哲学者たちよりもより多く注目し重要視したことです。[3]」

『自伝』には、彼がサン・シモン派の理論から大きな感銘を受けた点として、「彼等がすべての歴史を組織的時代(organic periods)と批判的時代(critical periods)とに分類したこと」を挙げ、「組織的時代には、人類は、自分たちの行動のすべてを支配することを要求し、人間が必要とすることについて多かれ少なかれ真理と適合性とを含んでいる或る積極的な信条を受け入れている。人類は、そのような信条の影響の下に、その信条を両立し得るあらゆる進歩を遂げるが、最後には、その信条を越えて成長する。この後に続くのが批判と否定の時代であるが、その時代には、人類は、一般的或いは権威的な性格を持つ新しい信条を何も獲得することなしに、ただ昔からの信条は間違っているという確信以外には、彼等の古い確信を失なってしまう。」と要約し、現代は、宗教改革以来続いている批判的時代であることを学んだと記されている。[4]

また、『自伝』の後に全文抹消された初期草稿に、コントの『実証哲学体系』から、自然科学の場合と同様に、道徳、社会、政治に関する理論の場合にも、大衆は彼等よりもすぐれた知性と学識を持つ人々の権威を尊重し服従すべきことを教えられたことが特記され、「この時以来、改善に関する私の希望は、大衆の理性に依存することが少なくなり、悪意ある利益を持たないすべての考え深く教育のある人々が、政治と社会とについてほとんど意見が一致することができるように、また彼等の一致した権威によって大衆を納得させることができるように、政治哲学、社会哲学の方法の改善をなし遂げることの可能性に重きをおくようになった。」と記されているのは注目すべきことである。[5]

このように、ミルは、サン・シモン派から安定した組織的時代と不安定な批判的時代との交代という歴史観と、組織的時代の安定的な要素としての知性と学識にすぐれた人々の精神的権威に対する服従の重要性を学んだが、彼は、現代は、精神的な権威が衰退しその機能を全く果たしていない過渡期的な批判的時代であることを承認した。しかし、彼がサン・シモン派に全面的に傾倒したのではなかったことは、「私は、精神的権威を組織するためにサン・シモン派が提案した手段については全面的に反対です。」[6]と言っていることによって分かる。さらに彼は、先に『自伝』から引用したように、「私の政治哲学の諸前提が変化したことは、自分自身の時代と国家に要求されていることに関する私の実践的な政治信条を変更させることはなかった。私は、ヨーロッパに関して、特にイギリスに関して、それまでと全く同様に急進主義者であり、民主主義者であった。私は、イギリスの国制において貴族や富豪の貴族階級が優越していることは、どのような闘争によっても除去しなければならない害悪であって、それも、課税などの比較的小さな不利益のためではなく、国家を道徳的に著しく堕落させる力として除去しなければならないと考えた。」[7]と明記している。この一節は、彼がサン・シモン派の強烈なエリート主義に賛同する一方で、既存の支配勢力が形骸化して不安定になる批判的時代の理論が当時のイギリスに適合すると考え、新しい組織的時代に入るためには、時代錯誤になった支配勢力と旧来の諸制度を全面的に打破しなければならないと主張する点においては、従来と同様に現体制の改革を主張する急進派であり続けたことを強調したものとして注目に値するであろう。

ミルは、フランスに七月革命が起こった直後、パリに行って、生々しい現地通信を『エグザミナー』紙に載せ、その後同紙にフランスの政局に関する詳細な論説を書き続けた。筆者は、旧稿でミルが七月革命とその後の政局を論じた論説に関して詳述したことがあるから、[8]ここでは、「私は、一八三〇年に、サン・シモン派の首領、バザールとアンファンタンに紹介され、彼等の公開の説教と改宗運動が続いた限り、彼等が書いたほとんど全部を読んだ。」「七月革命は、私にこの上もない情熱をかき立て、私に言わば新しい生き甲斐を与えた。私は、直ちにパリに赴いて、ラファイエットに紹介され、極左民主派の活動的な指導者たちの何人かとその後長く続いた交際の基礎をつくった。[9]」という『自伝』の一節を引用するに止めたい。

サン・シモン派は、七月革命の前年のクリスマスに、アンファンタンとバザールが最高神父（Péres）に就任して、位階的な教団となったが、革命直後の八月一日に、最高教父の名で、「七月事件は、反抗ではあったが、社会組織に何等の変更も加えなかったので、革命という神聖な名に値しない。」と宣言した。彼等は、ルイ・フィリップの「ブルジョア王朝」の支持者と旧王朝とカトリック教会の擁護者を両面批判し、さらに自由放任主義を固執する経済学者を攻撃して、社会革命による真の秩序の樹立することを主張した。ミルは、彼等がカトリックに類似する位階制に基づく宗教的結社の色彩を色濃く示したことについては全く同調しなかったが、七月革命後の政権が急速に金融ブルジョアの主導に移行したことへの幻滅によって、革命後のサン・シモン派の動向に注目した。彼が『エグザミナー』の一八三一年一月九日号、一月二十三日号、二月六日号、三月十三日号、四月三日号、五月十五日号、五月二十九日号に七回連載した「時代の精神」（Spirit of the Age）は、彼のサン・シモン派に最も強く共鳴していた時期の論説として注目される。

『自伝』には、「私は、一八三一年の初めに『時代の精神』と題する連載論文の中で、私の新しい意見のいくつかを具体的に述べて、特に現代の特徴の中に、磨滅してしまった思想体系からいまだ形成過程にある新しい思想体系への過渡期の不安定性と害悪とを指摘しようとした。私の考えでは、この連載論文は、文体が生硬で、どんな時代であっても、新聞の読者に受け入れられそうな生々とした鋭さを欠いていただけでなく、もしももっと魅力的なものであったとしても、政治上の大変革が差し迫っていて、すべての人々の心を独占していた時であったから、あのような議論は、時期を失していて、全く不発に終わってしまったのである。[10]」と記している。以下にこの論説を重点的に検討しよう。

連載論文の第一回目は、「『時代の精神』とは、或る程度まで目新しい表現である。……それは、本質的に変化の時代に属する観念である。人々は、自分自身の時代がそれ以前の時代と極めて顕著に区別されるし、また、区別されなければならないと考え始めた後にやっと、自分自身の時代の特殊性について多くのことをじっくりと考え始める。[11]」と書き始められている。ミルは、現代の主要な特徴は、人類が古い制度や理論を越えて成長し過ぎてしまったが、新しい制度や理論をいまだに手に入れていない「過渡期[12]」（age of transition）すなわち「精神的政治的な過渡期[13]」（age of moral and political transition）であると指摘し、現代は、われわれが棄て去った意見の代わりに固定した意見がいまだに確立していない「知的無政府状態」（intellectual anarchy）すなわち、「精神が最近ひどい間違いから脱け出したが、いまだに真理に安住していない不安定な状態」にあると強調した[14]。

ミルは、過渡期としての現代の特徴の一つを「教養のない人々（the uninstructed）の教養のある人々（the instructed）に対する信頼感」がなくなっていることに見出し、「大衆は、指導者がいない状態にあり、社会は、知識のどの部門も全体として綜合的に研究したことのない人々が知識の特定の部門を自分自身で判断しようとする時に予想されるすべての誤謬と危険にさらされている。」と言う。すなわち、過渡期には、一般の人々を指導すべき立場にある「教養のある人々」の分裂が彼等の権威を無効にしてしまい、「教養のない人々」の私的判断に委されるために知的無政府状態が不可避になっているのである[15]。

ミルは、私的判断に依存せざるを得ないのが過渡期の特徴であると主張すると共に、そのようなことが「自然的状態」でないことを自然科学における真理が専門家によって発見され、大衆によって信頼される実例を挙げて強調している[16]。すなわち、正常な安定した状態においては、自然科学のみならず、精神的、社会的な思想についても「教養のある人々」の権威が認められているが、「過渡期」においては、そのような権威は喪失してしまう。彼は、「多数者は、間違った意見を持たなければならないか、或いは固定した意見を持たないか、或いは精神的、社会的な哲学を自分の専門の研究としてきた人々の権威に対して理性によって承認された信頼をおくかしなければならないということが、人間の必然的な条件である。……しかし、このような信頼を要求し、或いはそれに値する権威はどこに存在するのであろうか。どこにも存在しない。ここに、精神的、社会的な過渡期の特徴、そして同時に不便がある。[17]」と述べている。

ここにミルに対するサン・シモン派の思想の投影が明らかに見出される。ミルは、自然科学の場合と同様に、少数のエリート層による道徳的、社会的指導力の必要性を承認し、エリート層の衰退と分裂に「過渡期」である現代の「精神的、政治的無政府状態」の原因を見出し、衰退した旧エリート層に代わる新エリート層の擡頭を強く要望した。彼は、序論的な第一、二回分の末尾に、「過渡期」の弊害を除去するためには、「世俗的権力は、人類の停滞的な部分の手から進歩的な部分の手へと移行しなければならない。精神的、社会的な革命が起こらなければならないが、その革命は、何びとの生命も財産も奪わないとはいえ、労せずに得た差別や地位を何びとにもいささかも残さないであろう。」と強調したのである。[18]

ミルは、第三回の冒頭で、この論説のキー・ワードである「自然的状態」(natural state)と「過渡的状態」(transitional state)の用語について、定義的に次のように要説している。

「世俗的権力と精神的影響力とが、社会の現状が提供することができる最適な人々によって恒常的かつ論議の余地もなく行使されている時には、社会は自然的状態にあるということができる。すなわち、社会の世俗的利益がその管理のために最大の能力を持つ人々によって管理され、他方では、人民が追従する意見と人民が受け入れる感情を持つ人々、また人民に代わって考える仕事を実際上そして共同の同意によって果たしている人々が、その時代の文明と国家が提供する他の何びとよりも正しく有用に判断するのに適している人々であるような場合である。……

社会がそれまで世俗的権力や精神的影響力を享受してきた人々よりもそのような権力や影響力を持つのに適した他の人々を包含している時、すなわち、世俗的権力や世俗的なことがらをするために最もすぐれた能力を持つ人々が、もはや統一されていないで分裂している時、自分自身で考えるのに慣れていない人々に意見を与え、そのような人々の意見をつくり出す権威が時代の最も教養の高い知性や最も高尚な人格以外のところに存在している時、社会は、その過渡的状態にあるということができる。[19]」

『自伝』には、ミルがサン・シモン派から受けた主要な影響として、「組織的時代」(époque organique) と「批判的時代」(époque critique) とを区別したことが挙げられ、「彼等から受けた主要な恩恵は、私が意見の過渡期の特徴について、以前よりももっと明白な概念を獲得して、過渡期の道徳的、知的な特徴を人類の正常な属性だと思い違えることがなくなったことである。」と記されている。[20] サン・シモン派が歴史を「組織的時代」と「批判的時代」とに分けてその交代を主張したことは、「時代の精神」における「自然的状態」と「過渡的状態」との分類に完全に対応している。

ミルは、「自然的状態」から「過渡的状態」への変化を世俗的な権力の場合――それには、権力の保持者が適任であるために意図的に選ばれる場合と、権力を持つこと自体がその行使に適任であることを喚起する場合とがある――について先ず考察する。彼によれば、世俗的権力に関する「自然的状態」とは、権力に適任であるが故に選ばれたか、世襲的権力によって能力を喚起されたかを問わず、権力の安定が権力者の適格性によって保障されている状態であるが、現実の問題は、権力を持つ人々が長期間にわたってその適格性を喪失しつつあり、他方で、他の人々が適格性を獲得しつつあることである。彼は、「遂には、権力と権力への適格性とが全く対応しなくなった。このことが、一般の人々が現在の社会秩序と政治的意見の不安定な状態に不満を抱くに至った一大原因である。」と指摘する。[21]彼は、長く権力を独占してきた支配階級が、今やその適格性を失なって無力化していることを次のように強調した。「上流階級は、精神の高度の資質については、進歩するどころか退歩している。……昔の上流階級は、未開時代の活気あふれる雰囲気の中で緊張させられ奮起させられたので、彼等の子孫たちには欠けている強固な意志と精力的で活動的な精神というすべての美徳を身につけていた。……本当に活気を失なわせるのは、人間が一般に精一杯努力して手に入れようとするのが常であるすべてのものを何も努力しないで確実に疑われもしないで所持することである。上流階級は、このような確実で怠惰な所有を数世代の間享受してきた。同じ立場と特権を持っていた彼等の祖先たちは、このような所有を享受していなかったのである。[22]」

ミルは、過去において各国にすぐれた君主や貴族が多数いたことを十分に認めながら、「不安定が呼び起こす美徳は、不安定そのものがなくなると共になくなってしまった。」と強調して、絶対君主制と世襲貴族制の終焉を予言した。「何故ならば、われわれは、人々がどんなに無能であっても、いやおうなしに有能な人々にさせられてしまうような暴力と不安定の時代に立ち返ることは、二度と再びあるまいし、人々は、肥った年寄りの紳士に最高の地位につく値打ちのあることを何かせよと要求することなしに最高の地位につくことを許すことに常に同意するとは限らないからである。」このようにミルは、旧来の特権階級による支配が適合しなくなっていることを、世俗面での「過渡的時代」の特色として挙げたのである。[23]

ミルの次の課題は、「精神的な影響力、すなわち人類の精神に対する力が依存している諸条件について人類が経過した変化」を考察することであった。彼は、精神的な影響力の三つの源泉として、すぐれた英知と美徳、宗教の名によって人々に訴える力と世俗的権力を挙げ、「三つの権威がそれぞれの内部、または相互間で分裂している場合には、相対立する理論の間で、どれか一つが有力になるか、或いは人々が一般的な不安定と懐疑主義の状態に陥るまで烈しい紛争が続く。」と述べている。(24)ミルが現代は、世俗的権威についてのみならず、精神的権威についても、不安定な過渡期にあると考えたことは言うまでもない。

ミルは、精神的影響力に関する「自然的状態」を「人民の意見と感情が、彼等の自発的な承認の下に、その時代の知性と道徳が生み出した最も教養のある人々によって、人民のために形成される状態」、「過渡的状態」を「無教育の大衆が習慣的に尊敬して、正しいことを見出し、それを指示してくれると信頼している人々がいない状態」と定義し、(25)前者の実例として、中世ヨーロッパのカトリック教会を挙げて、「彼等が教えた道徳にどんな欠陥があったとしても、彼等は、少なくとも人々の奔放な情熱を抑制し、目前の誘惑を克服して遠い目的に価値をおくことや、肉体的感覚よりも精神的感情の満足を貴ぶことを教える使命を持っていた。」と強調し、「中世の一時期を通じて、世俗的権力のみならず精神的な影響力も、最も有能な人々によって論議の余地なく行使され、当時には社会の自然的状態の諸条件が完全に実現されていた。」と結論を下した。(26)このような中世のカトリック教会に対するミルの高い評価が、中世のヨーロッパを人間の活動目標が明確に定められ、すべての努力がその目標の達成のために捧げられた「組織的時代」と見るサン・シモン派の歴史理論の影響を強く受けていたことは明らかである。

しかし、宗教改革によって事態は一変して、過渡期が到来した。進歩に対する最も強力な障碍を喰いとめて圧倒していたもの自体が進歩と両立しなくなる時が来た。ミルは、「宗教改革の危機に引き続き、わが国では十七世紀末まで続いた知的な興奮と大胆な思索の時代が終わって以来、長年にわたってカトリックの聖職の疑いの余地のない遺産であったあの精神的な影響力、人々の精神に対するあの力は、富裕階級の手中に移って、世俗的な権力と結合するに至った。」と述べた後、英国教会が貴族階級と癒着し、しばらくの間は指導的で活動的な精神を維持することによって、社会の自然的状態の条件を満たすことができたが、今やそのような条件は満たされなくなったと指摘し、現代は完全に過渡的状態になっていると主張したのである。(27)

ミルは、今や貴族階級と国教会の高位聖職者は、彼等の身分の特権と自分たちだけが統治に適格であるということに関する標語に執着して、教会、憲法、農業、貿易などという抽象語を崇拝し、支配者としての彼等の能力における道徳的義務の対象としての生きて呼吸している同胞市民という理念そのものを心の中から排除しようと絶えず努めていると痛撃し、「時代の精神」の最終回を次の一節で結んでいる。

「彼等は、今まで描写してきたような人々であり、知性のある人々によって、そのような人々であることを遂に完全に見破られてしまったので、彼等の意見は、以前のような人気や流行を与えるに足りる精神的な影響力をもはや保持していない。しかし、彼等が承認しない意見が公認の理論になることを妨げるには十分の影響力を保持している——そして、世俗的権力の所有者は、常に保持するに違いない。従って、彼等は、国民の最も有徳で教養のある人々が他の人々の意見と感情に対する支配を獲得する以前に、世俗的権力の独占から追放されなければならない。こうして初めて、イギリスは、過渡期のこの危機から脱出して、再び社会の自然的状態に入ることができる。(28)」

ミルは、「時代の精神」の最初の二、三回分が載った『エグザミナー』紙をディシュタールに送った時の手紙に、「もしもあなたが何等の改宗ももたらさない進歩も喜ぶほど言葉の本来の正しい意味で寛大であるならば、私の論文をお喜びになるでしょう。(29)」と記した。「時代の精神」は、ミルがサン・シモン派に改宗したのではなく、同派の思想を自主的に吸収し、現代を旧体制が衰退して支配能力を喪失している「過渡期」（サン・シモン派のいう「批判的時代」）と把えて、その全面的な改革を主張した点において、ベンサム直系の哲学的急進派の理論を新たな歴史理論によって補強する成果を狙った論説であったと言えよう。彼は、サン・シモン派の歴史観には深く共鳴しても、同派がカトリック教会に類似する宗教結社となって行ったことについては、大きな疑惑と失望を感ぜざるを得なかった。それにしても、「時代の精神」は、彼がサン・シモン派思想に最も接近していた時の試論として、彼の思想形成期における極めて注目すべき論説である。

（1）*Autobiography*, p. 171. 拙訳二二四頁–五頁。
（2）*EL*, pp. 35, 37. 拙訳『J・S・ミル初期著作集』1、三三二、三三五頁。
（3）*Ibid*., pp. 40–41. 拙訳二二六頁–八頁。
（4）*Autobiography*, p. 171. 拙訳二二五頁。
（5）*Ibid*., rejected leaves, p. 615. 拙訳二四七頁。
（6）*EL*, p. 40. 拙訳三三七頁。
（7）*Autobiography*, p. 177. 拙訳二三〇頁。
（8）拙稿「J・S・ミルとフランス七月革命」『國学院法学』第十五巻、第一、二、三号。
（9）*Autobiography*, pp. 173, 179. 拙訳二二七、二三一頁。
（10）*Ibid*., p. 181. 拙訳二三二頁。
（11）Spirit of the Age, I, *CW*, vol. XXII, p. 228. 拙訳「時代の精神」『J・S・ミル初期著作集』2、四六頁。
（12）*Ibid*., p. 230. 拙訳四九頁。
（13）*Ibid*., p. 234. 拙訳五五–六頁。

(14) *Ibid.*, p. 233. 拙訳五三頁。
(15) *Ibid.*, pp. 238–9. 拙訳五六—七頁。
(16) *Ibid.*, p. 239. 拙訳五八—八頁。
(17) *Ibid.*, p. 244. 拙訳六四頁。
(18) *Ibid.*, p. 245. 拙訳六五頁。
(19) *Ibid.*, p. 252. 拙訳六六—七頁。
(20) *Autobiography*, pp. 171, 173. 拙訳二二五—六頁。
(21) Spirit of the Age, III, part 1, p. 255. 拙訳七一頁。
(22) *Ibid.*, III, part 2, p. 279. 拙訳七六—七頁。
(23) *Ibid.*, pp. 280–81. 拙訳七八頁。
(24) *Ibid.*, IV, pp. 290–91. 拙訳八二頁。
(25) *Ibid.*, V, part 1, p. 304. 拙訳八九頁。
(26) *Ibid.*, p. 306. 拙訳九一—二頁。
(27) *Ibid.*, V, part 2, pp. 313–4. 拙訳九五—六頁。
(28) *Ibid.*, pp. 315–6. 拙訳九八—九頁。
(29) *EL.*, p. 71.

三　コールリッジ主義の影響

先に検討したミルのスターリング宛の手紙には、コールリッジ、ワーズワス等のロマン派の思想への共鳴が詳細されていたが、一八三〇年代前半のミルの資料には、ロマン派に関する言及は極めて少ない。スターリング宛の手紙以外にコールリッジの『教会と国家』を称讃した唯一の箇所として、一八三四年四月十五日付のニコル（Nichol, John Pringle, 1864–59）宛の手紙の一節を挙げたい。彼は、ニコルがコールリッジに「原理がない」（*unpriniplěd*）と言ったことに、「私は、彼に原理がないのではなく、原理を持っている（*principled*）と考えています。」と反論して、次のように記している。

「あなたは、彼の教会と国家についての小さな書物をお読みになられましたか。お読みでしたら、あなたがその主要な部分（その教会の部分です）に賛同されるかどうか教えて下さい。コールリッジ以上に私の思想と性格に影響を与えた人物はほとんどおりません。私は、彼に何回か会って話をしたとはいえ、私が影響を受けたのは、彼との個人的な面識によってではなく、私が非常に親しくしている何人かの人々が彼の門下として完全に訓練されているという事実によってです。私はまた、彼等を通じて、彼のさまざまな未刊の草稿を読む機会があったので、私が彼の書物から知ったことを彼の意見について別の方法で知ったことを結び合わせて、それ等が最も明確な関係にあることを辿ることができます。私は、彼こそベンサムも例外ではなく、われわれの時代の最も体系的な思想家だと思っています。ベンサムの体系もよくまとまったものですが、ずっと単純な構想を基礎にしてつくられていて、被う範囲がずっと狭いのです。全般的に見て、コールリッジの中には、その他すべての現代の著述家たち以上に、思想の糧と最善の種類の思想があります。[1]」

ここでミルがコールリッジを体系的な思想家として称え、特に彼の国教会論から重要な教訓を汲み取らなければならないと強調していることは注目に値する。彼が国教会の聖職者を貴族階級と共に、全面的に対決しなければならない特権階級と考えていたことは明らかであるが、彼がこの点についてコールリッジからどのようなことを学んだのであろうか。このような視点から検討しなければならないのは、彼が一八三〇年代の前半期にコールリッジの国教会論を論じた唯一の論文「公共財団と教会財産」(Corporation and Church Property *The Jurist*, vol. IV, Feb. 1833) である。この論文について、『自伝』には次のように記されている。

「私は、『ジュリスト』の論説を今でも贈与基金に対する国家の権利について極めて完全に論じたものだと思っている。この論説は、私の意見の両面を示している。すなわち私は、すべての贈与資金は国家の財産であるから、政府は統制することができるし、また統制すべきであると、私が何時でもそうであったように明確に主張したが、その半面、かつての私ならばそう主張したに違いないが、贈与財産そのものを非難して、国債の償還に充てることは提案しなかった。それどころか私は、市場の単なる需要、すなわち、普通の両親の知識と分別に基づくのではなく、財貨の購買者によって自発的に要望されそうなものよりもはるかに高度の教育水準を確立して維持するように配慮された教育施設をつくることの重要性を熱心に主張した。このような意見のすべては、私のその後の思想の全過程によって確認され、強化されている。[2]」

「公共財団と教会財産」は、「恒久的に、またはかなりの長期間にわたって、或る公共目的のために寄託された金銭または金銭的価値があるもの(最も一般的には土地)という意味での基本財産(foundation)または贈与資金(endowment)に関する国家干渉の可否」を論じた論説であり、[3] その内容は、教会、大学、各種学校など広範な領域にわたっているが、その主要な課題は、当時大問題となっていた国教会の改革に関する独自の提案をすることであり、コールリッジの国教会論がミルによってどのように援用されたかを検討することが重要であろう。

各種の公共財団の基本財産または贈与資金に関するミルの基本的見解は、「創立者の意図の神聖さは、彼自身が生きている間、また思慮のある人の予見が及ぶと推定される期間に継続すべきであるが、その期間以上に継続すべきではない。われわれは、正確な年限をきめるよう主張しているのではない。多分、それを厳密にきめる必要はないであろう。しかし、それが長期間であってはならないことは明らかである。」[4]「国家が国家自身によって示された意図、或いは六百年前に死んだ一個人の意図を変更することが所有権の収奪と呼ばれるのであれば、誰も自分の死後六百年間は所有権を行使してはならないのであって、そのような所有権は、それが無分別にも国家によって認められてきたとすれば、直ちに廃止されなければならないと答えよう。」[5]ということであった。

彼が特に重視したのは、教会財産と大学や財団設立の学校に属する財産であった。彼は、「カレッジの創設者は、当時生きていた或る人々、および直系の中でお互いに指名し合う不確かな一連の後継者たちが安楽に暮らすことができるように、自分の財貨を贈与したのではない。彼が自分の意図した目的——青年教育と知識の進歩——に必要な手段としてより以上に彼等に恩恵を与えようと考えていなかったことは確かである。教会財産についても同様のことが言える。それは、イギリス国民の精神的文化のために信託財産として維持されている。聖職者と大学は、所有者ではなく、また受託者と所有者とを兼ねるものではない。」と強調した。[6]彼は、先に『自伝』から引用したように、「すべての贈与資金は国家の財産であるから、政府はそれを統制することができるし、また統制すべきである。」と主張して、聖職者や大学は一定の義務を果たすための手段に過ぎないのに、教会や大学の基金を自分たちの財産と考え、それに対する国家の介入を財産権の収奪であると非難することの誤りをきびしく批判した。彼は、受託者の手中にある資産は、「信託受益者」（cestui que trust）の財産、すなわちその人たちのためにその信託財産が創設された個人または団体の財産であると指摘して、「このような信託受益者は、国民の贈与資産の場合には国民全体である。」[7]と主張した。彼の教会や大学の基本財産に関する見解は、「贈与資産の創設の時期から個人の洞察力がその年月を越えて及ぶとは理性では考えられないかなりの年月が経った後には、議会は、それを随意に処分することができる。」ということにほかならなかったのである。[8]

ミルは、「われわれは、聖職者を収奪しようとしているのではなく、いわんや俗人たちを収奪することを提唱するものではない。教会の現在の目的に資金を充てることがもはや望ましくないことが事実である以上、反対に今や俗人たちこそ収奪されている。われわれは、俗人たちが自分たちの財産を聖職者自身の手から取り戻すことを要求するように勧めているのである。」と言い、現行の法律においては、国教会は財産権を持つ公共財団であるという反論に対しては、そのような法律は、直ちに廃止すべきであると主張した[9]。彼は、国教会はその起源から見て国立の教会以外の何ものではなく、その財産は、国家がローマ・カトリック教会から奪ったものであるから、「すべての宗教制度の中で、贈与資産の目的を変更する議会の権力に論駁する資格を最も欠いていること」を指摘して、「贈与財産は、一定の期間が過ぎれば、議会の意のままに、その本来の目的以外に転用することができる。」と強調したのである[10]。

このようにミルは、国教会の贈与資産の全面的な転用を主張したのであるが、その変更に当たって、第一に国教会の資金を有効に使用すること、第二に、その主要な目的と両立する限り、基金の本来の目的をなるべく変更しないことという二つの原理を提唱した。彼は、このような原理が、大きな抵抗に遭うことを予測したが、その最大の抵抗者が国教会の現状維持派であることは言うまでもない。しかし、彼は、彼と同様に国教会の現状に満足しない改革論者の中に多い、国債を償還したり国家の経常費を支払うために現存の贈与資産を没収しようと欲する人々や、基本財産を有用であるというよりもむしろ有害であると見做したり、また創設者の意図を何の顧慮にも値しないと見做す人々にも反論を加えた。特に後者の例としてテュルゴ（Turgot, Anne Robert Jaques, Baron de l'Aulne, 1727–81）を例に挙げていることが注目される。

ミルは、すぐれた改革者テュルゴにも、当時の哲蒙哲学者《フィローゾーフ》たちの偏見——害悪に注目する余り、他の側面を無視する誤り——があったことを惜しみ、「テュルゴーは、弊害に対する戦いに生涯を費したが、そのことによって彼が基本財産一般に対する反感を強く抱いたことは無理もない。しかし、基本財産が存在したからではなくて、そうした基本財産が永代財産であって、後世の各時代の要請に応じるようにその規定が絶えず修正されるようにできていなかったからこそ、弊害が存在していたのである。」[11]と述べて、元来国教会の贈与財産は国民の教化のためのものであって、完全な改革によって本来の目的にかなうものになし得ることに考え及ばなかったと批判したのである。

ミルは、特権的な宗教団体としての国教会を容認せず、国教会の資金は、本来の目的であったはずの国民の無知と教養の欠除を救済するために転用すべきであると主張した。彼は、「ここに基本財産に開かれた有用性の広い領域がある。そして実際に、基本財産はいかなる他の財産にも増して、しばしばそのような目的に向けられてきた。われわれは、そのような贈与資産がまだ十分にないところには、それを勧めるのに値するし、ここに有用な適用の余地が少しでも残っている限り、それ等は別の方法で私用に供せられるべきではないと考える。」と強調したのである。[12]

ミルの主張は明らかに、国教会と国教会と癒着している大学の基本財産を特定の宗教に把われずに国民の知的向上のための文化的、教育的施設の維持のために利用することであった。彼がコールリッジの『教会と国家』を援用した次の一節は、特に注目される。

「こうして、教育の諸目的のために指定された資金は、進んで教育に捧げられなければならない。……国教会の贈与資産は、一宗派または各種の宗派の僧侶が一定額の公費の支給によって維持されることが望ましいと思われる限り、その性格を持ち続けるべきである。そして、どのような状況の下でも、これ等の贈与資産の中で必要なだけの分は、精神的教化の諸目的のために、神聖なものとして保持されなければならない。……実際にコールリッジ氏によって強力に主張されたこのようなことが、国民の教職者団体（national clergy）の創設以来の唯一の正しい概念である。われわれの祖先の精神にとっては、彼等は、宗教の儀式を行なう牧師としてだけでなく、また単に狭義の宗教上の教師としてだけでもなく、学識者階級（*letterd* class, the *clerici*, clerks）として存在し、そして彼等の最大の関心事は、実際に他のすべての人々にとってと同様に宗教であったが、しかし彼等は一般に、当時において理解されていた精神的教養を構成するすべての研究を遂行し、そのすべての成果を普及させるために任命されたのである。そしてこの精神的教養とは、人間としての人間の条件、運命、義務を人間精神に教えるものであった。国立教会の目的に関するこのような広義の概念から離れてしまうのに比例して、わが国の国立教会の擁護者として現在の第一人者である人「コールリッジ」の意見によれば、その制度は、理念上も事実上も、その制度の真の性質と目的から外れてしまったのである。コールリッジ氏が考えているように、国民の聖職者団体は、全国民の教育のための一大制度であろう。それは、国民の学校教育もその計画の中に含むが、それだけでなく、一生涯続けられる組織的な教育によって、彼等の精神的ならびに霊的本性を最高度に完成させるために国民を訓練し育成するものである。[13]」

　ミルは、国教会の本来の理念を擁護したコールリッジの主張が国教会の現状維持派の人々に利用され易い傾向を十分に承認すると共に、それが「国教会の諸目的をより完全に遂行しそうな人々が存在している時には何時でも、国家は、その贈与資産をその現在の所有者から自由に取り戻すことができる。」という重要な主張を内包していると強調した。[14]彼は、コールリッジの国教会の理念を国家的基金による国民の文化的、教育的機能を回復するための主張と解し、本来の目的から逸脱し、特権的支配階級の機関となって堕落の極に達している国教会を全面的に改革するための武器として活用することができると考えたのである。彼は、七年後の「コールリッジ論」（Corleridge, *London and Westminster Review*, March 1840）において、ベンサムとコールリッジとを「相補う補完者」として対比して、コールリッジの国家と教念の理念を高く評価したが、この画期的論文の骨子の一部が既に「公共財団と教会財産」の中にかなりの程度まで予告されていたことは注目すべきである。彼は、一八三二年九月十七日付のカーライル宛第三信で、この論文を寄稿した『ジュリスト』について、「この雑誌は、私の数人の友人が出しているのですが、彼等は、普通よりはずっとすぐれた急進的功利主義者たちで、恐らく私の領域で私と常に協力してくれるわけではないでしょうが、私としては、彼等自身の有益な領域について彼等と協力することは誠によいことだと思っています。[15]」と記している。彼は、この論文を発表した一八三三年の初めには、選挙法改正後第一回の議会の開会に当たって、同志の哲学的急進派の院内活動に注目し、彼等を叱咤激励するための政治的ジャーナリズム活動の準備を整えていた。このような時期に書かれた極めて異色の論文として、「公共財団と教会財産」は、注目に値するであろう。

（1）*EL*, p. 221.
（2）*Autobiography*, p. 191. 拙訳一三八頁。
（3）Corporation and Church Property, *CW*, vol. IV, p. 197. 柏經學・岩岡中正訳「公共財団と教会財産」『J・S・ミル初期著作集』2、一三八頁。
（4）*Ibid.*, p. 198. 邦訳一三七頁。
（5）*Ibid.*, p. 201. 邦訳一四二頁。
（6）*Ibid.*, p. 202. 邦訳一四四—五頁。
（7）*Ibid.*, p. 203. 邦訳一四六頁。
（8）*Ibid.*, p. 205. 邦訳一四九頁。
（9）*Ibid.*, p. 206–8. 邦訳一五〇—五三頁。
（10）*Ibid.*, p. 209–10. 邦訳一五六—八頁。
（11）*Ibid.*, p. 211–2. 邦訳一五九—六一頁。

(12) *Ibid.*, p. 214. 邦訳二六四頁。
(13) *Ibid.*, p. 219–20. 邦訳二七二―三頁。
(14) *Ibid.*, p. 220. 邦訳二七四頁。
(15) *EL*, p. 117. 拙訳一三頁。

四　ハリエット・テイラーとの恋愛

これまで検討してきた一八三〇年代初期のミルの論説と手紙には、思想的な模索の中にあった彼の真摯な思索と多岐な観察とが明らかに示されているが、その背景には、ジョン・テイラーの妻ハリエットをめぐる複雑で忍苦に満ちた三角関係があった。ミルの思想形成を追及するためには、彼とハリエットとの出会いと心を許し合った密接な親交を考察することが不可欠であるが、その詳細は、筆者の旧稿[1]にゆずり、ここでは、ごく重点的に記すことに止めたい。

ミルとハリエットが初めて会ったのは、一八三〇年八月初旬、ミルが七月革命勃発直後のパリに赴く直前のことであったが、当時の二人は、孤独感の中に心を許し合うことができる相手を切望していた。ミルは、一八二九年四月十五日付のスターリング宛の手紙に、「同行の旅人や戦友が相互に持ち合う感情――苦難の仕事をするに当たって、相互に励まし合い助け合う感情――」が涸渇していることを切々と訴えていた[2]。ハリエットについても、知的な仲間がいないことのために憂鬱になっていた彼女にウイリアム・ジョンスン・フォックス（彼女が属していたユニテリアン教会の牧師）が、適当な若い思想家としてミルを紹介したとカーライルは伝えている[3]。『自伝』の最終稿で削除された部分には、「親交の始まり、或いはむしろきっかけは、ごく普通に識り合った偶然であったが、私は、常に、早かれ遅かれ、むしろすぐにでも、私たちは相互に識り合ったに違いないと確信している。……何故ならば、当時私たちは、二人とも同様の意見と何等かの知的な才能を持つ人を熱心に求めていたからである。[4]」と記されていた。二人は、初対面の時に、直ちに互いに渇望を満たすべき相手として認め合った。しかし、ハリエットは、二人の幼い男児を持つ人妻であり、一八三一年七月には、長女ヘレンが誕生した。二十一年後の結婚に至るまで、二人の関係は、極めて複雑で微妙な歩みを辿ったのである。

ミルとハリエットの親密な関係についての詳細な検討は旧稿に譲り、ここでは二人の『マンスリ・レポジトリ』(フォックスを主筆とする月刊誌)との関係に絞って考察を加えたい。ミルは、一八三二年九月十七日付のカーライル宛の手紙に、この雑誌は、最近までユニテリアン派の「福音雑誌」であったが、フォックスが主筆になってから大いに性格を変えて、宗派にとらわれない自由主義的なものになったと記している。[5]ミルがこの雑誌に最初に寄稿したのは、同年十月号の「天才論」(On Genius)であったが、ハリエットの草稿として、ほぼ同時期に書かれたと推定される画一性に反対して個性と寛容を主張した五篇が残されているので、当時の二人の思想を対照するために、その中で最もまとまっている一篇を取り上げたい。次に、その主要な部分を紹介しよう。

「あらゆる不寛容の根底である画一性の精神(the spirit of conformity)は、今も根強く残っており、それが破壊されるまでは、嫉妬に満ちた憎悪やすべての無慈悲、これに伴なう偽善もなくならないであろう。宗教的画一性、政治的画一性、道徳的画一性、社会的画一性などは、その種類は異なっても、その精神は同一であり、すべての種類の画一性は、個性的な性格に対する敵対という一点について同一である。」

「社会の意見(opinion of society)と呼ばれているものは、幻の力であるが、しばしば多くの幻と同様に、思慮のない人々の心に対して、それに対抗して主張される血肉を持ったすべての議論以上の力を発揮する。それは、少数の強い人々に対する多数の弱い人々の結合であり、精神的に無精な人々が精神的な独立のどんな表現をも処罰しようとまとまったものである。その救済は、すべての強い人々を十分に自立させることである。自立の喜びを一度でも知った人々は誰でも、隷属に陥ることはないであろう。」

「われわれは、すべての人々に対して、自分自身で考え、自分自身で行動せよと言いたいが、そうする力を持っているかいないかを問わず、他の人々の誠実な意見の表明を妨害したり、いわんや憤慨したりしてはならないと言いたい。……寛容ということは、不正な干渉を慎むことであり、そのような性質は、何時かは美徳に入れる必要がなくなるに違いない。しかし、今では悲しむべきことではあるが、寛容ということは、多くの人々によって理解さえされていない。」

「われわれは、一人の人にとって真理であることがしばしば他の人にとって真理でないという重要な事実に目をそらしてはならない。それは、何びとも他のいかなる人についても心のすべてを理解しなかったし、理解しないであろうということである。『われわれの行為のすべての道徳性は、われわれが自分自身で下す判断の中にある。』(Toute la moralité de nos actions est dans le jugement que nous en portons nousmême.)」

「他の人々の精神に学ぶことこそ、われわれの精神を効果的に進歩させる唯一の方法であるが故に、他の人々の精神をできるだけ知って共感しようと努力することこそ、心情と精神の美しさの源泉であり糧である。道徳の科学は、むしろ技術(art)と呼ぶべきであり、その進歩のためになすべきことは、すべての人々の力の中にある。すべての人々は、少なくとも人間の歴史の中に自分自身のページを記すのであり、歴史のどのページにも同じものはないからである。(6)」

「画一性の諸源泉」（sources of conformity）と仮題が付けられたこの草稿は、二十五歳の頃のハリエットが、社会的圧力による個性の抑圧と画一性の傾向を批判し、個々人の思想と行動の自主性を強調すると共に他の人々の多様な見解に対する共感と寛容を説いた示唆的なエッセイであり、後にミルとハリエットが共同して推敲を重ねた『自由論』の論旨の原型が見出される。次に、この草稿をミルの「天才論」（On Genius）と比較して見よう。

ミルは、この論文の中で、天才を「単純な観察であれ、想像力であれ、分析と帰納のもっと複雑な過程であれ、これ等によってわれわれ自身の意識から一般的真理の知識を引き出す独創力」と定義し、天才の分野を以前に知られていなかった真理の発見や以前に想像されていなかった真理の発見や以前に想像されていなかった結合の形成に限定することを、天才の単なる偶然をその本質と混同するものとして否定し、「天才は、何等かの区別された能力であるのか。それはむしろ、思想の能力そのものではないのであろうか。それは、直接にわれわれの感覚の認識の中にない何かのことを知る行為は、ものごとが他の誰によっても知られなかった場合よりも天才の度合いは小さいとしても、真に天才の行使でないのであろうか。」と問い質した。彼によれば、自分自身で考えることをしないで、他人の意見に頼って知識を鵜呑みにするのではなく、思想を自分の思想として身につけ、事実を自分自身の観察によって、また自分自身の意識を吟味することによって検証する人々こそ天才である。[7] 彼は、天才を単に他人の意見に頼って受動的に受け入れる人々から峻別すると同時に、「天才が少数の人々に与えられた類稀な天分である必然性はない。それは、適切な教養によって、程度は不平等であっても、すべての人々が持つことができるものである。」と主張した。[8] ミルは、天才をごく少数の例外的な人々の神秘的な天与の資質として理解したのではなく、他人の意見に受動的に依存せず、自分自身に潜在する天分を全面的に発揮する能力として把え、環境と個々人の自主的な努力によってすべての人々に開かれていると強調したのである。

ミルの論説の後半の課題は、「天才の発達に対する古代と近代の影響の比較」であり、彼は、近代の教育が古代ギリシア、ローマの場合に比して、自主性を欠き、受動的になっていることを立証するために、古代の教育の長所について、次のように指摘した。

「古代人たちは、この点について、全く違った環境の下にあった。人間の経験がいまだに狭く、ごく僅かの事実しか観察され記録されていなかったために、丸暗記で学ぶことが全く、或いは僅かしかなかった時には、好奇心を満足させたり、自然と人生とを知悉しようと望んだ人々は、他人の意見に従わずにものごとを見付め、以前に見たことがある人々の投影された心象ではなく、対象そのものを見ざるを得なかった。当時の教育は、いわゆる知識、すなわち他の人々の考え方を便利な大きさに砕いて教え、詰め込み（*cram*）の形で管理することではなかった。それは、精神が積極的に生き生きと前進して知るように、思考能力をつくり上げるための一連の訓練であった。

ギリシア、ローマ、特にギリシアの教育は、このようなものであった。ギリシアの哲学者たちは、既成の真理を前に置いて、その真似をするのを助けることによって育成されたのではなく、学生たちをそのようにして育成したのではない。彼等は、弟子が真理そのものを追及して見出すのに適した知性を自分自身でつくり出すことを助けたのである。」[9]

ミルは、古代ギリシア人の生活が相対立する知性の間の不断の闘争であり、「すべての人々にとって詰め込みは何の役にも立たず、真の能力だけが必要な舞台の上で自分の能力を果たさなければならなかった。小部屋での勉学は、活動的な生活と結びついていて、それへの準備として意図されていた。」と指摘して、常に実践のための教育であったが故に、ギリシアの偉大な政治家、弁論家、将軍、詩人、建築家、彫刻家、哲学者を輩出したと強調した。[10]

ミルがこのような古代ギリシアにおける旺盛な知的活動と対照したのは、プラトン、アリストテレス等の巨匠の体系的な思想が既存の所与のものとして受動的に学ばれるようになって以来の知的停滞状態である。彼は、「自然は、自然の中にではなく、プラトン、アリストテレス、ゼノン、エピクロスの中に学ばれるようになり、討論は、丸暗記によって得た課業の単なるリハーサルになった。自分自身で考えようとする試みはなされなくなり、人類は、能力を行使することを止めるにつれて、能力を持たないようになった。」と指摘した。彼によれば、キリスト教の勃興後には、聖書の教義も同じように学ばれ始めたため、教義は次第に形式化し、その結果として、「最も独断的でない書物から余りにも多くの独断的な宗教が生み出された。」彼は、教育の現状を古代ギリシア、ローマにおける自主的で活発な知的教育と比較して、「学校で子供が教えられることは、丸暗記の繰り返しでなければ、せいぜい技術的な規則を適用することであって、そのようなことは、理性の中に宿るのではなく、記憶の中に宿るのである。」と指摘して、次のようなきびしい診断を下した。

「現代の教育は、すべての詰め込み（all *cram*）、数学の詰め込み、文学の詰め込み、政治の詰め込み、神学の詰め込み、道徳の詰め込みである。世界は、既にすべてのことを知っているから、それを子供たちに語るだけでよく、子供たちは、それを聞いて丸暗記すればよいとされ、いかなる目的も、精神そのものを訓練するという考え方も、世界から消滅してしまった[11]。」

古代ギリシアとの対比において、現代の生活と思考の画一性、停滞性の一大原因として、詰め込み教育の欠陥を挙げたミルは、「教育の目的は、教えることではなく、精神をそれ自身の意識と観察から学ぶのに適合させることであるが、われわれは、そのような能力を伸ばす機会を、慣習も日常経験の規則も通用しない絶えず変化する環境の中に持っている。」と述べて、現代における知性の停滞を打破する第一歩は、詰め込み教育による外部的な権威への依存を打破して、自主的な経験と思考を尊重し、他の人々の思想を理解する労を払わずに結論だけを先取りする「半思想家」(half-thinker) のうぬぼれを否定することにほかならないと結論を下したのである。[12]

先に引用したハリエットの草稿とミルの「天才論」との間には、かなりの親近性が見出される。すなわち、現代の知的画一性を批判し、個々人の個性に基づく自主的な思考と他人の見解に対する開かれた寛容の精神の尊重を主張した点に全く同一の論調を見出すことができる。特に、ミルが Latin cram, mathematical cram, literary cram, political cram, moral cram と指摘し、ハリエットが religious conformity, political conformity, moral conformity, moral conformity, or social conformity と指摘した、何れも現代社会の画一性を批判する畳みかけるような論調に、著しい類似性が認められるのは注目すべきことである。この二論文に当時のミルとハリエットとの知的な密接な協力関係の成果を見出すことは十分に可能である。『自伝』には、「私が受けた利益は、私が与えようと望むことができたものよりもはるかに多かった。それでも、強烈な感情に富む性格の道徳的直観によって自分の意見を先に身に付けていた彼女が、研究と推理によって同一の結論に到達した人物から激励と同時に援助をも受けたことは疑う余地がない。また、すべてのことを知識に還元してしまう彼女の知的成長と彼女の精神的活動の素早さが、その素材の多くを、他の源泉から引き出したのと同様に、私からも引き出したことにも疑う余地はない。[13]」と記されている。ハリエットの注目すべき草稿とミルの「天才論」とは、思想的な模索の中にさまざまな思想を綜合して自主的な思想形成に努めていた彼と「同行の旅人」としての彼女とが協力してつくり出した成果と言うことができるであろう。

ミルとテイラー夫妻との三角関係は、ジョン・テイラーが一八三三年九月から半年間のハリエットとの別居を承諾し、彼女はパリに行ったが、ミルは、カーライルをクレイゲンパトックに訪ねる約束を破棄して、十月十日から六週間パリに赴いて彼女と共に暮らしたことによって大きな画期を迎えた。別稿に記したように、ミルがパリからフォックスに送った手紙は、彼の心の揺れをまざまざと示している。この時のテイラー夫妻の危機は、ジョンがミルとハリエットとの交友を認め、ケストン・ヒースの家を与えて彼女に長女ヘレンと共に住まわせ、時々自宅に帰ることによって結婚の外観を止めるという妥協に終わったが、ハリエットとの不自然な関係を続けたミルは、この間に東インド会社に勤務しながら目覚ましい著述活動を続け、彼女との逢瀬は、彼の知的活動の息抜きではなく、その不可欠な一部としての共同の思索のために費された。彼は、ハリエットとの関係をゴシップ化されることを極度に嫌い、次第に社交界から遠ざかって、勤務と執筆と政治活動（政治的ジャーナリズム）に専念するに至った。次章以下で詳述する彼の旺盛な知的営為と院内の急進派を指導し鞭撻するための政治的ジャーナリズム活動は、ハリエットを心の支えとする深刻な孤独状態の下に長く続けられたのである。(14)

（1）拙稿「J・S・ミルとハリエット・テイラー」『國学院法学』第三七巻第一・二・三号連載。
（2）*EL*, pp. 29–30. 拙訳『J・S・ミル初期著作集』2、三一〇–一一頁。
（3）F. A. Hayek, *John Stuart Mill and Harriet Taylor*, 1951, p. 281, n. 1.
（4）*Autobiography*, p. 617. rejected leaves. 拙訳二九二–三頁。
（5）*EL*, pp. 117–8. 拙訳『J・S・ミル初期著作集』1、一一四頁。
（6）The Complete Works of Harriet Taylor Mill, ed. Jo Ellen Jocobs, 1998, pp. 137–42.
（7）On Genius, *CW*, vol I, pp. 330–32.
（8）*Ibid.*, p. 334.
（9）*Ibid.*, p. 335.
（10）*Ibid.*, p. 336.

(11) *Ibid.*, p. 337.
(12) *Ibid.*, pp. 338-9.
(13) *Autobiography*, p. 197. 拙訳一七〇頁。
(14) 前掲拙稿(二)『國学院法学』第三七巻第二号、七〇-七九頁。

第二章　一八三三―四年の政治的ジャーナリズム

一　カーライルとの文通

先に述べたように、ミルとカーライルがロンドンで会って直ちに緊密な親交が始まったのは、クレイゲンパトックの僻地で文筆活動に没頭していたカーライルが『エグザミナー』紙のミルの連載論文「時代の精神」を読んで感動し、ロンドンに上京して早々、その筆者を確かめて面会を求めたことがきっかけであった。カーライルは、クレイゲンパトックに帰ってからミルに懇切な手紙を書き、一八三二年五月十八日付のカーライルの第一信から、三四年四月二十八日付のミルの第十九信まで、二人の手紙は、カーライル二十通、ミル十九通に上っており、ミルの手紙は、当時の彼の動静、思索、著述に関する詳細な資料を提供している。次節から一八三三―四年のミルの政治評論を検討するのに先立って、この時期のミルのカーライル宛の手紙を紹介することによって、ミルが徐々に自主的な立場を回復し、自信をもって政治評論活動に深入りして行った過程を追及しておきたい(1)。

カーライルとミルとは、文通の始まった前後に、それぞれの恩師ゲーテ（一八三二年三月二十二日歿）とベンサム（同年六月六日歿）を失ない、二人は、それぞれ弔文を書いた（Carlyle, Death of Goethe, *Foreign Quarterly Review*,

Aug. 1832, Mill, An Obituary Notice of Jeremy Bentham, *Examiner*, June 10, 1832)。同時期に恩師を失なった二人は、それぞれ極めて真摯な思想形成期にあり、相互の思想の多大な懸隔を熟知しつつも、共に研鑽し合う同志として、多彩な話題について極めて親密な文通を続けたのである。

二人の間の文通は、サン・シモン派の動向、カーライルのフランス革命研究に関するミルの援助、共通の友人たちの動静、ミルの文学論をめぐる論議など多岐にわたったが、ここでは、ミルが文通の当初の控え目に先輩の教えを乞う謙虚な態度が徐々に変化して、対等な立場から時にはカーライルを批判し、自主性を主張するようになった過程を文通から読み取ることを主要な課題としたい。

『ミル自伝』では、カーライルとの親交の始まりについて、彼の著作から受けた利益は、哲学から教えられたというよりも詩情を鼓舞された点であったことを記した後に、次のように回顧されている。

「私としては、カーライルの哲学が私と根本的に違っているからと言って、彼との親交さを求める気持ちは減退することはなかった。彼は、間もなく私が『もう一人の神秘主義者』ではないことに気付いたが、私が自分自身の誠実さを守るために、私の意見の中で彼がいやがると分かっていたことを明確に告白した手紙を書いた時、彼は、二人の間の主な相違は、私が『まだ意識的に全く神秘主義者でないことだ。』と書いた返事をくれた。彼が私が神秘主義者になる運命にあるという期待をどの時点で棄てたかは分からない。(2)」

カーライルは、第二信（一八三二・七・一六）に、「あなたは、私の弟子であり先生である人々の一人です。(3)」と記したが、ミルは、「あなたは、私のことをあなたの先生の一人だとおっしゃいましたが、そうだとしても、校長が部下の教師たちについて、自分の下で教えるという意味だけのことです。(4)」（第二信・一八三二・七・一）と応じた。カーライルは、ミルのロンドン通信、特にフランス革命史研究へのアドヴァイスに感謝したが、彼が不満であったのは、人生観に触れる本心をなかなか明かしてくれないことであった。ミルが率直にカーライルの論文に異論を唱えて、それまでの手紙で二人の意見の相違に触れることを敢えて避けてきたことを告白したのは、文通が始まってから一年以上経った第九信（一八三三・五・一八）であった。それは次の一節である。

「あなたのディドロ論（Diderot, *Foreign Quarterly Review*, April, 1833）を拝見しました。彼の人物と同時代人とについては、私が考えている限り、あなたと同意見です。しかし私は、あの論文について、私が見出すのが常であったよりも、はるかに大きな意見の相違を見出しました。あの主題は、あなたと読者である私とを、二人の間にまだ議論して篩にかけていないかなりの程度の意見の相違が何時もあるような問題領域にまで連れてきてしまったようです。そしてその中のいくつかの論点については、二人の間の距離は、最近狭まったよりもむしろ拡大してきたように時折り思われるのです。それは、私の罪であり、私の誤りであるかも知れません。何れにしても、私の方に私たちの意見が喰い違いそうに思う問題について、あなたと話すのを避けたり、ほんのおざなりにしか触れなかった勇気の不足が何かしらあったように思われるのです。それは、私の以前の偏狭で機械的な状態の独断的な議論好きの一種の反動でした。……私は、他人を自分たちの思想を表明するようにいざなうことによって学び、私自身の思想を普及させることによって教えるのに馴れ切っていて、論争の機会を避けてきました。(5)」

フランス啓蒙思想を全面的に否定したカーライルの「ディドロ論」は、ミルに反撥を呼び起こし、初めて批判的な筆致の手紙を書かせたのであるが、カーライルは、第十一信（一八三三・六・一三）で、年長者らしく、「あなたは他人（Thou-*hood*）の権利を十分にお認めの上で、自分（Me-*hood*）の権利を見事に、そして必要な限り弁明されました。」と応じ、「あなたと私とが、ものごとのすべての半世界について意見を異にしていることは、私にとって決して秘密ではなく、私たち二人は正反対の立場に立っていると私は思っています。しかし私は、二人が互いに離れて行く方向に動いているとは考えません。その反対なのです。二人の人間が真理の無限の性質についての相互の共通認識を認め合うことで一致している時には、二人の間にはあらゆる有益な心の交流の始まりがあり、二人の相互の友情に満ちた相剋以上に興味深いものはありません。[6]」と懇切に記した。そして、聖書を精読することを勧めて、「しりごみせず、休みなしに、あなたの『懐疑の城』の牢獄が四散するまでお読みになることを切望します。[7]」と訴えたのである。

カーライルが第十二信（一八三三・七・一八）に、「どうかここに来て、あなたと本当に親しくならせて下さい。ここの静けさの中で顔を突き合わせていれば、私たちはもっと進歩するでしょう。[8]」と記しているのは、ミルが夏の休暇にクレイゲンパトックを訪れることを約束していたからである。しかし、既に言及しておいたように、当時は、テイラー夫妻とミルとの三角関係が危機状態に陥っており、ジョン・テイラーは、別居を承諾し、ハリエットは、九月にパリに行き、ミルも彼女を追って十月十日にパリに行って、六箇間滞在した。カーライルとミルのクレイゲンパトックでの再会は実現しなかったのである。

ミルがパリから帰った後に書いた第十五信（一八三三・一一・二五）は、パリの現状を詳しく伝え、第十六信（一八三三・一二・二二）では、本論文の第三章で詳しく検討する『ロンドン・レヴュー』を創刊する企画が進んでいることが知らされ、これが実現したならばカーライルも寄稿するように薦められているが、ミルがカーライルがいやがるにきまっていることを書き送ったと『自伝』に記しているのは、第十七信（一八三四・一・一二）のことである。

ミルは、本心を打ち明けて欲しいというカーライルの訴えに対して、「今まで十分に説明しなかったこと、また今になってそうしようと心が動くのを感じるという事実そのものの中に、あなたは私の性格に大きな変化が生じたことを見出されるでしょうし、その変化の一つをあなたは全面的に是認して下さるでしょう。」と応じ、「このように変化は、徐々に起こったことであって、あなたが二年前にロンドンに来られた時に既に起こり始めていました。私は、その時既に、何年にもわたる過渡的な状態にありました。すなわち、極めて偏狭な種類の論理的功利主義からの反動の状態であったので、非常な不幸と内面的な葛藤の後にそれから離脱したあげく、その正反対の極端に一時的に逃避していました。」と告白した。彼は、「私たち二人が、二人の間の相違をめったに点検し合わなかったし、お互いに相違について話し合うことさえしなかった」ことに自責の念を感じていると記し、次の二点について率直に述べた。[9]

第一点は、カーライルの勧めによって聖書を熟読しても、依然として「蓋然的な神」(probable God) しか信じることができないことであり、彼は、次のように記した。

「私の使う蓋然的という言葉の意味は、創造主の存在は信仰や直観の問題ではなく、また証拠によって証明される命題でもなくて、この点ではあなたも同意見だと存じておりますが、その証明は絶対的な確実性にまでは至らない仮説だということです。これが私の実状ですから、信じたいという強い願望にもかかわらず、信じることは望めないと思います。あなたのような信仰を持つことができるならば、私にとって言いようのない幸福でしょう。それは、あなたにとって根本的な点についてあなたのように確固たる信仰を持つことでして、私は、このことを、人生が私にとって幸福な時にも、人生が今では過ぎ去った長い期間そうであったように重荷である時にも、強く意識しております。しかし私は、あなたも他のどんな人々も、この点では私にとって何の役にも立たないことを知っていますし、私の不安定な気持ちを宣伝しないことによって悪影響を与えないことで満足しているのです。[10]」

ここに告白された宗教観は、父ジェイムズ・ミルと軌を一にする不可知論であり、ミルが終生持ち続けたものであった。彼は、カーライルの忠告によって聖書を精読しても、イエスを偉大な人間と見る従来の態度はいささかも変わらなかったのである。

第二の相違点として特記されたのは、彼が依然として功利主義者であることであった。彼は、「私たちの相違のもう一つは、私が依然として功利主義者であり、恐らく今後もそうでありそうだということです。私は、『いわゆる功利主義者と言われる人々』の一人ではありませんし、私の二次的な諸前提のほとんど何一つとして彼等と共通のものはありません。また恐らく私以外のすべての人々がその言葉で理解していることと全く別の意味でなければ、私は、全く功利主義者ではありません。……私は、人類（むしろその個々の単位）の幸福と究極的な目的と考えておりますが（それこそ、私の功利主義のアルファでありオメガなのです）、このような目的は、あなたの言われる手段、すなわち各人が自分の唯一の目標として自分自身の中の最善のものの発展を目指す以外の方法によっては促進されないと、完全な信念をもって確信しております。[11]」と主張した。ミルは、一切の幸福を否定するカーライルのピュリタン的禁欲主義が神秘的な英雄崇拝論と結び付く時の危険性を察知して、人間観については諸能力の全面的、調和的な発展を指向する理想主義に接近しながらも、社会改革の原理としての功利主義の立場を堅持することを主張したのである。

ミルの独立宣言とも評すべき手紙を読んだカーライルは、第十八信（一八三四・一・二〇）の中に、「あなたのお便りは、私を喜ばせただけでなく、それ以上にあなたを身近に感じさせました。……あなたがお書きになった信条は、多くの点について、私自身の信条とよく似ているということができます。ただ一つの違いは、あなたがまだ意識的に全く神秘主義者ではないということです。あなた自身の神秘主義（あなたの中には、十分それがある）に場所を与える前に、あなたは、論理に翻訳してしまわなければ気がすまないのです。忍耐。忍耐。時間は、われわれのために驚異をなし遂げます。ドイツ人の言うように、茎さえあれば、時間は、ばらを咲かせるのです。[12]」と記した。

一八三二年五月から三四年四月までの二年間続いたミルとカーライルの定期便は、カーライルがフランス革命史の著述のためにクレイゲンパトックでの生活を切り上げてロンドンのテムズ河畔のチェルシーに移転したことによって終わった。ミルは、最終便となった第十九信（一八三四・四・二八）に次のように記した。

「あなたは、私が『変わったし、また変わりつつある』ことにお気付きになるでしょう。恐らくあなたの予想以上に変わっているでしょうし、私が自分の精神史の多くの出来事を漏らすことがなかったら、恐らくあなたに全くお分かりにならなかったことでしょう。……私は、随分長い間経験したことがなかった『成長の感じ』（feeling of growth）を持っています。私自身、以前よりもずっと多くのことを知り、多くのことを見、抽象ではなく実在についてのずっと多くの経験を持っていると感じています。……洞察力が増大するにつれて、他のほとんどすべての人々から隔離されて行くという不愉快な感情も伴ないますが、それも成功の希望をもって努力をかきたてる感情をすっかり挫いてしまうのでなければ、大して気にする必要はありません。[13]」

これは、文通の初期にはカーライルを先輩ないし師として、謙虚に教えを乞う姿勢を示していたミルが、ロンドンで再会するに当たって対等の立場で論議しようという呼びかけをした一節と解することができる。ここで付記しなければならないのは、先に述べた第十七信に記された「私が『テイト』誌の第一号にルイース氏の書物の書評を書いたことを覚えておられるでしょうか。あの書評は、私の精神と性格を最も完全に吐露したもので、教えられたことではなく、当時でさえ教えなければならなかった最もよいことを含んでいたのです。[14]」という一節である。これは、コーンウォール・ルイスの『政治的用語の効用と弊害』の書評（Use and Abuse of Political Terms, *Tait's Edinburgh Magazine*, May, 1832）のことであるが、ミルは、他人の言葉が哲学的であるかどうかを判断するためには、第一に「著者が言いたいことが理解されるならば、言葉の使い方が或る程度不正確であっても大目に見なければならないこと」、第二に「異なった理念を伝えるために同じ言葉を使わざるを得ない著者を理解するためには、読者の側で熱心に協力することが必要なこと」を強調して、「太古以来相互に争ってきたあらゆる半真理を結合して、一つの調和的な全体にまとめること」を主張している。[15]ベンサム主義に多大の不満を感じたミルは、さまざまな異質思想を貪るように吸収して、自ら納得することができる体系的な思想を形成するために苦闘し続け、時には特定の思想に寛容過ぎる行き過ぎを犯したこともあったが、カーライルとの二年間の文通の時期には、彼の思想の激しい揺れも徐々に静まって、他から学び取るだけでなく、自分で練り上げた理論的、実践的な思想を発表し、政治的ジャーナリズムの分野にも深く立ち入る自信を深め始めていた。カーライルとの度重なる文通は、当時の彼の思想的な成長を示す貴重な資料であると言えよう。

(1) 拙訳「カーライルあて書簡（抄）」『J・S・ミル初期著作集』2、拙稿「カーライルとミル――一八三三―三四年の往復書簡――」『國学院法学』第一三巻第一、二号。
(2) *Autobiography*, p. 182. 拙訳一三三頁。
(3) *Letters of Thomas Carlyle to John Stuart Mill, John Sterling and Robert Browning*, 1923, p. 9.
(4) *EL*, p. 131. 拙訳一一九―一二〇頁
(5) *Ibid.*, p. 153. 拙訳一一九―一二〇頁。
(6) *Letters of Thomas Carlyle*, p. 55.
(7) *Ibid.*, p. 56.
(8) *Ibid.*, p. 61.
(9) *EL*, pp. 204–5. 拙訳一三六頁。

（10） *Ibid.*, p. 206. 拙訳一三七頁。
（11） *EL*, pp. 207-8. 拙訳一三八―九頁。
（12） *Letters of Thomas Carlyle*, p. 94.
（13） *EL*, pp. 223-4. 拙訳一四三頁。
（14） *Ibid.*, p. 205.
（15） Use and Abuse of Political Terms, *CW*, vol. XVIII, pp. 615.

二 「内閣の宣言」（一八三三年）

ミルは、一八三三年十月五日付のカーライル宛第十四信に、「最近は大忙しで、大いに書きまくりました。政治についてさえ書きましたが、政府側のパンフレットに対する（『エグザミナー』紙上での）長文の批判を私が書いたと探し当てて下さいましたか。[1]」と記している。これは、ミルが『エグザミナー』九月二十二日、二十九日、十月六日、十三日、二十日、二十七日、十一月十月号の七回にわたって連載した「政府のパンフレットに対する回答」（Reply to a Ministrial Pamphlet）である。この手紙が書かれた時には、最初の二回しか発表されていなかったが、ミルは、十月十日にハリエットに会うためにパリに赴き、十一月二十日に帰国したのであるから、出発前に全七回分が書かれていたに違いない。この論説は、一八三三年一月二十九日に開会し、八月二十九日に閉会したこの年の会期に関するグレイ内閣の自画自讃的なパンフレットを全面的に批評した力作であり、第一次選挙法改正法によって一八三二年十二月に行なわれた総選挙の後の最初の議会――選挙法改正を支持した人々が約五百議席を獲得し、トーリ党は百五十議席余りに止まっただけでなく、哲学的急進派が約二十名進出した――の議事に対するミルの論評として注目に値する。

ミルのグレイ・ウイッグ党内閣に対する態度は、「彼等は、原理を恐れ、原理の帰結を決して見ることができないような種類の人々である。彼等は、子供であり、原理は、刃物である。彼等が原理に信頼していないのは、彼等が信頼を持たず、どんな信頼も持つにも値しないからである。……彼等は、一時しのぎの便宜主義者である。[2]」という手厳しいものであった。本節では、この論説で取り上げられた多くの議題の中から、①奴隷制廃止法、②アイルランド関係法、③法改革問題、④都市自治体法と救貧法を選んで検討を加えたい。

(一)　奴隷制廃止法

イギリス植民地における奴隷貿易は、一八〇八年に既に廃止され、残る問題は、奴隷制そのものの廃止であった。グレイ内閣の植民相スタンリが五月十四日に下院に提出した原案は、法案の成立と共に六歳未満の者をすべて自由民とすると同時に、現在の奴隷は、徒弟労働者（apprenticed labourers）として登録されること、また、奴隷の雇用者に対して一千五百万ポンドの借款を与えることを内容とするものであった。[3]しかし、このような原案に対して、奴隷を所有する大農園主たちの利益を代弁する議員たちは、奴隷解放の代償としての一千五百万ポンドの借款を不満として二千万ポンドの贈与を要求し、結局政府は譲歩して、二千万ポンドの支出をきめ、徒弟期間を原案の十二年間から農業従事者については六年間、それ以外は四年間に短縮することにした。[4]このような過程を経て、奴隷解放法案は両院で可決された。

ミルは、この奴隷解放法の欠陥をきびしく批判して、「それによって奴隷が自由民と呼ばれるようになるはずの貴重な計画」の名の下に、自由民になる前に、四分の三の時間を主人のために強制的に働かされ、残りの四分の一の時間についても、賃金を受け取ることができず、その金は主人に還元されるために政府に支払われる」ことの不当性を指摘して、「普通の生徒の知性にも劣るこのようなナンセンスな空想がキリスト教国の正気な人々の会議で成立するとは、わが国の下院で可決されるとはとても考えられない。」と主張した。(5) 彼は、奴隷は全面的にかつ即座に解放されるのではなく、依然として強制的に働かせられること、また決定された二千万ポンドの補償額がイギリスの植民地のすべての奴隷の全市場価値に相当することに注目して、「改革された議会の贈物が解放なき補償であろうと何人が夢見たであろうか。」と述べて、「国民的正義の行動が公金を奴隷所有者たちの懐中に投げ入れる取引に転化された」ことを難詰したのである。(6)

ミルは、六月十一日の下院で哲学的急進派のチャールズ・ブラーが提唱した代案を紹介して、スペインの奴隷解放の方式を採ったならば、六年ではなく三年で奴隷を解放し、補償費ははるかに少なくて済んだであろうと述べている。それは、議会が奴隷の労働力のすべてを買い上げて補償するのではなく、一週間の中一日の自由な私用を買い上げ、その一日の自由労働で他の日の奴隷労働を軽減し、徐々に——およそ三年間で——完全な解放を達成させる計画であった。(7) ブラーは、下院の演説で、政府の態度を批判し、内閣は全く植民者の友人であって、内閣の原案は植民者たちの要望と全く同一であると批判し、スペイン方式によって奴隷が自分たち自身の自由を労働によって獲ち取る方法を採用するならば、植民者への補償は四百乃至五百万ポンドで足りると主張した。(8) この提案は、二千万ポンドの補償が法外に過大であり、完全解放までの徒弟期間の扱い方が苛酷であるという点について、ミルの見解と一致している。ブラーは、少年時にカーライルが家庭教師をしていたミルの友人であり、哲学的急進派の若手の一員であった。ミルが思想的模索の中に多様な異質思想の吸収に努めつつも、議会で審議中の問題について強い関心を持ち続け、特に哲学的急進派の院内の言動に常に注目していたことは、この論説でのブラー発言への言及に示されているであろう。

（二）　アイルランド問題

ミルが次に注目したのは、アイルランド問題であり、彼は、一八三三年にグレイ内閣が提案して、それぞれ修正された後に成立したアイルランド教会法案（Irish Church Bill）、アイルランド十分の一税法案（Irish Tithe Bill）、アイルランド弾圧法案（Irish Coercion Bill）について、批判的な論評を加えた。アイルランドでは、多くの住民がカトリック教徒であり、特にアイルランドの南部と西部ではカトリック教徒が圧倒的に多数であったのに、英国教会の高位の聖職者が集中していたので、アイルランドにおける十分の一税に対する不満は著しく、争乱が絶えなかった。それにもかかわらず、国教会は、アイルランドの教会改革がイングランドに波及することを恐れて、長く現状維持を図ってきたのであったが、グレイ内閣は、人身保護法の停止を伴なうアイルランドの争乱に対する抑圧法と抱き合わせに、アイルランドにおける国教会の局部的な改革案を一八三三年の会期に提出したのであった。

ミルの基本的な立場は、「アイルランドの国教会制は、全面的に廃止されなければならない。」ということであり、彼は、「われわれは、大臣たちがこのことを直ちに行なわないことを責めはしないが、われわれが直ちに断行するならば、アイルランドの困惑と恥辱は直ちに消滅し、今後彼の地の人民を苛立たせることはなくなるであろう。」と主張した。(9) このような基本原理から見れば、政府のアイルランド政策は、到底容認し得ないものであった。

政府は、アイルランド教会改革法案を二月十二日に下院へ、アイルランド弾圧法案を二月十五日に上院へ提出し、後者は速やかに上院を通過して二月二十二日に下院に回付されたが、人身保護法の停止の際の軍法会議の構成についての全院委員会の審議が長引き、修正可決されたのは、三月二十九日であった。アイルランド教会改革法は、下院の修正をめぐって紛糾が続いたが、七月二十五日にようやく成立した。もう一つの十分の一税法案は、アイルランドにおける十分の一税の滞納への処置に関するかねてからの懸案をめぐる妥協案であったが、六月になって閣内で政府が聖職者の十分の一税収入について新しい制度を考慮することの代償として聖職者の救済のために百万ポンドの借款を与えるように議会に要請することに意見がまとまったために、会期末に至ってようやく成立した。その内容は、聖職者が受けた借款は世俗的な土地税によって返済されるというものであって、このことによって前年に決定された十分の一税の滞納の強制的な徴収は放棄されたのである。[10]

ミルは、グレイ内閣のアイルランド政策が一時しのぎの微温的なものに過ぎないと批判すると共に、「憤激は、十分の一税を無分別に強制しようとする試みの結果であって、静穏になったのは、弾圧法の結果ではない。……十分の一税法は、既に暗黙の中に放棄されていた要求を止めることの立法による最終的な保証を与えた。」と指摘して、十分の一税法が政府の譲歩の結果であったことを評価した。[11] しかし彼は、アイルランドの国教会聖職者に対する百万ポンドの借款については、「誰に対して貸し付けられるのか、疑いもなく聖職者に対してである。しかし、聖職者によって返済されるのではなく、地主によって返済される。……聖職者は、国家によって補償され、国家は、地主によって補償される。しかし、驚いたことには、地主は、十分の一税を負担する小作人によって補償されるのである。」と指摘して、政府のアイルランド政策を「前もって考えられていた詐欺」として痛烈に批判したのである。[12] このようにミルは、政府のアイルランド政策が極めて場当たり的なものであると痛撃したのであるが、彼のアイルランド問題に関する基本的な見解については、「新聞ノート」（一八三四）を取り上げる次節で検討しなければならない。

(三)　法律改革

長く混沌状態にあったイギリスの法制度と司法制度の改革は、一八二二—二七年、二八—三〇年に内相を勤めたピール（Peel, sir Robert, 1788–1850）による刑法改革によってようやくその緒についたが、一八三〇—三四年に大法官となったブルーム（Brougham, Hemry Peter, 1st Baron B. and Vaux, 1778–1868）によってさらに促進された。ピールは、刑法改革に際してベンサムの影響を多く受けていたし、ブルームは、ベンサムの影響を多く受けていて、ベンサムの弟子と自任し、一八三八年の演説の冒頭に、「法律改革の時代とジェレミー・ベンサムの時代とは同一である。」と述べた。(13) 思想的にベンサムからかなり離れるに至ってもベンサムの法律改革の主張には全面的に同調していたミルがブルームの大法官としての言動に対して一定の評価を与えながらも批判的な姿勢を取ったことは注目に値する。

ミルは、政府のパンフレットの法律改革に関する部分を論評するに当たって、「この部分については、選挙法改正を除く政府の政策のその他のいかなるものに対してよりも、政府というよりも大法官を称讃する価値が多い。」と認め、政府の法制度改革がブルームが一八二八年二月七日に下院で行なった普通法裁判所の現状に関する大演説に沿源していることを指摘して、「ブルーム卿の法律改革に関する見解は、常に開明的であるとは言えないにしても、最も哲学的な改革者が望むことができるほど少なくとも現在では多方面にわたっている。」と是認した。(14)

しかし、ミルがブルームの大法官としての業績を全面的に称讃したのではなかったことは、「ブルーム卿の役割は、立法者というよりは、人気のある演説家のものである。彼が他のすべての人々以上に法律改革をするのに適しているのは、現在の制度に対する信用を落とすことである。彼は、破壊者としてはすぐれているが、再建者としてはそうではない。彼が除去したすべてのものは、なくなるのが当然なものであって、彼が樹立したものには、最も完全な法律改革者の意見によれば、維持する価値は何もない。彼の改革は、部分的で矮小なものであるだけではなく、もっと綜合的な改革計画に組み込むことができないものである。(15)」というきびしい評言によって明らかである。彼は、「大法官の法律改革を詳細に分析すれば、粗雑で不完全な思考の無数の例証を挙げることができる。(16)」と言っている。

ミルは、ブルームが多くの法律上の閑職を廃止したことは評価しているが、その反面、一八二三年にリヴァプール内閣によって廃止された裁判手数料の徴収を復活したことを批判して、「最も憎むべき課税――裁判に対する課税――」がトーリ党によってでも廃止されたのに、「害悪に苦しんでいる人を課税の格好の対象として選ぶ」ことの不当性を指摘した。[17]

また彼は、ブルームが提出した法案の中に裁判官の裁量で調停者を決定して訴訟の両当事者に強制する権限を認めた条項があることを指摘して、調停者は全面的に無責任で公開性がなく、公開されずに取り上げられた証拠に基づいて判断を下すから、彼を選ぶ裁判官よりも専門的な能力を持つはずはないと批判した。[18] さらに彼は、上告はすぐれた司法制度の鍵であることを指摘して、ブルームの上告制度の構想が基本的に誤っていると主張し、特に、「ほとんどいかなる種類の公職についても普遍的で恒常的である一つの原理」として、「官職は独任制でなければならない。」と強調した。彼は、ブルームが衡平裁判所の判事を二人、大法官庁の判事を三人にすることを彼の法案の中に含ませていることを、法改革と呼ばれているものの愚かな弱点の最たるものとして指摘したのである。[19]

以上のようなブルームに対する批判は、全般的にベンサムの法律改革論に依拠するものであった。ミルは、一八三三年にブルワーの要請によって書き、『イギリスとイギリス人』(Lytton Bulwer, *England and the English*) に匿名の付録として収録された「ベンサムの哲学」(Remarks on Bentham's Philosophy) において、ベンサムの人間観と道徳哲学についてかなり明白な不満をこめた論評をすると同時に、ベンサムの第一のそして最大の業績として、法改革の実践的な理論を詳細に展開したことを挙げて、「刑法の部門については、ベンサムは、犯罪の哲学的分類に関して今日までなされた最善の試みをした人である。……手続法（裁判所構成法を含む）の理論に関しては、彼は、他の部門の何れよりも甚だしい野蛮状態を見出したが、それを比較にならないほど完全なものにした。この最も重要な部門における実際に重要な問題で彼が解決しなかったものはほとんどない。[20]」と強調している。彼は、ブルームが大法官の要職にあって法律改革を推進しようとしていたことを評価しつつも、ベンサムの体系的な法制度改革論から見れば、極めて不徹底で、真の改革に逆行するものさえ多く含んでいると考えて、忌憚のない批判を加えたのである。

(四)　都市自治体法と救貧法

ブルームに対するミルのもう一つの論評は、八月二十二日の上院で行なわれた地方都市の市政改革に関する法案の概略を説明する演説をめぐるものであった。この演説は、選挙法改正によって新たに投票権が与えられた三十の都市に下院議員選挙権を持つ人々によって選挙された市議会（Common Council）をつくり、市議会議員が彼等の中から参事会（Board of Aldermen）を選出し、市議会議員の任期は三年とするが、参事会員の在職は終身とするという内容であった。[21]ミルは、このような提案について、「大法官の立法上の才能の有利な例証ではない。」と評し、それは、熟考した案ではなく、ロンドンの市政制度を真似て、若干の手心を加えたものに過ぎず、「われわれが直ちに廃止しなければならないものを何故つくるのであるか。」ときびしく批判した。[22]ブルームが提案した参事会員は、伝統的に裁判と警察の職務に当たる治安判事に相当するものであるが、ミルは、市政に当たる市議会議員が参事会員を自らの議会の構成員から選ぶことは妥当でないと指摘して、「参事会員を選ぶ人々が人民が全く違う種類の機能のために選出した少数の者の選挙に限定される」ことに強い疑問を呈し、「この点では大法官は、ロンドン市の制度から離れているが、新制度は旧制度よりもいっそうよくないと思われ、その他の点では古びた模範の最も欠陥の多い部分を忠実に模倣している。」と強調したのである。[23]

ミルは、都市の市政改革に関するブルームの提案を旧制度の極めて微温的な手直しに過ぎないとして一蹴すると共に、「都市自治体の弊害を調査する委員会が任命されたことは称讃に値する。」と特記して、七月十八日に設置され、九月二日から活動を始めた新委員会に対して大きな期待を表明した。彼は、「市政に関する委員会の多くの構成員は、その職務を誠実かつ精力的に遂行すると大衆に保証することができる人々である。」と記しているが、[24]この委員会は、若い弁護士によって構成され、書記として哲学的急進派のパークス（Parkes, Joseph, 1796–1865）が参画して実質的に中心的な推進力を発揮した。ミルは、「われわれは、精神的な能力が高い地位と権力への適合性の基準として全く顧みられない暗黒の時代から徐々に脱却しつつある。われわれは、能力或いは能力の評判が唯一の基準となるような時代に立ち入ろうとしている。……われわれは、このような推移の最初の小さな始まりに立っている。[25]」と記して、この委員会の活動に多大な期待をかけ、かつ政府が委員会の調査の結果を無知の余り否定することがないように警告したのである。

ミルはまた、救貧法委員会（Poor Law Commision）の調査結果をまとめて一八三三年に刊行された書物について、「いかなる国においても、労働者階級の状況についての調査書のまとめがなされたことは恐らくないであろう。本書は、『貧民救済の理論と実践』と題した方がよかった。」と記している。[26]この委員会の調査報告に基づいて、翌一八三四年に新救貧法が成立したのであるが、これに関するミルの見解については、次節の「新聞ノート」のところで検討したい。

以上のような一八三三年の会期の議事に関する政府のパンフレットに対するミルの一連の論評は、思想的な転換期に直面して、フランスの政局をめぐる詳細な報道と論評を続けながらも、国内の政局に関してはほとんどジャーナリズムに登場することがなかった彼が選挙法改正後の第一回の会期の議事に関して多角的に批判を加えたものとして注目に値する。この一連の論評には、選挙法改正を契機として議会に進出した哲学的急進派に期待し彼等を激励鞭撻する論調はまだ現われていなかったが、翌年の『マンスリ・レポジトリ』に連載された「新聞ノート」には、このような論調が明白となり、一八三五年に彼を実質的な主筆として創刊された『ロンドン・レヴュー』は、哲学的急進派の機関誌であったと共に、彼自身の思想を表明するための絶好の評論誌となったのである。

（1）*EL*, p. 181. 拙訳『J・S・ミル初期著作集』2、一二七頁。
（2）The Ministrial Manifesto, *Examiner*, 22. Spt., 1833. *CW*, vol. XXIII, p. 598.
（3）*The Parliamentary Debates*（*Hansard*. 以下 *PD* と略記）3rd ser., vol. 17, col. 1230.
（4）*PD*, 3rd ser., vol. 18, cols. 473–4, vol. 19, cols. 1238–9.
（5）The Ministrial Manifesto, *op. cit.*, 602–3.
（6）*Ibid.*, p. 603.
（7）*Ibid.*, p. 604.
（8）*PD*, 3rd ser., vol. 18, cols. 576–8
（9）The Ministrial Manifesto, *op. cit.*, 605.
（10）I. Newbould, *Whiggery and Reform, 1834–41*, 1990, pp. 142–6.
（11）The Marvellous Ministry, *Examiner*, 29 Sept., 1833, *CW*, vol. XXIII, p. 608.
（12）*Ibid.*, p. 610.
（13）E. Halévy, *The Growth of Philosophic Radicalism*, tr. by Mary Morris, 1928, pp. 409–10.
（14）The Review of the Session continued, *Examiner*, 6 Oct., 1833, *CW*, vol. XXIII, pp. 620–21.
（15）*Ibid.*, p. 622.
（16）*Ibid.*, p. 626.
（17）*Ibid.*, p. 623.

(18) *Ibid.*, pp. 625–6.
(19) *Ibid.*, pp. 626–7.
(20) Remarks on Benthams' Philosophy, *CW*, vol. X, p. 11. 泉谷周三郎訳「ベンサムの哲学」『J・S・ミル初期著作集』2、一七七―八頁。
(21) *PD*, 3rd ser., vol. 20, cols. 821–5.
(22) The Corporation Bill, *Examiner*, 20 Oct., 1833, *CW*, vol. XXIII, pp. 628–9.
(23) *Ibid.*, p. 630.
(24) *Ibid.*, p. 631.
(25) *Ibid.*, p. 633.
(26) Conduct of the Ministry with respect to the Poor Law, *Examiner*, 27 Oct., 1833, *CW*, vol. XXIII, pp. 635.

三　「新聞ノート」(一八三四年)

先に記したように、ミルは、一八三四年一月十二日付の第十七信で、自分の思想のカーライルとの相違について率直に吐露したが、三月三日付の第十八信に、最近の仕事を知らせて、「先月の『マンスリ・レポジトリ』に『新聞ノート』(Notes on the Newspapers) を書きましたが、この記事は、急進主義そのものは些細なことだとしか考えていない一急進主義者の観点から見たわが国の『政治家』と彼等の行動を、少なくとも一度は示そうとするものです。[1]」と書き送った。この「新聞ノート」は、『マンスリ・レポジトリ』一八三三年十月号から三五年七月号まで三十五篇に上ったミルの寄稿の中で一八三四年の会期の議会の議事に対する刻明な評論として異彩を放つものであり、三月号から九月号まで七回にわたって連載された。彼は、翌一八三五年の初めから、『ロンドン・レヴュー』の実質的な主筆として政治ジャーナリズムに多大の精力を投入したのであるが、「新聞ノート」は、前年の「内閣の宣言」と共に、彼の一八三〇年代の政治的ジャーナリズム活動の初期段階の特色を明らかに示すものであった。

一八三四年の選挙法改正後二回目の会期は、二月四日に開会されたが、ミルは、連載第一回目の三月号の記事の冒頭に、「今開会した会期は、恐らく多数の人々の心に上流階級から何事かが期待されることができるか、そして人民が自分たちの問題を自分たち自身の手中に握るか或いは握らないかの問題を決定させるであろう。……第一会期は、人民によいことが期待できないことを教えた。改革内閣も改革議会も自発的によいことをしないであろう。第二会期は、彼等が強制される時に何かをすることができるかどうかを示すであろう。」と記した。(2) 本節では、この会期の議事に関するミルの評論を（一）ミルと哲学的急進派、（二）教育問題、（三）新救貧法、（四）アイルランド問題、（五）労働問題に絞って、重点的に検討を加えることにしたい。

（一）　ミルと哲学的急進派

『ミル自伝』には、一八三二年暮に選挙法改正後最初の総選挙で、グロート、ロウバック、モルスワース等が初当選し、約二十人の哲学的急進派が進出したので、父ミルと同様に自分も大きな期待をかけたが、「そのような期待は、裏切られる運命にあった。……彼等には、ほとんど計画性も活動力もなく、下院の急進派勢力の指導をジョセフ・ヒュームやオコンネルのような古顔の人々に委ねていた。(3)」と記されている。『自伝』の初期草稿には、グロートを名指しで挙げて、「グロート以上に父と私とを失望させた人はいない……もしも彼の勇気と活動力が状況或いは彼の知識と能力とにふさわしいものであったならば、あの十年間トーリ主義に復帰してしまった歴史は、別のものになっていたであろう。[4]」と記されていた。

『自伝』における哲学的急進派に対するきびしい批判に対応しているのは、「新聞ノート」に見られる「下院の急進派は、砂の縄であって、指導者を持たないだけでなく、一団となった成員も持っていない。それは、政党ではない。……このような無能力の悪い結果は、教養のある哲学的な急進派として自任し、或る程度までそう呼ばれるのに値する人々に特に現われている。彼等は、協調して行動することができないだけでなく、個人でも行動することができない。[5]」という酷評である。彼は、「精神の危機」以来の思想的模索によって、ベンサム主義を奉ずる一般の哲学的急進派とはかなり隔たった思想に到達していたが、当面の政局については、貴族地主階級と国教会の聖職者たちが牢固として支配している現実を批判し、急進的な改革を主張する点では哲学的急進派の綱領と完全に一致していたので、彼等の院内外の活動を鞭撻するために政治的ジャーナリズムに積極的に従事したのである。

ミルは、アイルランド急進派のオコンネルが二月十八日に行なった名誉棄損罪に関する演説（Daniel O'Connel, Speech in introducing a Bill on Libel Law）[6]に関するコメントの中で、哲学的急進派こそ言論の自由を主張して率先して法案を提出すべきであったと主張し、オコンネルの法案を改善するように呼びかけた。彼は、オコンネルが個人に関する名誉棄損罪の乱用だけを取り上げて、理論と制度に対する言論の自由、特に宗教と政治に関する言論の自由の問題を取り上げていないことに多大の不満を示した。彼は、その反面において、オコンネルの「個人的な名誉棄損のすべての場合に、真実が正当化でなければならない。」と主張したことに異論を呈して、「出版物がたとえ真実であっても、性質上私的な行為を書き立てることを許すべきではない。」と強調した。[7]このことは、ミルが後に『自由論』（*On Liberty*, 1859）において、「自己に関する行為」に対する社会的干渉にきびしく警告した一節を想起させる。彼は、私生活の自由を守ると共に政治的、宗教的な言論の自由を擁護するために名誉棄損罪の乱用を規制する立法を要求するために院内の哲学的急進派が結集することを強く呼びかけたのである。

(二) 教育問題

「新聞ノート」における教育問題に関する最初の言及は、四月十四日の下院でスプリング・ライスが、また四月十六日の上院でブルーム大法官が師範学校（normal schools）の設置を提案したことに関するコメントに見出される。ミルは、この提案を国家による教育制度の実施への重要な布石として歓迎し、現時のイギリスの教育の欠陥は、教員に人材が欠けていることであり、「精神は、精神によって教えられなければならない。」と強調して、国費による教員養成が議会の中で採り上げられたことを歓迎した。[8] しかし、彼は、ブルームが同じ演説の中で国費による義務教育に反対して、「自発性の原理を取るべきであって、強制のようなことを制度に取り入れるべきではない。」と述べ、さらに五月十二日の上院での演説で国教制度を全面的に支持したことについて、[9] ブルームが国教会制に固執することは甚だしい矛盾であると指摘し、「強制的な課税によって財源を主としてまかなって国家がなすことの唯一の対象は、自発的な原理によっては全くなし得ないか、或いは適切になし得ないことがらである。教育は、知的諸能力の組織的な涵養を意味するので、このような対象の一つであり、政府の施策の最も適当な対象である。[10]」と強調したのである。

ミルは、『自伝』の本項の冒頭に引用した部分の次に「ロウバックが下院に議席を得た最初の年に、国民教育を推進する院内の運動を創始したこと」は「永久に記憶される価値がある。」と記している。[11] 彼が高く評価したのは、ロウバックが一八三三年七月三十日に下院に提出した義務教育に関する動議であり、それは、全国を学区に分けて、公選の教育委員会が公立学校を監督し、全国的な国民教育の責任者として内閣に列する文部大臣を置くことによって六歳から十二歳までの義務教育を創始するという画期的な構想に基づく提案であった。[12] この動議をグロートが支持して下院の討論が行なわれたが、哲学的急進派議員以外の支持を受けることができずに、ロウバックは、取り下げざるを得なかった。

ミルは、次の会期にロウバックが再び提案することを期待して、「彼が提出すると信じているさらに重要な動議は、現存の多様な学校における教育の質について調査し報告する委員会を任命する旨の国王に対する動議である。全国を包括する公的な調査以外の何ごとも不十分であろう。[13]」と述べた。「国民教育の制度を確立する方法を調査する特別委員会」を設置する動議は、六月三日にロウバックによって提出され、この動議は採択されて、調査委員会の設置がきまった。[14] ミルは、これを歓迎して、「画期的な委員会が任命され、この重要問題についてかなりのことがなされると期待することができる。[15]」と記した。しかし、この委員会は、聴聞による資料を集めて発表しただけで、報告書提出には至らず、イギリスの義務教育制の実現は、その後長く懸案として残されたのである。

「新聞ノート」には、大学問題に関する重要なコメントも見出される。一八三四年の会期では、学位の授与を国教徒以外にも開放しようとする請願をめぐって二回の討論が行なわれた。第一の請願は、オックスフォード、ケンブリッジ両大学以外に新大学を設立し学位を授与することを要請するものであったが、両大学の反対によって、枢密院にかけられたまま棚上げになった。第二に、ケンブリッジ大学の六十三人の教員の非国教徒でも旧大学で学位を取れるようにすることに関する請願に基づく政府原案が提出されたが、下院で可決されながら、上院で否決された。[16] ミルは、グレイ内閣がこの請願を取り上げて法案化したことを高く評価したが[17]、この法案の審議に対して次のような辛辣なコメントを加えた。

「議会や内閣が専念すべき最も重要な目的は、大学を真に教育の場とすること、すなわち、最も偏狭で卑しい国教主義（Church of Englandism）の巣窟を一掃し、大学を正しい学問の純粋な精神的教養の貯水地とすることである。……われわれが単なる商人の国民になるのでなければ、基本財産を寄贈された教育施設（endowed institutions of education）が存在しなければならない。両親が自発的に求めていることとは違う教育を教員が与えることができるような場所がなければならない。財産を増やすような明白な傾向を持たずに道徳的・知的な性質を拡大し高尚にするような種類の知識を公衆に与えるような場所がなければならない[18]。」

このような評言は、大学から国教会を切り離して、伝統的な大学を真の学識者（*clerici*）すなわち文化的エリートを養成する機関としなければならないと主張した前述の「公共財団と教会財産」（一八三三年）を想起させる。ここにミルがコールリッジから示唆を受けて確信するに至った新たな大学像を見出すことができるであろう。

（三）　新救貧法の成立

一八三四年に成立した最も重要な法案は、新救貧法案（Poor Law Amendment Bill）であった。救貧法は、十六世紀以来の長い歴史を持っていたが、一七九五年に「スピーナムランド制」が導入されて以来、十九世紀初期には、低賃金の労働者を直接に救貧税から補助する院外救貧（outdoor relief）が広く行なわれ、中流の納税者の不満が高まってきた。一八三二年一月、グレイ内閣によって救貧法調査委員会は、委員長シーニァー（Senior, Nassau William, 1790–1864）と補佐委員から委員に昇格したチャドウィック（Chadwick, Edwin, 1800–1890）を中心として精力的に活動し、同委員会の報告書に基づいて法案が作成された。チャドウィックは、ベンサムの晩年に秘書を勤めた人物であったが、彼は、ミルの親友であって、彼が作成した最終報告は、ベンサムの構想を全面的に反映していた。

委員会の報告書の骨子は、労働能力者に対する救済は、救貧院（work house）によって行ない、院外救貧を廃止し、救貧院での待遇は救済を受けない最下級の労働者の状態を上廻らないことを主張すると共に、中央に全国の救貧行政を統轄する機関を設ける画期的な中央集権的な行政改革の構想を含んでいた。この報告に示された救貧法行政を専門的、集権的な行政機関によって地方の有力者の悪意的な権力を排除しようとするベンサム的改革構想は、ミルが全面的に支持したものであり、彼は、政府が提出した法案が報告書からほとんど逸脱していないことを歓迎して、「委員会の報告は、最も広大で複雑な無数の細目を調査した英知と熟練、そして救い難いように思われた害悪に対して最も望まれていなかった程度の成功を約束する救済策のわが国の歴史上に特異な実例である。」と称讃したのである[19]。

彼は、報告書の基礎が「働くことのできる人は、怠惰のままで扶養される資格はない。」という原理であることを指摘し、「被救恤民の条件は、従来のように独立の労働者の欲望や嫉妬の対象であってはならない。」という原理に基づく院外救貧を拒否して救恤を救貧院に限定する改正案を全面的に支持した[20]。彼は、法案は貧困を犯罪と見做す非人道的なものであるという『タイムス』紙の非難に反論すると共に、政府がそのような理由のない反対論に影響されて、院外救貧を禁止する期日を明らかにせず、また中央救貧委員会に救貧の条件を規則する権限を与えながら、教区の同意なしに救貧院を建設する権限を与えないなどの妥協を行なったことをきびしく批判した[21]。

さらに注目すべきことは、彼が救貧法改正の一つの重要な目的は地方当局の恣意的な行政の欠陥を一掃することにあると強調して、従来地方有力者層によって牛耳られてきた地方政治を「イギリス人の自由」(English liberty) として擁護する保守派を批判するために、フランスの場合と比較して、「フランスが過度の中央集権化の誤りを犯しているとすれば、わが国は、それに劣らず中央集権化が過少であるという誤りを犯している。地方行政が何びとによって遂行されるとしても、地方行政のすべての部門がそれ自体全国民に十分に責任を持つ中央政府によって厳格に注意深く配慮されない限り、いかなる国もすぐれた統治を受けることができない。」と論じていることである[22]。彼が強調した中央救貧委員会（Central Board）の強化は、中央集権的で能率的な行政を主張するベンサムの改革構想を踏まえたものであって、彼は、この点については、完全に院内の哲学的急進派と足並みを揃えていたのであった。

ミルは、新救貧法が審議中であった五月二十四日の記事の中で、「内閣が救貧法改正に対する偏見を持った反対論に反抗して、現内閣には珍しい断固とした態度を維持していること……細目についての譲歩が全く重要でないか或いは積極的な改善であること」を高く評価したが、中央救貧委員会の存続を五年間に限定する譲歩の意向を示したことを批判して、「中央救貧委員会は、一時的な目的のための便法としてではなく、それ自体救貧法行政の最善かつ適切な原理として弁護されることができるし、また弁護されなければならない。」と強調した。(23) 新救貧法によれば、三人の委員で構成される中央救貧委員会は、救貧に関するすべての規則、命令および規制をつくる権限と救貧院を建設し、借り上げ、変更し或いは拡大することを命じる権限を持ち、その監督下に、新設の救貧区連合（Union of Parishes）の公選委員が運営することになっていた。このような画期的な行政改革が議会の両院で圧倒的に支持されて成立したのは、地方の有力者階級が救貧税が年々上昇して遂には地代の全体を吸収してしまうことを恐れていたからであり、ベンサムの改革構想は、期せずして彼の死の二年後に早くも日の目を見たのであった。そしてミルの「新聞ノート」の評論が一貫して救貧法調査委員会の報告書を支持し、政府が報告書の趣旨に沿って法案を推進したことに同調していたことは、この法案を支持した大多数の議員たちよりも、この法案が行政の近代化の第一歩であることを熟知していたからにほかならなかったと言えるであろう。

(四)　アイルランド問題

一八三四年の会期が難航し、内閣改造からグレイ首相の辞任をもたらしたのは、アイルランド問題によることが多かった。先ずミルがアイルランド問題を原理的に論じる契機となった四月二十二日にオコンネルの合同廃止（Repeal of the Union）の動議を提出して以来二十九日まで延々として続いた討論を取り上げよう。

オコンネルは、「アイルランドは、独立の民族であり、同じ国王に従属するが、グレイト・ブリテンの議会からは全く独立の立法部を持つ帝国の一部であり、別個の国と見做されなければならない。」[24]という宣言を皮切りとして長い演説をした後、「アイルランド議会を廃止した手段、それがアイルランドに与えた影響および両国の合同を続けることの結果に関して調査し報告するための特別委員会を設置する」動議を提出した。[25]この動議は、極めて長時間にわたる討論――ミルによれば、オコンネルとスプリング・ライスはそれぞれ一晩、テンネットは一晩の三分の二演説を続けたという――の後、四月二十九日の採択で、五二三票対三八票の大差で否決され、「グレート・ブリテンとアイルランドとの間の立法的合同を維持しようとするわれわれの確固たる決意を表明する決議案」が採択された。[27]ミルの「新聞ノート」におけるコメントは、この際に彼のアイルランド論を、「オコンネル氏の動議やスプリング・ライス氏の修正案のどちらかに賛成する何びとによっても述べられないことが確実であり、六時間以下の時間で述べることができるが、上記の紳士たちがそれぞれ一晩中かかって述べたどの部分よりも的を射ていると思われる数語」で述べようとしたものである。彼は、次のように述べた。

「グレート・ブリテンとアイルランドとは、一つの国になるか二つの国になるか何れかでなければならない。両者は、一つの立法部と一つの執行部の下に結合された一国民となるか、それともすべての結合がなくなって、イギリスとフランスとの関係と同じように、相互に外国とならなければならない。もしもわれわれが賢明であるならば、われわれ自身のために後者の途を選ぶであろう。もしもわれわれが誠実であるならば、アイルランドのために、前者の途を選ばなければならない。……われわれは、アイルランドに対する処置について、余りにも多く罪を犯してきたので、アイルランドを振り棄てて、アイルランドだけにわれわれの不正行為の結果を押し付けることはできない。(28)」

ミルによれば、文明的に劣った一国が他国の支配下に入る場合には、二つの途がある。その第一は、強国に吸収されて、完全に平等の地位に置かれ、その一部として取り扱われる場合である。その第二は、属領として専制的に統治される場合である。これをアイルランドの場合にあてはめれば、次のようになる。すなわち、「アイルランドの文明がわが国と同様の種類の統治に適しているほど進歩していて、スコットランドやヨークシアと全く同一の取扱いを受けるべきであるか、それとも高度の文明を持つ精力的な国民に絶対的に従属する方が進歩のために有利であるかの何れかであり、もし後者であるならば、インドのように、イギリス議会に対する責任の下にあるイギリスの官吏によって統治されなければならない。」ミルの見解は、明らかに後者であった。しかし、彼がアイルランド問題の根源として指摘したのは、「われわれは、何れの方法の利益もなしに、両極端の弊害を極めてしばしば結びつけた中間の途をとってきた。われわれは、アイルランドをイギリスの属領として統治せず、イギリスの軍隊を巧妙な寡頭階級の意のままに任せ、他の人民の手足を縛って彼等の恣意に委ねた。われわれは、人民に野蛮な独立の代わりによりすぐれた国民の専制を与えずに、彼等を彼等自身の野蛮な支配者に委ね、そのような野蛮な支配者が多数者を従属させておくために、われわれの文明の力を与えた。」ということであった。(29)

ミルのアイルランド問題に関する示唆的なコメントは、「われわれは、アイルランド民族に自治の準備をする機会を失なわせてきた。……イギリスとの交流は、その国が民主主義の精神が自発的に成長するような発展段階に到達する以前に、民主主義の精神が未成熟に成長するように刺戟した。……アイルランドは、今や、自由には不適当だが、それにもかかわらずもはや隷属させられていたくはないと決意しているという不幸な状態にある。(30)」という深刻なジレンマを指摘して、何等の解決方法も提示せずに結ばれている「新聞ノート」におけるミルのアイルランドに関する苦渋に満ちた論評は、彼のアイルランド問題に対する深い関心とアイルランドに対する政府の政策の矛盾に関するきびしい批判を示している。彼のアイルランド政策は、後に一八四六年十月から翌年一月まで『モーニング・クロニクル』に連載した土地問題の抜本的改革――自作農創設を中心とする農村改革――を主張する提案と彼の議員時代の小冊子『イングランドとアイルランド』（*England and Ireland*, 1868）におけるアイルランドの土地制度の徹底的な改革の提案として展開されたが、彼は、終生アイルランドは分離すべきではないが、連合王国の不可欠の構成部分として止まるためにはその内部改革、特に土地改革を徹底的に断行しなければならないと主張し続けたのである。

ところで、一八三三年の会期に「アイルランド弾圧法」と抱き合わせて、「アイルランド教会法」と「アイルランド十分の一税法」を成立させたグレイ内閣は、一年間の時限立法であった弾圧法の更新問題をめぐって苦境に立った。内閣は、軍法会議による裁判を排除することによって緩められた形で弾圧法の更新を図ったが、リットルトン・アイルランド相がオコンネルと取り引きして更新しないことを約束したことによって閣内の不一致が表面化した。[31] しかし、それ以前からアイルランドの国教会の縮小をめぐって、ウイッグ党内が割れていたのであり、内閣の内部に分裂が起こったのは、五月二十七日にウォードが下院にアイルランド国教会の財産の一部を直ちに収用する決議案を提出した際であった。[32] この決議案は、グロートの支持を受け、オールソープ蔵相の要請によって、審議は六月二日まで延期されたが、この間に、スタンリ植民相、グレイアム海軍相、リッチモンド郵政相、リボン国璽尚書の四閣僚が辞任し、内閣は改造されていた。[33] 改造内閣は、アイルランド国教会の財産に関する調査委員会を設置することによって、ウォードの動議を実質的に棚上げにしたが、七月に入るや、弾圧法の更新に関する内閣とオコンネルとの取り引きが閣内の分裂によって頓挫し、グレイ首相は、七月八日に辞任した。

ミルは、内閣改造に続く首相の辞任を歓迎し、内閣改造について、「もしも彼等の将来の行動がしっかりとした目的に立脚し、強力な改革精神を示すならば、内閣の失政は、スタンリ氏とグレイアム卿に帰せられるであろう。」と述べて、期待を表明した(34)。また彼は、グレイ首相の辞任後、国王とウイッグ、トーリ両党の首脳との間に後継内閣について複雑な協議が続けられていた最中の七月十八日付の「新聞ノート」で、「グレイ卿は、選挙法改正以後長く留まっていることはできなかった。彼は、選挙法改正を成し遂げた人物ではあったが、改革を遂行する人物ではなかった。……人民は、今やわが国の諸制度が全体として、多くの点で悪いものであり、彼等にとって害悪の源泉であるという意見を確信している。グレイ卿は、このような新しい意見が拡がっていることは事実としては認めても、その正しさを全く理解していない(35)。」と述べて、後継首相に期待をかけていたが、首相としてグレイ内閣を継いだのは、内相メルボーンであった。彼は、修正されたアイルランド弾圧法を成立させたが、三回にわたって下院で修正されたアイルランド十分の一法は、上院で否決され、アイルランド問題をめぐって、いよいよ混迷が深まった。

「新聞ノート」の連載が九月号で終わった後、十二月にメルボーン内閣は退陣して、トーリ党のピール内閣が少数党内閣として成立し、翌年一月の総選挙の後、四月にメルボーン第二次内閣がこれに代わったのであるが、ミルが『ロンドン・レヴュー』の実質的な主筆となって創刊号を出したのも同じ四月であった。ミルの政治的ジャーナリズムは、これを契機として本格的に展開され始めたのである。

(五)　労働問題

ミルは、三月十三日の下院で行なわれたデプトフォードの樋製造人のストライキに軍隊が介入した事件に関する討論[36]について、批判的なコメントをしている。彼は公権力が労働争議に介入することを、「社会の異なった諸部分の利益が対立して敵対関係にある場合に、政府の適切な位置は、両者の何れかの立場ではなく、その中間でなければならない。仲介者および秩序維持者としての正当な職務を放棄し、何れかの味方をする政府は、その態度がどんなに無害で限定的であるとしても、その領域から踏み出しているのみならず、その適切な義務にふさわしくない。」と断定した[37]。

また彼は、四月十八日の下院の討論の中で、ドーチェストシアで労働者七人が流刑に処せられた事件に関して、ホーウィクがフランスのリヨンのストライキに対する弾圧に言及して、「このような非合法な結社が直ちに抑圧されない限り、その力は必ず増大し、フランスで起こったように、二階級間の闘争となり、どちらが勝利を収めたとしても、恐ろしい悲しむべき虐殺が起こるに違いない[38]。」と主張したのに反論して、「フランスにおいては、労働者のすべての団結が禁止されてるだけでなく、警察によって認可されないすべての結社を禁止する法律がつくられている」事実を指摘し、リヨン事件が「ストライキが終結した後、ストライキの指導者を処罰しようとしたために起こった五日間の生死をかけた闘争」であったと強調した[39]。フランスにおける言論出版、結社の自由の弾圧に関する詳細な報道を続けていたミルは、四月九日に始まったリヨンの絹織物職工ストライキに対する弾圧について、四月二十日号の『エグザミナー』紙で報道していた[40]。彼は、政府のとるべき態度は、「労働組合を放任する」ことであると主張して、「組合がなし得ることを正当に試みる実験をするためには、産業の二、三の部門を部分的に停止する価値がある。」と強調したのである[41]。

ミルは、三月十五日付の「新聞ノート」の中で、労働組合に対する規制の強化を政府に要望した『タイムズ』紙の社説をきびしく批判して、「そのような要望は、労働者すなわち全人口の約五分の四の人々に対して、政府が彼等の敵であることを宣言し、彼等を打倒せよ、彼等を雇用者の足下にひれ伏す永久に貧困で依存的で従属的な人々にせよと言うのに等しい。」と述べているが、続いて、「雇用者たちと新聞紙上と議会における彼等の代弁者が、団結は実際には決して賃金水準を引き上げることはないという経済学の理論を援用しても無駄であろう。労働者には、試みる資格がある。彼等が試みない限り、彼等はどのようにして学ぶことができるのであろうか。」と強調している[42]。このように、当時のミルは、団結の自由を主張すると同時に、リカードゥの賃金基金説を信奉して、労働組合が賃金引き上げの手段として恒久的な効果を有することを否定していた。この点では、彼の労働組合観は、団結禁止法(Combination Act, 1799)の廃止を推進しながら、団結権の承認は労働組合が不必要であることを証明するであろうと主張したプレイス(Place, Francis, 1771–1854)と同一であったと言うことができる。しかし、彼の次の一節は極めて示唆的である。

「実験が自由に行なわれるならば、すべての人々にとってそうであるのと同様に、労働者にとっても英知の母であろうという期待は、既に一つの現実的な結果によって裏付けられている。労働者は、古い原理に基づくストライキ、すなわち労働の停止によるストライキは常に失敗に終わるということを知った。今や労働組合の理論は、労働者がストライキの決議をした際に、彼等の方法は、労働を止めることではなく、彼等自身の計算で労働するということであり、以前は彼等が働かないで生活する支えとなっていた共同の基金は彼等の生産的な雇用のための資本として運用されなければならないということである。……労働者は、必要な資金を持っているならば、資本家になることができるし、困難な共同経営の実際的な試みをすることができる。もしも彼等が成功することができれば、現代文明の最も重要な成果、すなわち、労働力の全生産物が専ら労働者に帰属する社会のしくみの可能性を示すものとして称讃しない人があろうか。しかし、彼等が失敗しても――その可能性の方がずっと多いのであるが——それは、彼等よりも上流の人々が最も願っている、或いは願うべき教育ではなかろうか。[43]」

この一節が注目されるのは、労働者階級が自主的な協同組合をつくることが、たとえ失敗する可能性が高いとしても、労働問題の解決への一つの選択肢であることが初めて示唆されたことである。ミルは、賃金基金税に基づいて、労働組合の賃金向上に対する効果に多大の疑問を投げかけながら、生産者の協同組合結成に一縷の望みをかけていたことがこの言及によって窺われる。この目立たない一節は、後に『経済学原理』の第三版（一八五二年）以降における協同組合的社会主義への高い評価——「協同組合の原理（co-operative principle）によって一つの社会的変化にたどりつく道[44]」への期待——の最初の萌芽と見做すことができるであろう。

これまで重点的に検討してきた「新聞ノート」は、一八三四年の会期における議事について多岐にわたる論評を加え、時には院内の哲学的急進派を叱咤激励しながら政治的ジャーナリズムを遂行したミルの足跡を示すものとして注目される。当時の彼は、翌年に創刊が予定され、彼自身が実質的な主筆となることがきまっていた『ロンドン・レヴュー』の準備に余念がなかった。前年の「内閣の宣言」に対する論評と共に、「新聞ノート」は、『ロンドン・レヴュー』（その後『ロンドン・アンド・ウェストミンスター・レビュー』）における彼の旺盛な政治的ジャーナリズムの先駆的な段階を示す重要な論説と言えよう。

（1）*EL*, p. 218.
（2）Notes on the Newspapers, *CW*, vol. VI, p. 151.
（3）*Autobiography*, pp. 203–4. 拙訳二七三–四頁。
（4）*Ibid*., pp. 202–4. 拙訳二九九–三〇〇頁。

(5) Notes on the Newspapers, p. 165.
(6) *PD*, 3rd ser., vol.21, cols. 468–78.
(7) Notes on the Newspapers, p. 167.
(8) *Ibid.*, pp. 199–200.
(9) *PD*, 3rd ser., vol. 22, cols. 848–9, vol. 23, cols. 845–6.
(10) Notes on the Newspapers, p. 226.
(11) *Autobiography*, pp. 204. 拙訳二七四頁。
(12) *PD*, 3rd ser., vol. 20, cols. 139–174.
(13) Notes on the Newspapers, p. 201.
(14) *PD*, 3rd ser., vol. 24, cols. 127–139.
(15) Notes on the Newspapers, p. 254.
(16) E.Halévy, *The Triumph of Reform*, 1923, pp. 168–9.
(17) Notes on the Newspapers, p. 196.
(18) *Ibid.*, p. 259.
(19) *Ibid.*, p. 203.
(20) *Ibid.*, pp. 203–4.
(21) *Ibid.*, pp. 204–5.
(22) *Ibid.*, p. 206.
(23) *Ibid.*, pp. 238–9.
(24) Halévy, *op. cit.*, pp. 124, 127.
(25) *PD*, 3rd ser., vol. 22, cols. 1093.
(26) *Ibid.*, col. 1158.

(27) *Ibid*., vol. 23, cols. 286–7, 291–4.
(28) Notes on the Newspapers, pp. 215–6.
(29) *Ibid*., p. 315.
(30) *Ibid*., p. 217.
(31) Halévy, *op. cit*., p. 173.
(32) *PD*, 3rd ser., vol. 23, cols. 1368–1400.
(33) *Ibid*., vol. 24, cols. 10–11.
(34) Notes on the Newspapers p. 243.
(35) *Ibid*., pp. 263–4.
(36) *PD*, 3rd ser., vol. 22, cols. 157–179
(37) Notes on the Newspapers, p. 207.
(38) *PD*, 3rd ser., vol. 22, cols. 943.
(39) Notes on the Newspapers, p. 210.
(40) *CW*, vol. XXIII, pp. 704–5.
(41) Notes on the Newspapers, p. 208.
(42) *Ibid*., pp. 188–9.
(43) *Ibid*., p. 190.
(44) *Principles of Political Economy*, BkIV, Chap. VI, §6, *CW*, vol. III, p. 793. 末永茂喜訳『経済学原理』岩波文庫㈣一七六頁。

第三章　『ロンドン・レヴュー』から『ロンドン・アンド・ウェストミンスター・レヴュー』へ

一　『ロンドン・レヴュー』の創刊

『自伝』には、『ロンドン・レヴュー』と『ロンドン・アンド・ウェストミンスター・レヴュー』との関わりについて、次のように記されている。

「間もなく、私がそれまでにしてきた以上に『哲学的急進主義』の党派に多くの効果的な援助を与えると同時に、刺戟をも与えることができる機会が提供された。私の父と私と、父の家をしばしば訪ねてきた議員やその他の急進主義者の間でよく話し合われた企画の一つは、『ウェストミンスター・レヴュー』が果たそうとしていた役割に代わる哲学的急進主義の定期的な機関誌を創刊することであった。この企画が進行して、資金を集めることや主筆を選ぶことまで論議されるようになった。しばらくの間は一向に具体化しなかったが、一八三四年の夏になると、自分自身熱心な学究であり緻密な形而上学的思想家であって、資金面だけでなく、文筆によってもこの企画を援助することができるウィリアム・モルスワース卿が、私が表立って主筆になることはできないとしても、実質上の主筆を引き受けるならば、評論誌を創刊しようと自発的に申し出た。このような提案は、拒絶すべきではなかった。こうして、評論誌は創刊された、初めは『ロンドン・レヴュー』と名乗り、後にモルスワースが『ウェストミンスター・レヴュー』の所有者であったトムスン大佐から同誌を買収し、両誌を合併して、『ロンドン・アンド・ウェストミンスター・レヴュー』と名乗った。一八三四年から四〇年までの私の余暇の大部分は、この評論誌の運営のために忙殺された。[1]」

この評論誌の企画についての最初の言及は、『初期書簡集』によれば、一八三三年十一月二十六日付のフォックス宛の手紙に見出されるが、[2]同年十二月二十二日のカーライル宛第十六信と三四年三月二日付の第十八信が具体的に次のように書き知らせている。

「院内の急進主義者の主だった人々と院外の多くの急進主義者が、新しい季刊評論誌を創刊する計画を進めており、一生懸命に努力しているので、恐らくうまく行くと思われます。その最初の企画者は、ロウバック君、ブラー君と私です。この三人が恐らく尤も確実で最も定期的な寄稿者になるでしょうが、その他にも大勢の寄稿者が出てくるでしょう。この話を聞いたすべての教養のある急進主義者たちは、彼等には珍しいほどの好意をもって参加し、金銭上、執筆上の援助を申し出てくれています。或る書店主は、二年間の主筆と執筆者が見付かるならば、危険負担をしようと言っています。そのために、ストラット、ウォーバートン、W・モルスワース、リーズのマーシャル家などの金持の急進主義者たちが、自分たちと友人の間で二十五ポンドまたは五十ポンドを一口とし、一人で何口でも申し込めることにして、必要な金額を集めようとしています。……この計画が進んだならば、どうかこの評論誌のために、少なくともその中に書いてくださるよう希望します。[3]」

「企画中の雑誌についての御問い合わせにお答えしましょう。雑誌をトーリ党系、ウイッグ党系、急進派系と大別すれば、あなたが言われる通り、既に各種の急進派の雑誌がありますし、急進派功利主義のものもあります。しかし、この企画を推進している急進派功利主義者たちは、既存のもののどれにも彼等が望んでいるものを認めておりません。彼等は、最も思慮深く心の豊かな急進主義者たちの結集した力を、どんな雑誌よりも重厚ですぐれた性質の刊行物に注ぎ込んで、『レポジトリ』や『テイト』よりもずっと広範な主題を取り扱おうとしています。……『哲学的急進主義者たち』は、確かに偏狭（*narrow*）ですが、彼等の中には、『ウェストミンスター・レヴュー』を主宰しているトムスン大佐ほど偏狭な人々はほとんどおりません。彼等の多くは決して空・虚（*empty*）ではなく、急進派の刊行物が空虚なことに、一般的に大いに怒りを感じています。私は、この評論誌が創刊されたならば、喜んで協力することができるものになることに疑いを抱いておりません。人々は、より多くの自由を持つだけでなく、今までに存在したどんな刊行物におけるよりもはるかにすぐれたこのように、仲間意識を持つでしょう。[4]」

このように、『ロンドン・レヴュー』は、哲学的急進派の機関誌として企画されたものであった。トーリ党の『クォータリ・レヴュー』とウイッグ党系の『エディンバラ・レヴュー』の両誌に対抗する哲学的急進派の『ウェストミンスター・レヴュー』は、ベンサムの出資によって一八二四年以来刊行されていたが、ミル父子は、その主筆ボーリング（Bowring, John, 1792–1872）と対立して、一八二八年以降寄稿をやめていた。『ロンドン・レヴュー』は、一八三二年の選挙法改正後に下院に進出して新興の政治勢力となった哲学的急進派の新たな機関誌として、急進派下院議員のモルスワース（Molesworth, William, 1810–55）の出資によって創刊されたものであった。ミルは、一八三四年六月十七日付のフォックス宛の手紙に、「モルスワースは、何等の示唆も懇請もなしに、われわれが話し合っていた評論誌を自分の費用で創刊すると自発的に申し出ました。彼のただ一つの条件は、この評論誌が実質的に私の指示の下にあることですが——彼は、私が東インド会社の地位のために自分自身主筆になったり、時たま寄稿する以外には、外見的にこの評論誌と何等かの関係を持つことができないことを知っています――彼は、私によって全面的に指導されることを完全に承認して主筆を任命することでしょう。[5]」と記している。また彼は、一八三五年二月二十六日付のホワイト（White, Joseph Blanco, 1775–1841）宛の手紙で、「この評論誌の精神は、民主主義的なものですが、『ウェストミンスター・レヴュー』のような排他性や偏狭性に全く持たず、また個々に署名する試みに、多様な寄稿者に大抵の評論誌によって課せられるよりもずっと狭くない範囲の個々の見解の自由を堪能することを可能にするでしょう。」と記し、「評論誌の主筆は、トマス・フォルコナーで、私が非常に高く評価している友人です。」と知らせている。[6]フォルコナー（Falconer, Thomas, 1805–82）は、急進派議員ロウバックの義弟であった。

『ロンドン・レヴュー』の創刊号は、ロンドンのシムプキン・マーシャル書店（Simpkin, Marshall, & Co.）から刊行され、次の十一篇の論文を収録していた。[7] I–The State of the Nation（J. Mill）, II–New South Wales（W. Molesworth）, III–Municipal Corporation Reform（J. A. Roebuck, IV–Recent Spanish Literature（J. F. White）, V–Professor Sedgwick's Discourse（J S. Mill）, VI–South America（W. B. Adams）, VII–Tithes and their Commutation（J. P. Nichol）, VIII–Musical Reminiscence（T. L. Peacock）, IX–Poetry of the Poor（W. J. Fox）, X–The Ballot–A Dialogue（J. Mill）, XI–Postcript（J. S. Mill）

『ロンドン評論』は、一八三五年四月、七月、十月、一八三六年一月の四号が発行された後、三六年四月号から『ウェストミンスター・レヴュー』と合併して、『ロンドン・アンド・ウェストミンスター・レヴュー』となり、一八四〇年三月号まで計十四号が刊行された。この間、ミルは、一貫して実質的な主筆として編集に当たりながら論説を書き続けただけでなく、三七年には、モルスワースから経営権を譲り受けて、自ら経営者となり、困難な資金状況の下に経営に尽力したのである。

ジェイムズ・ミルは、三六年六月二十三日に六十三歳で死去するまで、『ロンドン・レヴュー』第一号に「国民の現状」(The State of the Nation) と「無記名投票——一つの対話」(The Ballot —— A Dioalogue)、第二号に「教会とその改革」(The Church and its Reform)、第三号に「法律改革」(Law Reform)、第四号に「貴族制」(Aristocracy) を書いた。『ロンドン・レヴュー』は、彼の強い影響下にあり、『自伝』には、「われわれのすべては、私の父が執筆者として協力することが不可欠であると考えていたし、父は、最後の病気によって妨げられるまで多くの論説を書いた。父の論説の主題と父の意見を表明した力強さと決然とした態度のために、この評論誌の論調と色彩とは、最初の中は他の執筆者たちの何びとよりも、父に由来するものであった。[8]」と記されている。彼は、第一号の「セジウィク論」について、「私は、不当な攻撃に反論すると同時に、ハートリ主義と功利主義との弁護論の中に、このような主題に関する私の見解で私の昔の仲間たちとは違った多くのものを挿入する好機であるとも想像した。私の試みは、半ばは成功したが、この問題に関する私の考え方のすべてを吐露することは、どんな時でも辛いことであったし、この時に父が執筆していた評論誌でそうすることは不可能であった。[9]」と記しているが、「自伝」の初期草稿には、「私は、父がベンサムと自分に対する攻撃だと考えた、私が功利主義の道徳家の誤りと考えたことに関する評言の二、三頁を削除せざるを得なかった。私は、確かに彼等は二人とも或る程度非難されても仕方がないが、彼等の追従者の何人かよりはずっとましだと考えていた。[10]」となっていたのである。

一八三五年から四〇年に至る『ロンドン・レヴュー』と『ロンドン・アンド・ウェストミンスター・レヴュー』の編集と執筆に献身した時代は、ミルが精神の危機以来専念してきた真摯な思想形成の努力の成果が多彩な論説として結実したと同時に、彼の政治的ジャーナリズムが最も活発に展開された時期でもあった。次節に彼の思想的成長を示す注目すべき三篇の論説を、次の二章で彼の政治的ジャーナリズム活動を検討することにしたい。

（1）*Autobiography*, p. 207. 拙訳二七六–七頁。
（2）*EI*, p. 168.
（3）*EI*, pp. 201–2. 前掲拙訳一三四頁。
（4）*Ibid.*, p. 216. 拙訳一四〇頁。
（5）*Ibid.*, p. 225.
（6）*Ibid.*, p. *248–9*.
（7）執筆者名は、*Wellesley Index to Victorian Periodicals* による。
（8）*Autobiography*, p. *209*. 拙訳二七七頁。
（9）*Ibid.*, p. 209. 拙訳二七八頁。
（10）*Ibid.*, p. *208*. 拙訳三〇三頁。

二　「代表の原理」

ミルが『ロンドン・レヴュー』の創刊号に載せたベイリーの『政治的代表の原理』（*The Rationale of Political Representation*, 1835）の書評は、彼が思想的模索の末に到達した政治理論の一端を示すものとして注目される。ベイリー（Bailey, Samuel, 1791–1870）は、独学の思想家で、多方面の著述を書いたが、思想的に哲学的急進派に近く、ミルは、フォンブランク宛の手紙で、『ロンドン・レヴュー』の執筆者の候補に挙げていた。[1] ミルは、ベイリーの新著を「最も包括的で複雑な統治の哲学」のすべての課題に答えるものではないが、「代議政治の便益とその便益を実現するための基礎原理」を明快に示したものとして高く評価したのである。ミルは必ず、ベイリーの代議政治に関する基礎理論を示す次の一節を引用している。

「人間は、大抵の場合に、自分自身の利益と他の人々の利益とが相対立する際には、自分の利益の方を好む。……この原理から、社会全体の利益は、人々が自分たち自身のことがらを支配する時にのみ、一様に考慮されるということになる。しかし、統治は、社会全体によって行なわれるのではなく、少数者が他の人々に対する権威を委ねられ、立法権は、その性質上少数者の手に握られている。しかも立法権を握る少数者は、さまざまの形で公共善を彼等自身の私的な利益のために犠牲にするようにそそのかされているので、彼等を彼等自身の利益と公共善とが一致するような立場におくことが基本的に必要である。このような目的を達成するための方法は、立法者の職責を人民の意志に依存させることである。」（ベイリー、六八、七一頁）

これは、まぎれもなくベンサムの議会改革論の骨子であり、ジェイムズ・ミルが「統治論」（Government, 1825）で主張したことの再説である。ミルは、基本的にこのような立場の支持者であったが、サン・シモン派のエリートの統治の主張やコールリッジの歴史主義の洗礼を受けた彼としては、ベンサムと父ミルの快楽主義的人間観から演繹された代議制民主政治の理論を全面的に肯定することはできなかった。彼は、控え目ながらこのような政治理論の一面性を示唆して、「政治制度の影響に関する完全な見解、すなわち、その直接の影響だけでなく、政治制度が国民性や国民の社会関係にどのように影響するか、またその安定性を促進したり阻害したりするかという、一般的にはほとんど注目されていない間接的な影響をも包括する」ことを政治理論の課題として提示し、このような包括的な意味では、政治学そのものがいまだに幼児の状態であると指摘したのである。[2]

ベンサムとジェイムズ・ミルの代議制政治論に共鳴していたベイリーは、ジェイムズ・ミルの「統治論」に対するマコーリ（Macaulay, Thomas Babbington, 1800–56）の批判（Mill's Essay on Government, *Edinburgh Review*, March

1829）を一蹴した。それは、「われわれが用語上の矛盾なしには否定することができない、従ってわれわれを実際的な知識以上に一歩も前進させることができない諸公理以上に進むならば、人間の諸行為に影響を与える諸動機について、単純な一般的法則を定立することはできない。」という批判であった。マコーリは、ベンサム主義の演繹的方法を否定して、過去の歴史と現代の事実に基づく帰納的方法を強調し、一八三九年以来、マコーリと『ウェストミンスター・レヴュー』の主筆トムスンとの間に数次の論争が行なわれた。[3] ミルは、この論争について、「この主題に関する父の取り扱いに対するマコーリの非難にはいくつかの真理があり、私の父の前提は、確かに狭隘過ぎていて、政治学において重要な結論が依存している少数の一般的原理しか含んでいないと感じざるを得なかった。[4]」と述べている。この論争は、ミルの社会科学方法論の形成に大きな影響を与えたのであるが、彼は、ベイリーの書評においては、方法論上の問題に深入りしてはいない。彼が強調したのは、すぐれた統治の保障として、統治者と被治者との間の利益の一致ということに加えて、「集団としての人民ではなく、選り抜きの団体（a select body）による統治[5]」を挙げなければならないということであった。

彼は、「政治問題は、紳士であれ田舎者であれ、教養のない大衆の判断や意志に直接的或いは間接的に訴えることによってではなく、問題に関して特に教育を受けた比較的少数の人々の慎重に形成された見解によって処理されなければならない。……今後長期間にわたって、政治学上の一大難問は、すぐれた統治が依存している二大要素、すなわち、特殊な教育を受けた少数の人々の独立の判断から引き出される便宜の最大量と、これ等の少数の人々に多数の人々に対して責任を持たせることから引き出される目的の正しさの最大限の保障とを、どのようにすれば最もよく結合することができるかということであろう。[6]」と、主張した。彼は、無責任な統治者の私的利益の追及を批判し、代議民主制の徹底による国民の不断の監視を要求するベンサムの主張と、統治を高度の知性を必要とする専門的事業であると指摘し、少数の知的エリートの統治を要求するサン・シモン派の主張との綜合を意図したと言うことができよう。彼は、「多数者自身が完全に賢明である必要はなく、彼等がすぐれた英知の価値に対して正当な実感を持っていれば十分である。[7]」と述べると共に、国民が統治者を絶えず監視していることの重要性を主張して、ベイリーが代議政治の必須要件として列挙した㈠議会の議事の最大限の公開、議員の定期的な選挙、㈢議員の任期の短縮（長くても三年）、㈣秘密投票制について、全面的に賛同したのである。[8]

ミルは、選挙権の範囲については、「独立の意志を持つ人々が選挙権から排除されている限り、支配者の利益と社会の利益との間の相違に基づく悪政の弊害を完全に防止するとは考えられない。」と抽象的に述べるだけで、普通選挙の問題については立ち入って論じてはいないが、ベイリーが主張した財産所有に基づく制限選挙制には明白に反対して、「貧困者を排除する真の目的が無知と悪徳とを排除することであるならば、その基準が無知と悪徳とに直接に適用されず、それ等の存在の単なる推定に適用される理由を理解することができない。」と反論している。[9]当時のミルは、普通選挙は教育制度の抜本的な改革を前提すること、すなわち、普通選挙よりも大衆教育の改革が先行しなければならないと考えていたのである。[10]

ベイリーが議員数の削減と歳費の支給を主張したことについては、ミルは、全面的に賛同している。彼は、前者については、「民主政治とは、その仕事のために必要である以上の人数によって仕事をさせることではなく、人数の多少にかかわらず、議員を人民の統制に服させることである。」と論じ、後者については、「無給の立法部と無給の公務員とは、基本的に貴族主義的な制度である。……もしも議員に歳費が支払われるならば、それは、専門職業、すなわち、研究と労苦を必要とする職業となるであろう。」と述べている。[11]しかし彼は、歳費支給と共に、議員に他の職業を禁止することを要求したベイリーの主張には賛成しなかった。彼は、そのような提案は、「立法と行政に対する統制のすべての仕事を怠惰な人々の手中に委せ、議会に事業の応用と能力を取り入れる唯一の人々を議会から排除してしまう。」と主張したのである。[12]

ミルは、候補者に誓約（pledge）を要求すべきではないというベイリーの主張に全面的に賛同して、「選挙区民の仕事は、彼等の代表者として、政治問題に関する自分自身の正しい判断を下すのに道徳的、知的に最も適合した人を選び、そうした後に、代表者に彼・等・の判断に従って行動することを求めないことである。それは、彼等が医師に対して彼等自身の医術の概念に従うように指図すべきではないのと同様である。」と述べている。[13] 選挙民が候補者に誓約を求めて院内での発言を統制すべきではないということは、ミルの持論であり、『自伝』の初期草稿には、一八三二年の七月に、誓約を求めることに反対した論説を『エグザミナー』紙に書いて不評を受け、同紙の講読者を二百人近くも減らしてしまったことが記されていた。[14] 彼は、ベイリーの次の一節を満腔の賛意をこめて引用している。

「選挙民に適切に属していることは、彼等の代表者に命令することではなく、抑制することである。すなわち、あらかじめ命令を下す権力ではなく、彼がしたことを見て賞罰を与えることである。……議会の議事において、社会の福祉を促進しようとする最も純粋な傾向の指導の下に知性の最大可能の量が達成されるのは、代表者を選挙区民の究極的な法廷に従属させながら、彼を積極的な指令で縛りつけないことによってである。

代表者と選挙民との真の関係は、医師と彼の患者との関係に類推することによって例証することができる。患者が医師の技能の最善の適用を得るための保障は、患者が彼の技能を指図する能力から生じるのではなく、自分たち自身の手中に選択の力を持っていることから生じる。」[15]（ベイリー、一二九―三一頁）

ミルが議員と選挙区民との関係を医師と患者との間の関係に類推したベイリーに賛同したのは、医術と立法とは、労苦に満ちた訓練によって習得すべき専門的な仕事であってすべての人々に求めることはできないが、患者が医師にかかってその結果に不満であったならば別の医師にかかることができる点について、選挙人は、議員にあらかじめ政策についての誓約を求めるべきではないが、院内での言動を常に監視し、彼等が正当な代表者であるかどうかを絶えず判断しなければならないことの類推として極めて適切であると考えたからにほかならない。

ミルは、この書評の末尾近くで、「時間の権威を持たない政府は、安定のいかに大きな要素を欠いているか」を指摘して、二年前に匿名で発表した「ベンサムの哲学」（Remarks on Bentham's Philosophy, Bulwer's *England and the English*, Appendix, 1833）から、「一定の政治制度が存続してきて、それが国民の歴史的な記憶のすべてであると連想されるに至っているという事実そのものは、その制度を国民に適合させ、合法的権威によってかつて決定されたものに対する自発的服従を獲得することにおいて、どんな新しい制度よりもその既存の制度に大きな優越感を与える。」という部分を含むパラグラフを引用している。(16) この引用が自分の論文からなされていることも、原文に「このような重要な真理について認識していた形跡は、ベンサム氏の著作の中にはほとんど見出すことはできない。」と記されていたことも慎重に伏せられているが、この一節はベンサムの政治理論の欠陥として、政治的安定の条件に対する歴史的な配慮が著しく欠けていたことを指摘するものであって、彼が後に「コールリッジ論」で強調したコールリッジの歴史主義的保守主義とベンサムの功利主義的急進主義との対比を先取りしている点で注目に値するであろう。

ミルのベイリーに対する書評は、全般的に好意的であり、哲学的急進派の綱領に近いベイリーの代議制に関する理論を肯定する部分が目立っているが、ベンサムと父ミルの急進的な政治改革論に従いながら、時に応じてサン・シモン派やコールリッジ主義への共鳴を示唆し、政治改革論の基礎をさまざまな思想を綜合した観点に置こうとするミルの意図を窺わせる独特の性格を持つ論考であったと言えよう。

（1）*EL*, p. 246.

（2）Rationale of Representation, CW, vol. XVIII, p. 18.

（3）*Utilitarian Logic and Politics : James Mill's Essay on Government, Macaulay's Critique, and the ensuing Debate*, ed by Jack Lively and John Rees, 1978.

（4）*Autobiography*, p. 165. 拙訳一三一頁。

（5）Rationale of Representation, p. 23.

（6）*Ibid*., pp. 23–4.

（7）*Ibid*., p. 24.

（8）*Ibid*., p. 25.

（9）*Ibid*., pp. 29–31.

（10）*Ibid*., pp. 27, 32.

（11）*Ibid*., pp. 34–5.

（12）*Ibid*., p. 37.

（13）*Ibid*., p. 39.

（14）*Autobiography*, p. *180n*. 拙訳一四八–九頁。Pledges, ［1］［2］, *Examiner*, 24 June, 15 July, 1832, *CW*, vol. XXIII, pp. 487–94, 496–504.

（15）Rationale of Representation, pp. 39–40.

（16）Remarks on Bentham's Philosophy, *CW*, vol. X, pp. 42–3. 泉谷周三郎訳「ベンサムの哲学」『J・S・ミル初期著作集』2、一八六頁。

三 「トクヴィル論第一」

『自伝』には、ミルがトクヴィルの『アメリカのデモクラシー』（Alexis Charles Henri Maurice Clérel de Tocqueville, *De la democratie en Amérique*, 1835, 1840）を読んで大きな影響を受けたことが次のように記されている。

「この注目すべき著書の中で、デモクラシーのすぐれている点が、最も熱狂的な民主主義者の指摘について私が知っていたよりもはるかに独特な手法によっているために、いっそう明確に指摘されていたと共に、数的な多数者の統治と考えられるデモクラシーが陥り易い独特の危険に同じ位の強烈な光明が当てられ、見事な分析がなされていた。それも、人間の進歩の不可避の結果と考えたことに抵抗するための理由としてではなく、デモクラシーの弱点を指摘し、その有益な諸傾向を完全に発揮させ、これと異なった性格を中和或いは緩和させるために、デモクラシーを擁護するための防衛策とそれに加えられなければならない矯正策とを明らかにするためであった。当時の私には、このような性格の思索をする準備が十分に整っていたので、この時以来、私自身の思想は、ますます同一の水路の中を進んだ。もっとも、このことに伴なって私の実践的な政治信条が変化するには、長い年月がかかった。そのことは、一八三五年に書いて発表した『アメリカのデモクラシー』の第一書評を一八四〇年の第二書評と比較し、さらに第二書評を『代議政治論』と比較すれば明らかであろう(1)」。

九箇月にわたる精力的なアメリカ旅行の成果として書かれた『アメリカのデモクラシー』第一部は、一八三五年の初めに刊行され、直ちにその前半がリーヴ（Reeve, Henry, 1813–95）によって英訳された。ミルは、原書と英訳を刊行直後に読んで強い感銘を受け、同年五月八日付の『ロンドン・レヴュー』のパリ特派員のギルベール（Gilbert,

Aristide Mathieu, 1804–63）に、「トクヴィルの『アメリカのデモクラシー』は、すばらしい本です。あなたは、トクヴィルについて御存じですか。彼の経歴は？また彼はフランスでどのように評価されているのですか。」と問い合わせた。(2) ミルは、『アメリカのデモクラシー』を読むまで、トクヴィルについて全く知らなかったが、偶然にも彼がギルベール宛の手紙を書いた日に、トクヴィルは、ロンドンに到着しており、八月に帰国するまでに、ミルと二回会って、親交するに至ったのである。

ミルは、先に言及したベイリーの『政治的代表の原理』の書評に、「統治の哲学は、いまだに幼児の状態にある。」と記した箇所の脚註に、「トクヴィル氏の近著『アメリカのデモクラシー』の刊行は、この分野に属する種類の著作の一時代を形成する。」と称讃して、その書評を書くことを予告したが、(3) 予告の通り、彼は、『ロンドン・レヴュー』の一八三五年十月号（第二巻第一号）に「トクヴィルのアメリカ・デモクラシー論」（De Tocqueville on Democracy in America）と題する詳細な書評を発表した。彼は、この年の九月のトクヴィル宛の手紙に、「私は、あなたの書物の書評をほとんど完成しました。その主なとりえは、抜萃にあります。もしも私があなたの書物に対する注目を喚起する手引をすることに成功したならば、私の目的は、すべて達せられるのです。私の論説は、あなたにお分かりになるように、デモクラシーに対して少しばかり好意的です。私が判断することができる限り、私は、あなたの御指摘の不賛成の部分について同感ですが、あなたの場合ほど、それを重視していないのです。」と記した。(4) ミルの書評を読んだトクヴィルは、十二月三日付で次のような感謝の手紙を書いた。「私の書物の書評者の中で、あなたは、私を完全に理解して下さった唯一の方です。あなたは、私の理念を鳥瞰し、その究極的な目的を認識して下さっただけでなく、その細部についても明確な理解を示されました。私は、私の書物が生み出したと思われるすべての見当違いの批判の慰めとして、このような証言を必要としていました。……私があなたの批判があなたの讃辞と同様に私を喜ばしたと言っても誇張と思わないで下さい。友人は、何時でも批判を通じて知り合うことができます。批判は、私を教え、決して傷つけることはありません。[5]」以下では、ミルがトクヴィルに共鳴した点と批判的に論評した点とを検討したい。

ミルは、トクヴィルの書物の序文の冒頭の次の一節を引用している。

「合衆国に滞在中、注意を惹かれた新奇な事物の中でも、境遇の平等（égalité des conditions）ほど私の目を驚かせたものはなかった。この基本的事実が社会の動きに与える深甚な影響は、たやすく分かった。それは、公共精神に一定の方向を与え、法律に或る傾向を付与する。為政者に新たな準則を課し、被治者に特有の習性をもたらす。

やがて私は、この同じ事実が、政治の習俗や法律を超えてはるかに広範な影響を及ぼし、政府に働きかけるばかりか、市民社会をも動かす力を持つことに気づいた。それは、世論を創り、感情を生み、慣習を導き、それと無関係に生まれたものにもすべて修正を加える。

こうして、アメリカ社会の研究を進めるにつれて、境遇の平等こそ根源的事実であって、個々の事実はすべてそこから生じてくるように見え、私の観察はすべてこの中心的に帰着することに繰り返し気づかされた。

翻って、想いをわれわれの半球にめぐらしてみると、新世界が呈する光景になにほどか似たものがそこにも認められるように思われた。境遇の平等は、合衆国におけるほど極限に達していないにしても、日毎にそれに近づいており、アメリカ社会を支配するデモクラシーは、ヨーロッパでも急速に権力の地位に上ろうとしているかに見えた。

この時から私は、ここに読んでいただく書物の構想を抱いたのである。[6]」

ミルは、「本書の独創的で深遠な著者にとっては、アメリカ合衆国の諸制度は、二次的な目的——それ自体としては二次的であるが、彼の主要な目標にとって、不可欠な目的という意味で——に過ぎなかった。その目的とは、アメリカの実例によって、著者が現代の重要で恒久的な問題と考えたデモクラシーの問題にどのような光明が投げかけられるかを探求することであった。」とコメントし、トクヴィルの目的はデモクラシーの賛成論と反対論との論争に結着をつけることではなく、彼は、このような問題には既に結着がついており、デモクラシーは阻止することはできないし、阻止すべきではないと確信していると指摘した。(7)

ミルは、「境遇の平等」を意味するデモクラシーが貴族主義の崩壊と共に噴出した過程を生々と描写した長い文章を引用した後、(8)トクヴィルによって「人類が失なったよいことについてはどちらかといえば大げさな、現在の過渡期の害悪については暗過ぎる描写がなされている」ことを指摘しながらも、「われわれには、デモクラシーと貴族主義の間の選択をする力はない。必然性と摂理とがわれわれのために決定を下している。しかし統制のよくとれたデモクラシーと統制の悪いデモクラシーの間の選択の余地はまだ残されている。」と論じて、トクヴィルがアメリカのデモクラシーに注目して綿密に研究したことに絶大な意義を認めたのである。(9)

トクヴィルは、第一部第五—八章において、アメリカの政治制度について詳しい論評を加えているが、ミルは、「トクヴィル氏がヨーロッパの公衆に最大の貢献をしたのは、アメリカ憲法の最も重要な部分のいくつかの存在そのものについて、最初の情報を与えた点である。私がこう言うのは、特に地方制度についてである。地方制度こそアメリカのデモクラシーの根源であり、そのすべての影響の中でも主要な原因である。」と特記し、トクヴィルが主としてニュー・イングランドの最小の行政単位であるタウンについて詳細に述べた箇所に注目している。彼は、「ニュー・イングランドでも、州全体の問題を扱わなければならない時には、多数者は、代表を通じて行動する。それは、必然であった。しかし、法と政治の作用が被治者のより身近に働くタウンでは、代表の法理は受け入れられていない。タウン議会は存在しない。選挙民は、投職者を任命した後も、純粋に州法を執行するのでない限り、すべてにわたって役職者に直接に指示を与える。」という概説に始まるタウンの統治機構に関する叙述(10)を引用した後に、次のように述べている。

「アメリカ植民地の最初の定着と同時に始まったこのような都市自治（municipal self-government）の制度——イギリス人の旅行者の群は、この制度に気がつかなかったか、疑いもなく本国の教区の場合と重要性が同じだとして、述べるに値しないと考えたかである——を、著者は、人民の政治教育の主要な手段であり、それだけが民主的統治の維持を可能にし、或いは民主的統治を望ましいものにすると考えた。次のことが彼の政治哲学の基本原則であり、それはまた、長きにわたって私の基本原則でもあった。それは、自分たちの地方的な利益を監視する習慣によってのみ、共同の関心事に適用された知性と精神的活動の普及が人民大衆の中に可能になり、そのことが人民が彼等の政府の行動を着実かつ一貫性をもって監督し、発作的にでも他人の手中にある道具としてではなく、国の政治に何等かの権力を行使するように資格付けるということである。(11)」

ミルは、タウンの自治が公共のことがらに参与する精神を創り出すことだけに見出されるだけでなく、そのような精神を統御することにも見出されるというトクヴィルの次のような指摘を引用している。

「ニュー・イングランドのタウンは、独立と権力という二つの魅力を持っている。……一般に人間の愛着は、力あるところにしか向かわないことをよく知らねばならない。愛国心は、征服された国では永く続かない。ニュー・イングランドの住民がタウンに愛着を感じるのは、そこに生まれたからではなく、これを自らの属する自由で力ある団体と見做し、運営する労を払うに値すると考えるからである。……

より多くの人々を公共のことがらに関わらせるために、アメリカのタウンが、こういう表現が可能であるとすれば、いわば権力をばらまくのにどれほど工夫を凝らしたかを見てほしい。政治の決定を下すために時々招集される選挙民を別として、何とさまざまな公職、何といろいろな役人があることだろう。これ等が皆それぞれの権限の範囲内で強力な団体を代表し、その名において行動している。このようにして、どれほど多くの人々がタウンの力に与ることから自分の利益を引き出し、自分自身のためにタウンに関心を寄せることだろう。

アメリカの仕組みは、地域の権力を多数の市民の間に分掌させるだけでなく、自治に関わる義務を増やすことを恐れない。合衆国では正当にも、愛国心とは人々が日々の勤めを通じて帰依する一種の信仰であると考えられている。[12]」

このようにミルは、「地方的なデモクラシーは、デモクラシーの安全弁であると同時に学校である」と主張したトクヴィルに全面的に賛同した。アメリカの地方自治の特質をフランスの中央集権制に対照して検討したトクヴィルの詳細な分析は、ミルに強い感銘を与えた。『自伝』には、「私自身、丁度この時に、一八三四年の偉大な救貧法改正のような重要な法案を、中央集権に反対する偏見に基づく不合理な抗議に対抗して、積極的に弁護していたのであるが、トクヴィルから学んだ教訓がなかったならば、私以前の多くの改革主義者たちと同様に、わが国に優勢であって、それを攻撃することが一般的に私の任務であった偏見とは正反対の極端な立場に、焦慮の余り陥ってしまわなかったどうか分からない。[13]」と記されている。

トクヴィルは、連邦憲法を洞察力と明敏さの注目すべき記念碑と称え、その特徴を詳細に分析している。トクヴィルは、政府を制約の下におく方法は、第一にその権力を減少させること、第二に惜しみなく権力を与えるが、それを多くの人々の手中に分割することであるが、アメリカでは、後者の途が取られていると指摘している。すなわち、

「政府の権力を極めて多数の役人の間に分割して、相互に独立を維持しようということが、アメリカの諸制度の原動力である。[14]」それでは、このような不調和な諸制度の間にどのようにして調和を維持することができるであろうか。ミルは、トクヴィルの叙述から、裁判所の干渉がそのような調和の源泉であることを読み取って、次のように要説している。

「アメリカ合衆国の政府に対する裁判所の参与は、極めて広範で重要な種類のものである。裁判所は、主権の各構成員間の最高の調停者である。執行部の役人が自己の公的能力においてなした行為についてすべてその調停に服するだけでなく、立法部自体もそれに服する。裁判所は、立法部が越権行為をした場合に、処罰することはできないが、その行為を取り消すことができる。裁判所は、連邦議会によって制定されたか州議会によって制定されたかを問わず、自ら違憲を考える法律を強制することを拒否する権限を明白に与えられている。[15]」

ミルは、このことに関する当然の疑問として、第一に、それが合衆国憲法を変更不可能なものにしてしまわないか、第二に、イギリスの上院のように、裁判所がすぐれた統治に対する障害となるのではないかと問い、トクヴィルに従って、何れの疑問にも否定的に答えて、トクヴィルの第一部第六章の次の一節を引用している。

「アメリカ人は、司法権に通例その属性と認められる性質のすべてを保持させた。司法権の通常の行動範囲の中にこれをきびしく閉じ込めたのである。

司法権の第一の性質は、どんな国民にあっても裁定者の役目を勤めることである。係争がなければ、裁判所が動く余地はなく、訴訟がなければ、裁判官の出る幕はない。……特定の訴訟から出発することなく法律に判決を下すとすれば、その時こそ、裁判官は、完全に己れの領域を逸脱し、立法権の領域に侵入する。

司法権の第二の性質は、一般原則ではなく、個々の事案に判決を下すということである。それは、今後当該原則の援用はその判決同様に退けられるので、原則自体、失効確実と見做されるからであり、この場合、裁判官は、彼本来の行動領域に留まっているのである。……

司法権の第三の性質は、要請を受けた時、すなわち、法的表現を用いるならば、提訴された時にしか動けないということである。……司法権が自ら乗り出して犯罪者を追及し、不正を探し、事実を調べることはない。もし司法権が自ら主導権をとって法の検閲者となるとすれば、司法権は、この受動的本性をなにほどか損なうことになろう。[16]」

トクヴィルは、「アメリカの裁判所に認められている違憲立法審査権は、固有の限界を出ることはないが、政治的合議体の暴政に対してかつて立てられた防壁の中でも、最も強力なものの一つである。[17]」と結論を下しているが、ミルもこれを全面的に肯定したのである。

ミルが、トクヴィルの第二部について特に注目したのは、デモクラシーと貴族主義との間の比較論である。彼は、第二部第六章から長い引用をしているが、その最初の部分は、次の一節である。

「民主制の法律は、一般に最大多数の利益を目指すものである。というのも、それは、全体の多数に発し、多数者は、錯誤を犯すことはあっても、それ自体に反する利害を持つはずはないからである。

ところが、貴族制の法律には、少数者の手に富と権力とを独占させる傾向がある。貴族は、その本性上常に少数者だからである。

そこで一般に、民主制の立法目的は、貴族制のそれよりも有利だと言える。

だが利点はここまでである。立法者の知識は、貴族制の方がはるかにすぐれており、民主制は、これに到底太刀打ちできまい。貴族制には自制心があり、決して一時の衝動に引きずられない。長期の計画を持ち、しかも好機の到来まで計画が熟するのを待っていられる。貴族制のやり方は賢明である。あらゆる法律の綜合的効果を同時に一点に収斂させるすべてを知っている。

民主制ではそうはいかない。その法律は、ほとんど常に欠陥を有し、また時宜を得ていない。それ故、民主制がとる手段は、貴族制のそれに比べて不完全である。しばしば、意図せずに自分自身の利益を害することもある。だが民主制が目指すところは、貴族制の目的より有益である。

その本性或いは構造が悪法の一時的弊害に耐えられるようにできている社会、法の一般的傾向の帰結が現れるまで滅びずに待っていられるような社会を想像していただきたい。民主政治は、その欠陥にもかかわらず、このような社会を繁栄させるにはやはり最適な政治であることがお分かりであろう(18)」

トクヴィルは、これに続けて、民主制国家では、為政者が廉直と能力に欠けていても、被治者が知識豊かで注意深く、また役人の任期が短いために、悪政があっても長続きしないこと、また為政者が不正や過誤を犯すことがあっても、彼等の利害は同胞市民の多数の利害と融合し一体化しているので、同胞市民の多数と対立する傾向を一貫して追うことはないと指摘している。ここに貴族制の役人が政府の中だけでなく社会の中にも恒久的な支持基盤を持つこととの相違がある。彼は、「民主政治の諸制度の根底には、欠陥があり誤謬を犯す人々であっても、しばしば力を合わせて全体の繁栄のために尽くす隠れた傾向がある。ところが、貴族政治の諸制度の中には、才能と徳性がかえって同胞市民に不幸をもたらす秘かな傾向が見られることがある。すなわち、公務員は、貴族制の政府では意図せず害を及ぼすことがあり、民主政体では自分自身思いもよらぬ益を施すことがある。」と述べている(19)。

ミルは、トクヴィルが指摘したデモクラシーと貴族政治との比較論を検討するに当たって、好ましくないとされた点の指摘を先ず取り上げている。その第一は、デモクラシーの下での政策が貴族政治よりもはるかに性急で目先きがきかないこと（ただし、トクヴィルは、経験によって明らかになれば、その誤りを正すことがずっと容易であることを認めている）、第二は、多数者の利益が必ずしも全員の利益と常に一致するとは限らないので、多数者の主権があらゆる少数者に対して権力を乱用するということである。彼は、第一点については、先のベイリーの書評で主張した論点を次のように再説している。

「合理的なデモクラシー（a rational democracy）という理念は、人民自身が統治するということではなく、人民がすぐれた統治に対する保障（*security*）を持つということである。このような保障は、彼等自身の手中に究極的な支配を維持する以外の方法によっては持つことができない。もしも人民がこのことを放棄するならば、専制に身を委ねる結果になってしまう。人民に責任を負わない支配階級は、多くの場合に、彼等自身の別個の利益と傾向を追求するために人民を犠牲にするに違いない。……人民が支配者の人民に対する献身を疑わしく思ったならば、すぐに彼等を罷免することができる場合以外には、いかなる政府においても人民の利益が目的とされることはないであろう。しかし、人民に権力を委託することがよいのは、このような目的のためだけである。よい制度を確保することができるならば、最善の統治は、最も賢明な人々の統治であり、そのような人々は、常に少数であるに違いない。……或る人が彼の医者にどんな薬を使うかを命令しなくても、医者に対する統制は無効ではない。彼は、彼の医者の処方に従うか、医者に不満ならば、別の医者にかかるかである。……人民の利益は、見出し得る最もすぐれた有能な人々を支配者として選んで、そうしたならば、人民の幸福のために自由に、或いはできるだけ少ない統制の下に――彼等が目指していることが人民の幸福であって、或る私的な目的でない限り――彼等の知識と能力とを発揮するのを許すことである。このように管理されたデモクラシーは、いかなる政府もいまだかつて持ったことのないような、すべてのすぐれた資質を結合するであろう。[20]」

ここでミルは、知識と能力にすぐれた少数のエリートを議員や公務員として、国民の不断の監視の下におくことの重要性を主張したのであるが、彼は、トクヴィルが「アメリカの経験がデモクラシーにおける人民が自分たちの支配者として最も有能な人々を選ぶであろうという期待を裏切った。」と述べていることに著目した。彼の引用は、次の一節を含んでいる。

「私は、合衆国に着くとすぐに、被治者の中にすぐれた人はいくらもいるのに、為政者の側にはそれがどれほど少ないかに驚いた。今日、合衆国では、最上の人物が公職に呼び出されることはめったにない。これは、確かな事実であり、しかもデモクラシーがかつてのあらゆる限界を超えるにつれていっそうそうなってきたと認めなければならない。アメリカの政治家の質が、この半世紀、著しく低下したことは明らかである。[21]」

ミルは、デモクラシーの下における為政者が貴族政治の場合よりも質的に劣っているというトクヴィルの立論に対して、「著者は、貴族主義的な統治の一般的な特徴として慎重さと一貫性を挙げた際に、彼の結論の基礎となった事実を十分に検討しないで一般化してしまった。貴族政治が決して示さないはずがない一貫性は、自分自身の特権に執拗に固執することである。……トクヴィル氏は、或る特殊な貴族政治だけの属性と断定すべきことを貴族政治全般について肯定してしまったのである。」と反論した。彼は、トクヴィルが指摘した貴族政治の統治技術上の優越性は、古代ローマや近代ヴェネツィアのように、少数の閉鎖的な貴族階級が直接に統治した稀れな実例に基づく誇大な一般化であると指摘し、「手段を目的に適合させる上で最大の技倆を示したこれ等の貴族政治は、その目的が悪いことにかけては、その他の貴族政治さえも上廻っていた。そのような閉鎖的な貴族政治は、人民との連帯感情については、もっと多数の貴族政治以上に、決定的にかけ離れていた。しかも、その他の貴族政治も、トクヴィルがその政府に帰した利点を持っていない。」と強調したのである。[22]

次にミルが注目したのは、第二部第七章の「合衆国における多数の全能とその帰結について」である。彼は、「トクヴィル氏が恐れているのは、個々人の安全や通常の世間的な利益ではなく、民族の道徳的尊厳と進歩性とである。彼が憂慮しているのは、人格に対する以上に意見に対して行使される専制である。彼は、性格の個性と思想と感情との独立が世論の専制的なくびきの下にひれ伏してしまうことを恐れた。[23]」と強調して、トクヴィルの「アメリカにおいて多数が思想に及ぼす力について」の初めの次の一節を引用している。

「多数者の権力がヨーロッパで知られているいかなる権力と比較しても、どれほど圧倒的であるかは、合衆国における思想の営みを検討してみて初めて明瞭に認識される。思想は、目に見えぬほとんど捉えどころのない力であって、その前にはいかなる暴政も難なくあしらわれる。今日、ヨーロッパの最も絶対的な主権者といえども、その権威に逆らう何らかの思想が秘かに国内に流通し、宮中にまで浸透するのを妨げることはできそうもない。アメリカは事情が異なる。多数の意見がはっきりしないうちは、いろいろな見解が語られる。ところが、一度多数の意見が決定的に宣言されるや、誰もが口を閉ざし、敵も味方もなく、競って多数の後に従おうとするように見える。……多数者には物理的かつ精神的な力があり、これが国民の行為と同様に、意見にも働きかけ、行動を妨げるだけでなく、行動の意欲を奪ってしまう。

総じてアメリカほど、精神の独立と真の討論の自由がない国はない。[24]」

ミルは、「今日合衆国で政治家の道を進もうとひしめく無数の人々の中に、私は、率直さや独立性を示す人間をほとんど全く見たことがない。一見して、アメリカでは精神がすべて同じ鋳型でつくられ、すべて一つの道を進んでいるように見える。」というショッキングな観察を含む一節も引用しているが[25]、彼は、トクヴィルが強調した「多数の暴政」(tyrannie de la majorité) の原因について、次のようにコメントしている。

「すべての人々が経済的にほとんど同じ状況にあり、教育もほとんど同じである場合には、すべての人々がほとんど同じことを考えるのは驚くに当たらないし、そのような場合には、どこかで孤立した個人が別の考え方をしたならば、誰も相手にしないことは至極当然である。それは、世論が一般的に一致しているので、たまたま世論に反対である少数の人々に対して不寛容になることが実質的にも極めて多く、表面上は必ず不寛容になる状況にほかならない。[26]」

しかし彼は、「たとえ或る点ではアメリカよりも悪くても、他の点についてはもっと幸福な境遇にある」ヨーロッパ諸国においては、世論の専制に対する防壁がより多く存在すると主張し、「有閑階級（leisured class）の中にデモクラシーが陥り易いあらゆる不便を大いに有益に矯正するものを見出すことができる。」と強調した。[27]「有閑階級」とは、貴族のような特定の特権階級ではなく、彼が政治的代表に適すると認めた能力を持つ知的エリートを指していたに違いない。彼は、「すぐれた精神を持つ人々が、貴族主義の古いすり切れた機構をつぎはぎすることではなく、デモクラシーを教育することを今後の合理的な努力の適切な対象と考えて相互に協力しさえするならば、以上の諸傾向からの深刻な害悪が生じると憂慮する必要はない。」と、トクヴィルの原書が強調した「多数の暴政」への強い憂慮とは対照的に、比較的楽観的な見解を示したのである。[28]

このようにミルは、トクヴィルの新著から多大な教訓、特にタウンの運営の徹底的に民主的な構造がデモクラシーの安全弁であると共にその学校であるということを学んで、地方自治に関する考え方を修正したが、トクヴィルが指摘した「境遇の平等」を意味するデモクラシーに内在する「多数の暴政」については、少なからずアメリカ社会の特殊事情の産物と考えて、境遇の異なるヨーロッパ諸国にはそのまま妥当することはないと考えた。しかし、この点についての彼の考え方が間もなく大きく修正されるに至ったことは、翌年の「文明論」に明らかに示されている。次節においては、このテーマに注目しなければならない。

（1）*Autobiography*, pp. 199–201. 拙訳二七一−二頁。
（2）*EL*, p. 261.
（3）Rationale of Representation, *op. cit.*, p. *18n*.
（4）*EL*, p. 272.
（5）Tocqueville, *Correspondance Anglaise*, *Oeuvres Complettes*, VI, 1954, pp. 302–3.
（6）*De la démocratie en Amériqus*, *Oeuvres Comvres Completes*, Tome I-1. Introduction, p. 1. 松本礼二訳『アメリカのデモクラシー』第1巻（上）（岩波文庫）九−一〇頁。Mill, De Tocqueville on Democracy in America [I] *CW*, vol. VIII, p. 49. 拙訳「トクヴィルのアメリカ民主主義論第一」『J・S・ミル初期著作集』3、一一五−六頁。
（7）Mill, *op. cit.*, pp. 49–50. 拙訳一一六頁。
（8）Tocqueville, *op. cit.*, pp. 5–9. 邦訳（上）一六−二二頁。Mill, *ibid.*, pp. 51–4. 拙訳一一九−一二四頁。
（9）*Ibid.*, pp. 54. 拙訳一二四頁。
（10）Tocqueville, *op. cit.*, pp. 61–2. 邦訳（上）一〇〇−一〇二頁。Mill, *ibid.*, pp. 56–60. 拙訳一三〇−一三三頁。
（11）Mill, *ibid.*, p. 60. 拙訳一三一−二頁。
（12）Tocqueville, *op. cit.*, pp. 65–7. 邦訳（上）一〇七−一〇頁。
（13）*Autobiography*, pp. 201–3. 拙訳二七三頁。
（14）Mill, *op. cit.*, p. 65. 拙訳一三八頁。
（15）*Ibid.*, p. 66. 拙訳一四〇頁。
（16）Tocqueville, *op. cit.*, pp. 100–101. 邦訳（上）一五八−六〇頁。Mill, *ibid.*, p. 67.
（17）Tocqueville, *op. cit.*, p. 104. 邦訳（上）一六七頁。

(18) *Ibid.*, pp. 242–3. 邦訳（下）一一三–五頁。Mill, *op. cit.*, pp. 68–9. 拙訳一四四–五頁。
(19) Tocqueville, *op. cit.*, p. 245. 邦訳（下）一一八頁。Mill, *op. cit.*, p. 70. 拙訳一四七頁。
(20) Mill, *ibid.*, pp. 71–2. 拙訳一四九–五〇頁。
(21) Tocqueville, *op. cit.*, p. 203. 邦訳（下）五三頁。Mill, *ibid.*, p. 74. 拙訳一五三頁。
(22) Mill, *ibid.*, pp. 78–9. 拙訳一五七–九頁。
(23) *Ibid.*, p. 81. 拙訳一六一頁。
(24) Tocqueville, *op. cit.*, pp. 265–6. 邦訳（下）一五二–三頁。Mill, *ibid.*, p. 81. 拙訳一六一–二頁。
(25) *Ibid.*, p. 269. 邦訳（下）一五九頁。Mill, *ibid.*, p. 81. 拙訳一六四頁。
(26) Mill, *ibid.*, p. 85. 拙訳一六八–九頁。
(27) *Ibid.*, p. 86. 拙訳一六九頁。
(28) *Ibid.*, p. 86. 拙訳一六九頁。

四　「文明論」

ミルの論文「文明論」（Civilization）は、『ロンドン・レヴュー』が『ウェストミンスター・レヴュー』を吸収合併して『ロンドン・アンド・ウェストミンスター・レヴュー』として再発足した最初の号の一八三六年四月号に発表された。これは、書評ではなく、彼の単独論文であり、前年のトクヴィルの書評の論調からの変化、すなわち、トクヴィルが指摘したデモクラシーに内在する欠陥としての「多数の暴政」の概念を受容した論調を示すものとして注目に値する。

ミルは、この論文の冒頭に、「文明という言葉は、人間性に関する哲学のその他の多くの用語と同様に、二重の意味を持つ言葉である。それは、時には人間の進歩一般を、時には特定の或る種の進歩を意味する。」と記し、「人間と社会との最高の特徴についてすぐれ、完全性への道においてよりよく進歩しており、より幸福、崇高かつ賢明である状態」という広義の意味と「豊かで人口の多い国民を未開人や野蛮人から区別するような種類の進歩」という狭義の意味とを区別した上で、「われわれが文明の害悪または悲惨について語り、また文明が全般的に善であるか悪であるかということが深刻に問われるのは、この第二の意味の文明についてである。」と述べて、この論文の課題を明らかにしている。彼は、「現代は、きわだって狭義の文明の時代」であると指摘して、独自の文明論を展開したのである。

このような問題提起は、ギゾー（Guizot, Francois Piérre Guillaume, 1787–1874）の文明史観を反映している。ミルが詳細なギゾー論を発表したのは、一八四五年一〇月号の『エディンバラ・レヴュー』であったが[1]、彼は、かねてからギゾーの歴史論に深い関心を持ち、友人ホワイトのギゾー論を一八三六年一月号の『ロンドン・レヴュー』に載せた際に、自らこれに加筆修正を加えていた[2]。このギゾー論には、「イギリスでは、社会が人間よりもすばらしい発展してきて、直接的で狭隘な適用が原理以上に考えられ、国民は、構成員としての個人よりも、歴史上にきわ立っている。ギゾー氏は、このような外面的な結果に対して熱心であり、真理そのものに対して比較的無関心であることは、純粋に思索的な哲学者についてさえ見出されると考えている。[3]」という一節があるが、外部的な安全で快適な状態と個々人の精神的道徳的能力の自由で活発な発達との調和を文明の示標と把握し、イギリスの文明が後者よりも前者に集中しているというギゾーの指摘は、ミルの「文明論」に投影していると言えよう。

ミルが現代のヨーロッパ、特にイギリスにおける文明の顕著な進歩の結果として注目したのは、「権力がますます個々人および個々人の小集団から大衆へと移り、大衆の重要性が絶えず増大し、個々人の重要性が絶えず減少しつつあること」である[4]。文明の初期段階にあっては、財産と知性とは、社会のごく一部の人々に限定されていたが、イギリスにおいて文明の示標である財産と知性の普及と未開な孤立状態を克服する協同力が他国にさきがけて顕著になったのは、ミルによれば、ミドル・クラスの目覚ましい抬頭の結果であった。彼は、ミドル・クラスの間の協同の能力の進歩について、「どんな時代でも、生産的産業の運営が今日のような規模で行なわれたことがあったであろうか。現代の商工業の主要部門であまねく見られるように、多くの人手が同一の仕事に同時に使用されることがいまだかつてあったであろうか。現代では、事業が何と大規模に株式会社——換言すれば大資本を形成するために集められた多数の小資本——によって遂行されていることであろうか。」と強調すると共に、「わが国の上流階級には、輝かしい能力の増大は見られないし、かえって生気と活力の著しい減少が見られる。」と指摘した。[5] 彼は、ミドル・クラスが財産と知性と協同力によって抬頭するにつれて、旧支配階級が没落することの必然性を主張して、イギリスの現代文明の担い手がミドル・クラスであることを認めた。しかし彼は、ミドル・クラスの知性と協同力に全面的に信頼していたのではなかった。彼が文明の精神的な影響について次のように述べているのは注目すべきことである。

「高度の文明状態が人間の性格に与える影響の一つは、個人の精力が減退すること、或いはむしろ個人の精力が金儲けの追求という狭い領域に集中されることである。文明の進歩につれて、各人は、自分に最も関係の深いことがらについて、自分の努力よりも社会全体のしくみにますます依存するようになる。……精力的な性格を呼び起こす刺戟としては、富や個人の勢力拡大への欲望や、博愛の情熱や、積極的な美徳を愛する心が残されている。しかし、このようなさまざまな感情が向けられる対象は、偶然的なものであって、必然的なものではないし、また、このような感情は、すべての人々に対して同じ力で作用するものでもない。その中で普遍的なものと考えることができる唯一のものは、富への欲望であり、富は、多くの人々の場合にその他のすべての欲望を満足させる最も手近な手段であるので、高度の文明社会に存在している精力的な性格のほとんどすべてが、このような目的の追求に集中される。……高度の文明国、特にわが国においては、ミドル・クラスの勢力は、ほとんど金儲けに限定され、上流階級の精力は、ほとんど消滅してしまっている。[6]」

ミルは、文明の発達の結果として、富の増大と読み書きの普及に伴なって、一般的判断力が向上し、感情が温和になり、危険な誤謬が減少するなど、プラスの面があることを決して否定しない一方で、余りにも僅かしか注目されていない文明の別の影響として、「個人が全く群集の中に埋没してしまうので、個人がますます意見に依存するようになるとはいえ、しっかりとした根拠を持つ意見、すなわち、自分を知ってくれる人々の意見に依存することがますます少なくなる」ことを指摘している。すなわち、彼は、「個人が大衆の中に埋没してますます無意義になっていくことによる弊害は、個人の美徳についてだけではない。それは、世論そのものを改善する基礎をそこない、大衆教育を堕落させ、多数の人々に対する教養のある少数の人々の影響力を弱めてしまう。」と強調しているのである。[7]

このようにミルが、狭義の文明社会において、個々人が大衆（ミルは、mass 或いは crowd と表現している）の中に埋没し、個性と多様性がますます失われて行くと警告したことは、トクヴィルの影響を明らかに示している。彼は、前年の「トクヴィル論第二」においては、トクヴィルの「多数者の暴政」の指摘をアメリカ社会の適確な分析として承認しながらも、イギリスを始めとするヨーロッパ諸国においてはその危険性は少ないと、比較的楽観的な見解を示したが、「文明論」においては、トクヴィルの分析の普遍性を承認するに至ったのである。

ミルは、「弊害は、個人が群集の中に埋没して無力化し、個人の性格そのものが弛緩し惰弱になることである。第一の弊害に対する救済策は、個々人の間により大きくより完全な団結をつくることであり、第二の弊害に対する救済策は、個人の性格に活気を与えるように考案された国家的な教育制度と政治形態とをつくることである。[8]」と述べている。

彼が特に重視したのは、「われわれの教養のある富裕な人々の間に個性的な性格を再生させる」ために、教育制度を抜本的に改革することであり、彼は、「オックスフォード大学やケンブリッジ大学やイートン・スクールやウェストミンスター・スクールの礼讃者とも、その自称改革者とも等しく意見を異にしている。」と明言して、大学やパブリック・スクールのあるべき姿について次のように強調している。

「偉大な人物を創り上げることを可能とするように古い大学制度を改革することや、新しい大学制度を樹立することの障害に絶えずなっている難点、それも決して克服不可能でない難点は、そのような目的を達成するためには、大学の支持者および反対者のほとんどすべての人々が、大学教育のみならず教育一般の目的として根強く抱いている考え方を根絶することから始めなければならないということである。その考え方とはどのようなことであろうか。それは、教育の目的は、学生に真実のことや正しいことを与えることではなく、われわれが真実と考えさせ、われわれが正しいと考えていることを正しいと考えさせること――、すなわち、人間の意見がつくり出され抱かれる精神ではなく、意見そのものが重要であるということ――である。このことは、イギリスの教育の真の改革者が戦わなければならない根深い誤謬であり、宿弊となっていることである。[9]」

「イギリスの諸大学が、人類の知的な集団は信仰箇条、すなわち、一定の意見を信じるという約束に基づかなければならないという原理に一貫して追従してきたこと、また、諸大学がしていることは、学生たちに正しい手段か不正な手段によって一定の意見に黙従させることであること、ロックによって生徒たちに『原理を教え込む』（“principling”）という名の下にきびしく非難された人間の能力の乱用が諸大学の宗教、政治・道徳或いは哲学の唯一の方法であること――以上のことは、全くよくないことであるが、弊害は、大学の内外に等しく満ち満ちている。[10]」

ミルがこのような痛烈な批判に基づいて大学の現状を打破するために主張したのは、第一に「大学を全面的に非宗派化する（unsectarianize）こと――非国教徒が入学して、正統派の宗派的な信条を教えられることを許すような姑息な方法ではなく、宗派的な教育を全廃すること――」であり、次に偉大な人物を創り出す教育の要め石として知的な力を喚び起こし、最も強い真理への愛を鼓吹するために、「思索者に結論が示されて、あらかじめその結論に到達することが期待されるような」従来の安易な教育方法を打破しなければならないことであった。[11] 彼は、教育課程の内容として、古典教育、歴史教育、論理学、精神哲学、社会科学、自然科学の各部門について適切なコメントを加えて、大学教育を一新し活性化することこそ狭義の文明の弊害を矯正するために不可欠であることを強調したのである。

「文明論」における具体的な提案は、最も注目すべき大学改革論以外にもいくつか見出すことができる。例えば彼は、経済的競争の将来について、「われわれは、あらゆる事業部門とあらゆる職業における競争者の増大――そのことは、値打ちだけでは成功を収めることをますます困難にし、もっともらしいそぶりによって成功を収めることをますます容易にしている――は、団結の精神の進展の中に制約的な原理を見出すであろうと、また、あらゆる過密な部門において個々人の間に労働と資本とを結合させる傾向を生じ、購売者または雇用者は、無数の個人の間ではなく、少数の集団の間で選択するようになるであろうと信じている。[12]」との一節に、彼が後に『経済学原理』で主張した小生産者間の協同組合の構想の萌芽を見出すことができるであろう。

また次の一節は、現実の保守主義者の中にはそのように考える者はいないであろうと述べた文脈の中で、真の保守主義者の取るべき態度を示唆したものとして注目される。

「大衆には自分たちの統治を完全に支配する心構えがないと考える人々は――同時に、大衆にその心構えがあるとないとを問わず、大衆が支配権を手に入れるのを阻止することができないと知るならば――精一杯の努力によって、大衆にそのような心構えをさせることに貢献しようとするであろう。そして、そのために、一方では大衆自身をもっと賢明かつ善良にするためにあらゆる手段を講じ、他方では富裕で学問のある階級の眠っている精力を呼び醒まして、その階級の若者たちに最も深遠で価値のある知識を与え、この国に存在する、或いは目覚めさせることができる個人の偉大さを呼び起こし、大衆の単なる力に部分的に対抗して、大衆自身の利益のために大衆に有益な影響を力えることができる力をつくり出すであろう。……このような保守主義者とは、同じように広範な目的を持つ急進主義者は、自分の多くの友人たちに対すると同様に、率直かつ鄭重に親交することができるであろう。[13]」

ミルは、このテーマについて立ち入って論じてはいないが、彼の念頭にあったのは、コールリッジやワーズワス等の「思索的トーリ主義」(Speculative Toryism) であったと推定することができる。彼は、先に言及した一八三一年十月二十一二十二日付のスターリング宛の長文の手紙に詳しく記したように、ベンサム主義への補完的な思想として、政界の保守主義とは全く異質のロマン派の保守主義的思想に強く惹かれていた。この点も含めて、「文明論」は、ミルの思想形成の多面的な過程を示す重要な論説であると言えよう。

(1)　M. *Guizot's* Essays and Lectures on History. *Edinburgh Review*, Oct., 1845. 拙訳「ギゾーの歴史論」『國学院法学』第二三巻第三号。
(2)　J. B. White, Guizot's Lectures on European History, CW, vol. XX, Appendix A.
(3)　*Ibid.*, p. 375.
(4)　Civilization, CW, vol. XVIII, pp. 121, 126. 拙訳「文明論」『J・S・ミル初期著作集』2、一八四、一九一頁。
(5)　*Ibid.*, pp. 125–6. 拙訳一九〇–九一頁。

(6) *Ibid.*, pp. 129-30. 拙訳一九六-七頁。
(7) *Ibid.*, pp. 132-3. 拙訳二〇〇-二〇二頁。
(8) *Ibid.*, p. 136. 拙訳二〇五-六頁。
(9) *Ibid.*, p. 140. 拙訳二一二頁。
(10) *Ibid.*, p. 141. 拙訳二一四頁。
(11) *Ibid.*, p. 144. 拙訳二一六-七頁。
(12) *Ibid.*, p. 136. 拙訳二一六頁。
(13) *Ibid.*, p. 127. 拙訳一九三-四頁。

第四章　一八三五―七年の政治評論

一　ジェイムズ・ミルの「国民の現状」とJ・S・ミルの「あとがき」

『ロンドン・レヴュー』の創刊号（一八三五年四月号）の末尾にミルが書いた「あとがき」（Postcript）には、「国家の政治的状況に関する論文が印刷に廻されて以来、その論文が書かれた時にはまだ進展の初期段階にあった実験は完了した。その実験の結果によって、第一に、われわれの代議制度にいまだに内在しているあらゆる欠陥にもかかわらず、国王も貴族階級ももはや国民の意志に反して内閣に強制することはもはやできないこと、第二に、国民は保守党の内閣に堪えることはないであろうということが確証された。[1]」と述べられている。この論文は、父ジェイムズ・ミルの巻頭論文「国民の現状」であり、長男のミルが「あとがき」に記したことは、この年の一月に行なわれた総選挙でトーリ党の二九三議席に対して、ウイッグ党と急進諸派が三八五議席を獲得し、四月にトーリ党のピール内閣に代わって、ウイッグ党の第二次メルボーン（Melbourne, William Lamb, 1779-1848）内閣が成立したことを意味している。そこで先ず父ミルの論説を検討したい。

彼は、「現在におけるわが国の状態の中で最も注目すべきことは、改革の精神の力である。……最近の総選挙を通じて明らかになった精神は、極めて満足すべきものである。それは、われわれが信じていた以上に、改革の精神が同胞に対する影響力を持つ人々の中に拡大し、彼等をしっかり捉えていたことを示した。[2]」と書き始めた。彼は、改革の気運を謳歌しただけではなく、社会は依然として支配する少数者（ruling Few）と支配される多数者（subject Many）、すなわち、掠奪する人々（*Ceux qui pillent*）と掠奪される人々（*Ceux qui sont pillés*）に分裂していることを指摘し、少数の支配者が多数の被支配者を支配するために行使する権力に対抗し除去することの緊急性は少しも減退していないと強調し、改革の最大の目標として、「国教会と国家との結合、（Union of Chunch and state）」、すなわち、聖職者（men of the alter）と為政者（man of the state）と法律家（men of law）との間の「三重の結合（threehold cord）」を打破することを挙げたのである。[3]

彼は、「以前には改革反対者（the anti-reformers）と中途半端な改革者（the half-and-half reformers）の二派があったが、今では前者は消滅し、中途半端な改革者に吸収されている。しかし、彼等の結合において、戦いの旧来の方法をいまだに放棄していない。[4]」と述べているが、「中途半端な改革者」とは、第一次選挙法を「最終の政策」として、それ以上の改革を一切認めない人々を意味している。彼は、「彼等の間には今や改革反対者はいない。以前に改革反対を公言していた人々は、今では穏健な改革（moderate reforrm）を公言し、以前に穏健な改革を公言していた人々は、今でもそうである。そこで、大きな対立は、穏健な改革を公言する人々と反対者たちが急進的な改革（*radical* reform）と呼ぶ完全な改革（*complete* reform）を公言する人々の間の対立となっている。」と指摘した。彼は、下院に少数派ながら進出した「完全な改革者」の名に値する人々に期待をかけたのである。[5]

彼は、寡頭政治の現状を打破するために、第一に急速な罷免の権力を含む完全な選挙権、第二に人民の選挙行動に必要な知識を与える報道の自由、第三に秘密投票と議員の任期の短縮を主張した。[6] 彼は、このような徹底的な政治改革を推進する勢力として、院内の「小集団」(little band)、すなわち、彼の指導下にあった哲学的急進派を「哲学的改革者たち」(the class of philosophical reformers)、「真の改革者たち」(true reformers) と呼び、「彼等は、わが国のみならず人類のために計り知れない善をなすことができる立場にある。もしも彼等の心がこのことに燃え上がらず、それがかきたてる神聖な野心に満たされないならば、彼等は、呼びかけられた高尚な使命にほとんど値しない。」と鼓舞激励した。彼は、急進派が穏健派と安易に部分的な連合を組むことが致命的な結果を生み出すと警告して、「穏健派の何れかが完全な改革者たちの一部に自分たちと並んで官職を与えることが利益となる場合、穏健派を改宗させようとはしないで自ら改宗する優柔不断で柔軟性に富む人々だけが選ばれる。」と指摘し、その結果国民の前に弱体化をさらけ出して不信を受けるであろうと警告した。(7)

彼は、哲学的急進派のウイッグ党への安易な妥協を厳に戒めると共に、ウイッグ党とトーリ党の議席差が縮小したために、哲学的急進派がキャスティング・ボートを握る好機にあることを強調して、「彼等の利益は、今の段階において特に大きい。小出しの改革者 (grudging reformers) の政党と現状維持派 ('Now's-enough' men) の政党とは、ほとんど均衡している。あらゆる場合に容易に均衡を突き崩すことができる人々の支持には大きな価値があるために、その代償は、喜んで支払われるであろう。」と指摘した。このような主張は、政権を維持するために問題によっては急進派の支持に依存せざるを得ないウイッグ党内閣に圧力をかけて、改革の実績を獲ち取る戦術を意味する。しかし、キャスティング・ボートを生かすために少数派に必要なことは、機に乗ずるに敏な政治力だけでなく、院内に重きをなす見識と具体的な政策である。彼は、国家財政の乱脈を詳細に調査して改革への気運を助長したジョセフ・ヒュームと経済学の学識を院内でフルに活用して反対派からも尊敬されたディヴィド・リカードウの実例を挙げて、院内の急進派の奮起を要請したのである。(8)

J・S・ミルの「あとがき」は、創刊号の巻頭を飾った父ミルのこの論文を受けたものであり、「完全な改革者」(thorough Reformers) の内閣が実現する時は未だ到来せず、トーリ党もウイッグ党も完全な改革者ではないと述べると共に、「ウイッグ党は少なくとも改革に反対せず、現状の検討と変化を求める雰囲気に満足していると公言しているのに反して、トーリ党はこのような雰囲気に明白な疑念を示し、その党の多くの人々は非常な恐怖を感じている。」と述べて、「完全な改革者たち」は、ウイッグ党内閣の政策が「半分の政策」(half-measures)、しばしば「四分の一の政策」(guarter-measures) であって、完全な政策に対抗してトーリ党と結束することがあるとはいえ、その打倒を求めるべきではなく、しかも中途半端な改革の責任に巻き込まれないようにしなければならないと主張した。彼は、「内閣が支持に値する場合には閣外から支持すべきであり、その場合には、閣僚であったならば実現する権限がないようなことを自由に提案する貴重な便宜を保持するであろう。彼等は、直ちに実現する機会がないことを提案することは無思慮であるという時間かせぎの理論によって躊躇してはならない。」と強調して、哲学的急進派が院内の少数派として独自の行動能力を最大限に発揮するように激励した。[9] そして彼は、グレイ内閣の政策が上院の承認を受けそうなことに限定されていたことを指摘して、「もしも新内閣が同様の原理に基づいて行動するならば、すなわち、上院が革新の政策を否決しそうな場合には、妥協するか或いは全く提案しないで、他の人々が提案した時に攻撃さえするならば、……彼等の内閣は、一年も続かないであろう。」と警告したのである。[10]

(1) Proscript to the *London Review*, No. *1*, *CW*, vol. VI. p. 291.
(2) State of the Nation, *London Review*, April 1835, pp. 1–2.
(3) *Ibid*., pp. 6–8.

（4）*Ibid.*, p. 11.
（5）*Ibid.*, p. *14*, 16.
（6）*Ibid.*, p. 15.
（7）*Ibid.*, p. 17.
（8）*Ibid.*, pp. 4–5, 18.
（9）Proscript, pp. 291–2.
（10）*Ibid.*, pp. 292–3.

二　一八三五–六年の政局分析

一八三五年七月に刊行された『ロンドン・レヴュー』第一巻第二号には、巻頭に父ミルの「教会とその改革」（Church and its Reform）が載り、J・S・ミルは、前述の「代表の原理」（Rationale of Representation）のほかに、「テニスンの詩」（Tennyson's Poems）と巻末の「今会期の議事」（Parliamentary Proceeding of the Session）を書いた。ここでは、最後の論説に示された政局分析を取り上げたい。

ミルは、前号の「あとがき」の内容について、それは第二次メルボーン内閣の発足に当たって「完全な改革者たち」（thorough Reformers）の取るべき途として内閣に対する「限定的で不信感をこめた支持」（qualified and distrustful support）を主張したものであったことを明らかにした後、都市自治体法、アイルランド教会問題、秘密投票制、出版税の四つの重要問題の中、前二者については政府を支持すること、後二者については支持は限定的で不信感をこめたものでなければならないと主張した。(1)

ミルは、この四つの問題のうち、出版税については、全国的な請願運動にもかかわらず、内閣は言い逃れしかしていないことを指摘し、内閣の答えは、「廃止はよいことであるが、廃止するかどうかは分からない。」というあいまいなものであることをきびしく批判している。(2)また秘密投票制については、哲学的急進派のグロートが毎年議会に提出してきた公開投票制の法案に対する賛成票が徐々に増えていることを指摘し、秘密投票制の早期実現を切望して、「秘密投票制に反対することを決意している政府は、結局トーリ党との連立に終わるであろう。秘密投票制がなければ、二、三年後にはトーリ党の議会になってしまうであろう。」と主張している。秘密投票制は、哲学的急進派の主要な要求であり、『ロンドン・レヴュー』の創刊号に、父ミルが対話の形で『エディンバラ・レヴュー』一八三三年一月号の秘密投票制に対する批判に反論していた。(3)ミルは、この点では父に完全に同調していたのである。

アイルランド教会の改革については、遅々として進まなかったが、ミルは、一八三五年七月に提出されたが未成立に終わった法案が国教会の基本財産が不可侵のものではないことを承認し、下院がアイルランド教会の閑職を整理すると宣言したことを評価し、問題は、細目にあるのではなく原理にあると強調して、問題の根本的な解決のためには上院と徹底的に戦わなければならないと主張した。(4)

ミルは、一八三五年の会期の最大の問題であった都市自治体法案（Municipal Corporation Bill）については、出版税やアイルランド教会の問題のように、現行法を廃止するだけの問題ではなく、旧制度を破壊して新制度をつくり上げる困難な課題であると指摘して、「再建することは科学の仕事であって、目的と手段との包括的な観察と哲学的な分析とを必要とする。」と主張した。この法案は、一八三三年に任命された王立委員会が詳細な調査に基づいて提出した報告書を条文化したものであり、ミルは、市議会（city council）の選挙権をすべての家屋所有者にまで拡大することや、市の公務員が市議会によって任命される規定に全面的に賛意を表明した。(5)都市自治体法については、『ロンドン・レヴュー』の創刊号にロウバックが「都市自治体改革」(Municipal Corporation Reform)と題する詳細な論説を書いており、ミルは、これを高く評価して、『グローヴ・アンド・トラベラー』紙の一八三五年四月十八日号にこの論文を紹介する記事を載せていた。ミルは、ロウバックの論文の内容を次のように要約している。

㈠　司法権は、行政権と立法権から完全に切り離されて、無知で素人の参事会員に委されずに、各都市に一人の(必要ならば一人以上の)すぐれた教育を受けた裁判官が配置されなければならない。

㈡　この裁判官は、首都の中央裁判所への上告を前提として、民事と刑事のすべての事件を裁判する権限を持たなければならない。

㈢　地方税、地方の立法、警察その他の行政事務は、すべての納税者、少なくともすべての十ポンドの家屋所有者によって定期的に選挙される市議会の統制の下に置かれなければならない。[6]

ミルが特に賛同したのは、㈠の主張であり、彼は、「司法について求められるのは、地域のすべての司法を司り、行政事務には全く従事しない地方裁判官である。司法と行政の職務は、決して同一人の手に結合されるべきではない。何故ならば、その二つは異なった種類の職務であり、異なった素質と異なった種類の人々を必要とし、二つの種類の公務員に適した選任方法は異なるからである。」と強調した。このような主張は、全面的にベンサムに従ったものであり、ミルは、「裁判所の手続と設置について、アルファとオメガがベンサム氏の中にある。」と指摘したのである。[7]

ミルは、司法と行政とを厳格に切り離されなければならないという原則から、原案が市議会から推薦された候補者の中から国王によって任命される警察裁判所判事(Magistrate)、すなわち、治安判事(justice of the peace)が容疑者が有罪であるか否かを予備審査し、有罪と認めたならば正式の裁判を求めることを認めたのは、行政と司法の分離の原則に反した「行政と司法の職務の恐るべき混合」として批判し、また地区裁判所判事（recorder）が不在の時、市長が「職権によって」（*ex officio*）警察裁判所判事の職務を行なうという規定を途方もない逸脱として非難したのである。[8]

このようにミルは、都市自治体法案を基本的には支持しながらも、万全でないことを指揮して、院内の急進論者が法案の審議の際にできるだけ改善することを要望した。そして彼が裁判制度の一元化の構想について、全面的にベンサムの主張に従っていたことは注目すべきであろう。

『ロンドン・レヴュー』の第二巻第一号に当たる一八三五年十月号には、ミルの「あとがき・会期の終了」（Postcript : The Close of the Session）が収録された。彼は、一八二〇年代を回顧して、自由貿易、法律改革、審査律廃止、カトリック教徒解放、選挙法改正などの諸改革に示された「世論の進歩の比類のない、ほとんど奇蹟的な早さ」を指摘すると共に、選挙法改正後の三会期にわたって、重要な改革が遅々として進んでいないことを慨嘆し、改革への主要な障害が秘密投票を認めない公開投票制が続いていることと上院の特権が維持されていることに求め、「上院の完全な変革が三王国の最も隔遠の地からも叫ばれている。世襲制の原理の廃止に至らないいかなる変革にも満足しない人々は少なくないであろう。[9]」と主張した。

この年の会期には、画期的な都市自治体法が成立したが、この法案の審議過程でメルボーン内閣がトーリ党に譲歩したことと上院における修正のために原案の骨子はかなり損われた。この法律によって、市議会議員の選挙権が救貧税を支払う家屋所有者と下院議員の選挙権よりも拡大され、また市議会議員が毎年三分の一ずつ改選されるように規定されたことは、急進派が要求した普通選挙権と毎年改選を部分的に実現したものであった。しかし、トーリ党と上院による修正によって、投票権が三年以上の居住者に制限され、かつ市会議員の被選挙資格に高い財産資格がつけられたこと、また従来の特権的な参事会員（aldermen）が温存されて、市議会の三分の一を占めて、市議会から六年の任期で選出されることになった。その上、マンチェスター、バーミンガムのような大都市であっても、自治体の資格を与えられていなかったために市議会選挙権を与えられなかった。[10] 地方自治体法案の成立に当たって、上院の反動的な修正が著しかったことは明らかであり、ミルが強調したように、上院改革が緊急の課題となったのである。

ミルが院内の哲学的急進派に強く要望したのは、ウイッグ党とトーリ党の議席差が僅小になっている現状を踏まえて、キャスティング・ボートを握る少数派としての利点を最大に生かすことであったが、彼が警告したのは、哲学的急進派が、「自分自身を内閣の車（miniotrial car）に縛りつけて、すべての自主的な行動を放棄し、彼等の過去の業績の記憶以外には与党と区別されない単なるウイッグ党の仲間（Whig coterie）になることなしに内閣に協力すること」であった。[11]

しかし、哲学的急進派の自主的行動の必要性を強調したミルが痛感せざるを得なかったのは、キャスティング・ボートを利用してウイッグ党に圧力をかけて最大限の改革を実現させるに当たっての指導力の著しい不足であった。彼は、一八二〇年代以来の改革が「指導者のいない改革であった。」と記し、「内閣にも議会にも大衆的な新聞にも、指導者は誰もいない。……偉大な政治的変化の記録された歴史の中で初めて、すぐれた才能を持つ人物が行動の領域において何等の顕著な役割を果たすことはなかった。指導的な政治家や影響力のある著述家の間にも、時流に浮き沈みしないでなすべきことを知っているような頭脳を持つ人々はほとんどいない。そして、そのような頭脳を持つ少数の人々の中にも、なすべきことを遂行する力を持つ人は一人としていない。」と指摘した。[12] ミルの政治的ジャーナリズムは、このような焦慮の中で続けられたのである。

『ロンドン・レヴュー』が『ウェストミンスター・レヴュー』を吸収合併した『ロンドン・アンド・ウェス

トミンスターレヴュー』は、一八三六年四月号から新名称を名乗った。ミルは、同年二月のフォンブランク（『エグザミナー』紙の主筆）宛の手紙に、「モルスワースは、『ロンドン・レヴュー』と合併するために、『ウェストミンスター・レヴュー』を買収しました。唯一の急進主義の評論誌として、今や成功する好機ですが、合併後の最初の号が画期的なものになるためには、従来以上によい論説を集めなければなりません。」と記した。[13] モルスワースは、『ウェストミンスター・レヴュー』を一千ポンドで買収したのであるが、ミルは、『ロンドン・アンド・ウェストミンスター・レヴュー』の最初の号に、先に検討した「文明論」と「一八三六年の政治状況」(State of politics in 1836)の二つの論説を掲載した。後者は、次のように書き始められている。

「会期の始まりには吉兆があった。一八三六年は、わが国の法律の詳細についての重要な改善が実りのないものではないことを約束しており、文明の現状が熱望することのできる最善の統治の達成の早さだけでなく、国民がその達成に向かって静穏に進んで行くことの新たな希望に満ちた徴候を既に示している。[14]」

彼は、選挙法改正の実現はバスチーユの奪取に匹敵することであって、イギリスは、他国よりも偉大な変化、すなわち、最も強力な貴族政治に致命的な一撃を与えたと謳歌して、この会期にメルボーン内閣が提出した法案を列挙して、多大の期待を示した。

彼が第一に挙げたのは、結婚に対する国教会の関与を否定する法案である。この法案によれば、結婚の儀式については、国家は何も要求せず、国家の関与は世俗的に契約の執行と登録だけに止まり、宗教的な儀式は、法的に強制されることなく、当事者の選択に委され、登録されたならば、宗教的な儀式がどのように行なわれても世俗的な契約の効力を持つことになっていた。ミルは、従来のいくつかの法案が宗教的な儀式を要求し、しかも国教会によるものと非国教派の教会によるものとを分けていたのに比べると、今回の法案は、不満の余地を残さないものとして全面的にこれに賛同した。この法案は、同年中に成立し、出生・死亡の登録制の確立と共に、国教会の特権を削除したものとして重要な意味を持つものであった[15]。

ミルは、一八三四―五年のピール内閣が設置した国教会委員会の勧告に基づいて三六年から教会の閑職を減少し兼禄制に制限を加える国教会改革が徐々に進み、三六年には十分の一税の現物による納入が廃止されて一定額の地代負担に切り換えられ、極めて徐々な歩みながら国教会の時代遅れの制度が見直され始めていることにそれなりの評価を惜しまなかった[16]。

ミルは、メルボーン内閣が提案しペースは甚だ遅いとしても実現しつつある国教会改革を始めとする改革政策に対する哲学的急進派の態度については、「友誼的な圧力（friendly compulson）をかけ続けることである。」とアドヴァイスし、「現在進行中の政策によって、ウイッグ党の改革は、種が尽きかけている。ウイッグ党は、トーリ党と提携して、急進派が主張しているもっと根本的な種類の改革に抵抗するか、或いは急進派と提携するかの岐路に立っている。」と強調した。彼は、「院内の急進派は、少数の例外を除いては、相変わらず冬眠状態を続けている。」と酷評しつつも、ジョセフ・ヒュームや『ロンドン・レヴュー』『ロンドン・アンド・ウェストミンスター・レヴュー』に寄稿していたブラー、モルスワース、ロウバック等の若手議員に期待をかけていたのである[17]。

ミルが「文明論」と「一八三六年の政状」を書いていた頃、長年の過労のために身体が不調となり、特に胃腸の衰弱と右目の異常に悩まされていたが、父ミルは、肺結核のために絶望状態に陥っていた。ミルの一八三六年二月八日付のセイラ・オースティン（ジョン・オースティンの妻）宛の手紙に、「私は、前に手紙を差し上げた時と比べてよくも悪くもなっておりませんが、よくなったとは思えません。それでもかかった医者たちは、大したことはないと言っています。しかし、不調が続く限り、いろいろな障害があります。父の状態もほとんど変わりませんが、気候がもっと暖かくなるまで彼の不満は続きそうです。[18]」と記している。

父の死について、『自伝』には次のように記されている。

「父の健康は、一八三五年全般を通じて次第に衰弱し、一八三六年六月二十三日に死去した。病状が肺結核であることが明らかになった。病状は長引いて、衰弱の極に達し、父の生涯の最後の数日になっても、知的な活力については、目立った衰えはなかった。父の生涯を貫いたあらゆることと人々に対する関心は減退しなかったし、死期が近付いても、(父のような強烈で確固とした精神の持主にとっては当然のことであるが、)宗教の問題に関する彼の信念にはいささかの動揺もなかった。自分の最後が近いことを知った後の父の主な満足は、父が世界を以前よりもよいものにしたことであり、最も心残りであったのは、もっと長生きして、もっと仕事をする時間がないことであったように思われる。[19]」

父の死の前後に、ミル自身の健康も思わしくなく、三―四月にはしばらくブライトンで静養したが、父の死後、医師から大陸への転地療養を勧められ、東インド会社から休暇を取って、七月三十日にパリに向けて出発した。彼は、十六歳のヘンリと十二歳のジョージの二人の弟を同行したが、夫と別居していたハリエット・テイラーは、ハーバートとヘイジの二人の息子と娘のヘレンを連れて先に出発し、パリでミルの一行を待っていた。一行は、スイスのジュネーヴからローザンヌに行き、子供たちを女性の召使に託して、ミルとハリエットは、九月にニースで静養した後、イタリアに入り、ミラノを経てローザンヌで子供たちと合流し、パリにしばらく滞在して、十一月十二日に帰国した。[20] この大旅行は、ミルにとってかなりの気分転換になり、体調も回復したが、帰国早々の彼は、第三席のインド通信審査員に昇進して、休暇中に溜まっていった公務に追われながら、『ロンドン・アンド・ウェストミンスター・レヴュー』の編集と執筆の仕事に直ちに復帰した。彼は、帰国の十一日後の十一月二十三日付でリットン・ブルワーに宛てて書いた手紙で、「私が以前の関心事と仕事に立ち返ることができるほど十分に回復した今では、私が最も切実に願っていることの一つは、あの評論誌にどうすれば最大の価値と効果を与えるかということです。[21]」と強調して、次のように記している。

「禍転じて福となすと言われているように、世界から最大の哲学的天才を持つ人を奪い、評論誌から最も有力な執筆者で、その意見を編集者たちが尊重せざるを得なかった唯一の人を奪った出来事が、その望みがあったらばこそ私が評論誌に関係するようになったこと――、すなわち、元来『ウェストミンスター・レヴュー』に現われていて十八世紀の遺産をなしていた急進主義と功利主義のどちらかといえば頑固で厳しい特徴を和らげることをはるかに容易にしました。評論誌は、急進主義ではなく、新急進主義を代表すべきです。新急進主義は、民主主義ではなく、また或る政体或いは特定の政治制度に固執するものでもありません。それが急進主義と呼ばれるのは、ただ邪悪とかけひきをしたり妥協することなく、邪悪を根絶しようとしている限りのことであり――そしてそれは、推理能力だけでなく、人間性のすべてを考慮に入れる功利主義――そして、特定の人物を予定することも、その追随者に党派或いは学派をつくらせることが決してない功利主義――第一原理が同一であってもなくても、同一の中間公理（ベイコンが持っていたような）を持つすべての人々と友好関係を保つ功利主義なのです。……[22]」

ミルは、父の死後、四箇月間大陸に静養のための旅行をして元気を取り戻し、日常生活に復帰してから、『ロンドン・アンド・ウェストミンスター・レヴュー』の編集と執筆になし得る限りの時間と労力を投入した。以下では、父の死の直前に書かれ、一八三六年七月号に発表された「ジョン・ウォルシュの現代史」(Sir John Walsh's Contemporary History) の検討に進みたい。

この論説は、トーリ党の前議員ウォルシュ（Walsh, John Benn, 1798–1881）の『現代史の諸章』（*Chopters of Contemporayr History*, 1836）の詳細な書評であるが、ミルが本書を取り上げたのは、その内容を高く評価したからではなく、本書が「ロバート・ピール卿を党首とする彼の政党の意見を忠実に代表している。」と認めたからであった。[23]

この書評について最も注目されるのは、ミルが一国民は、急速に改革主義者と反改革主義者、すなわち、保守主義者と急進主義者との二つの分派に整序されつつある。」という本書の主張に賛同し、「この二つの政党（後者は、その組織に関する限り政党ではないが）の双方は、相互に奪い合いをすることによってではなく、無関心な人々と中間派（*juste milleieu*）を獲得することによって力を得つつある。」と主張していることである。[24] 彼は、ウイッグ党の性格についても、ウォルシュに賛同すると明言して、「ウイッグ党は、政党ではなく、同志の集まり（*coterie*）に過ぎず、それは、ロンドンとエディンバラに限定されて、院内の若干の議席と新聞の若干の部分を支配して改革者と自称している。」と述べている。彼は、ウイッグ主義者（Whigs）と自由主義者（Liberals）とを区別して、「ウイッグ主義者は、特権階級の一部であり、その階級の利益と偏見に完全に影響されて、どのような完全な改革に対しても直ちに反対の立場を取って来た。自由主義者は、このような立場に与したことは決してなく、彼等は、ウイッグ主義者を非難したことはないが、ウイッグ主義者が非難したことを非難することはほとんどなかった。」と述べている。すなわち、彼は、ウイッグ党が単一の政党ではなく、貴族主義者の一分派として現状維持に固執している人々と世論が高まらない中は秘密投票や毎年改選議会に賛成しないが、時宜によっては支持してもよいという柔軟性を持っている人々の連合であると見做したのであって、ウイッグ党内に、「議会改革をどれだけ行なうべきかについて、あらかじめ決意はしていないが、経験によって、すぐれた統治のために現実に必要であると認められる限り改革を推進しようとする」人々が存在すると考えたのである。[25]

このようにウイッグ党の一体性を否定し、本質的に貴族政党であるが、トーリ党との対抗上時には改革者のポーズをとる伝統的な体質と、無原則的ながら貴族主義とは一線を画している自由主義的な要素との混在を認めたミルは、選挙法改正を改革の終着点として、それ以上の一切の改革を拒否したグレイ内閣と違って、メルボーン内閣は、「全面的改革（organic reform）には反対するが、グレイ内閣のようにその阻止を政府の大目的とはしない」開明性を持つと考えた。ミルは、メルボーン内閣と以前のグレイ内閣との相違を指摘して、「このような政策は、グレイ内閣の場合のように、内閣とより決然たる改革者たちとの間の協力の可能性を排除しない。」と主張し、「急進派の組織的な支持なしには、ウイッグ党は一日も存在することはできない。」というキャスティング・ボートを握る急進派の利点を最大限に活用することを提唱したのである。(26)

先に言及したように、ミルは、やがて政界は保守主義者と急進主義者との二勢力に整序されるであろうというウォルシュの指摘に賛同したが、ミルの意図は、モルスワースが一八三七年一月号と四月号に発表した論説に具体的に主張された。すなわち、彼は、第一論文において、急進派の圧力によってウイッグ党の一部がトーリ党に吸収され、他の一部は、「貴族勢力の連合に決定的に対立して、急進派に合流することが期待される。(27)」と主張し、第二論文においては、彼自身が提出した議員の財産資格の廃止の動議にウイッグ党員の多くが賛成したことを指摘して、急進派とウイッグ党内の進歩派との提携の可能性に多大の期待を表明したのである。(28)

ミルは、ウォルシュの書評の末尾で、院内の急進派がなすべき役割を十分に果たしていないことを次のようにきびしく批判した。

「院内の急進派が直面する差し迫った運命に値するような努力をしていないのは何故であるか。決然たる見解を持つ人々の結合に属しながら、指導権を握ることをせず、ウイッグ党内閣の支持者たちの単なる一部に沈み込んでいるのはなぜであるか。彼等の院内行動が能動的ではなく受動的であるのは何故であるか。彼等が成熟しよく消化された改革案を次々に提出して、それが上院に送られた際に、上院をそれを支持するか自滅するかの二者択一に追い込むことをしないのは何故であるか。彼等が行動する自由どころか、発言する機会さえもことごとく逸してしまっているのは何故であるか[29]。」

ウォルシュの書評は、父ミルが死に瀕し、彼自身も過労のために著しく身体が衰弱していた時に書かれたものであるが、院内の急進派の同志たちを激励し鞭撻する戦術指導のために病を押して敢えて苦言を呈した論説であった。政局と哲学的急進派の動向への憂慮は、父の病状の悪化と自分の体調が思わしくないことに悩んでいた彼にとって極めて切実であったに違いない。

（1）Parliamentary Proceedings of the Session, *CW*, vol. VI, p. 297.
（2）*Ibid.*, pp. 298–9.
（3）拙著『ジェイムズ・ミル』（研究社出版）二五一―二頁。
（4）Parliamentary Proceedings of the Session, pp. 301–2.
（5）*Ibid.*, pp. 303–4.
（6）London Review on Municipal Beform, *CW*, vol. XXIV, p. 771.
（7）Parliamentary Proceedings of the Session, pp. 305–6.
（8）*Ibid.*, pp. 307.
（9）Postcript : The Close of the Session, *ibid*, pp. 312–3.
（10）Halévy, *op. cit.*, p. 214.

(11) *Ibid.*, p. 316.
(12) *Ibid.*, p. 314.
(13) *EL*, p. 297.
(14) State of Politics in 1836, *CW*, vol. VI, p. 312.
(15) *Ibid.*, p. 323.
(16) *Ibid.*, p. 325.
(17) *Ibid.*, pp. 326–7.
(18) *Additional Letters*, *CW*, vol. XXXII, p. 31.
(19) *Autobiography*, p. 211. 拙訳二七九頁。
(20) M. J. Packe, *The Life of John Stuart Mill*, 1954, pp. 207–8.
(21) *EL*, p. 311.
(22) *Ibid.*, p. 312.
(23) Walsh's Contemporary History, *CW*, vol. VI, p. 328.
(24) *Ibid.*, p. 341.
(25) *Ibid.*, p. 342.
(26) *Ibid.*, pp. 344–5.
(27) Terms of Alliance between Radicals and Whigs, *LWR*, Jan. *1837*, p. 280.
(28) Parliamentary Conduct of the Radicals, *Ibid.*, April 1837, pp. 272, 279–80.
(29) Walsh's Contemporary History, p. 345.

三　一八三七年の政局分析

『自伝』の一節に、次の記述が見出される。

「私は、評論誌を運営するに当たって、主として二つのことを目的としていた。その一つは、哲学的急進主義を党派的なベンサムという非難から解放することであった。私は、表現が正確で、意味が明快であって、大げさな言葉や漠然とした一般論を非難することなど、ベンサムと私の父の二人の立派な特徴であったことを維持する一方で、急進主義的な思索にもっと広い基礎をもっと自由で温か味のある正確を与え、ベンサムの永久的な価値を持つすべてのことを承認して取り入れながら、ベンサムの哲学よりもさらにすぐれた完全な急進主義の哲学があることを示すことであった。私は、この第一の目的については、或る程度まで成功した。私が試みたもう一つのことは、議会の内外の教養のある急進主義者たちを奮起させて、私が適切な手段を使えば彼等がそうなるであろうと考えたこと、すなわち、政権を握ることができる、或いは少なくともウイッグ党と分担して政権に参与する条件を提示することができる強力な政党になるように呼びかけたことである。[1]」

彼は、『ロンドン・アンド・ウェストミンスター・レヴュー』の編集について、「私は、父の援助を失なったが、父の援助の代償であった制約や遠慮からも解放された。私は、自分自身と意見を異にしていても尊敬しなければならないような急進派の著述家や政治家がその他にいるとは感じなくなった。私は、モルスワースから完全に信頼されていたので、それ以来私自身の意見と思想様式を全面的に押し出して、たとえ私の以前からの仲間を失なうことがあっても、評論誌を私が理解している進歩に共感してくれるすべての著述家たちに広く解放しようと決意した。[2]」と述べている。その最初の実例は、一八三七年一月号にカーライルの「ミラボー論」(Memoirs of Mirabeau) を掲載したことであった。

カーライルの寄稿は、一般的に不評であり、オースティン夫人セイラは、ミル宛ての手紙に、「ルイス氏と私の夫は、カーライルの論説を非難して、あなたがこれ以上寄稿を認めたならば、評論誌をだめにしてしまうであろうと言っています。私は、辛いことですが、これが一般的な意見ではないかと心を痛めています。私は、彼の『フランス革命史』を読むことを切望していますが、読むことが恐ろしいのです。あの論文は、文体に関しては、確かに最も途方もないものの一つです。[3]」と記したが、ミルは、四月二十六日付の返信で、「私は、オースティン氏とルイス氏があの論説を好まないことに驚きはしませんが、あの論説は、評論誌に載った最も人気のある論説であって、われわれのために非常に有益だと思っています。……一般的に言って、『ミラボー』の論説を好まない人々は、文体のどんな特異性にも我慢できない人々です。これに反して、あれほど多くの人々に大いに称讃された論説はなかったのです。私は、あなたのようにあの論説ではカーライルの何時もの特異性が行き過ぎているとは思いません。むしろ何時もの特異性よりもずっとましなものだと思います。[4]」と反論した。彼は、一八三七年七月号にカーライルの『フランス革命史』の書評を書き、さらにスターリング寄稿を依頼するなど、『ロンドン・アンド・ウェストミンスター・レヴュー』の執筆者の範囲を拡大することに努力したのである。

父の死後、自分自身も過労のため十一月初めまでヨーロッパ大陸で四箇月の静養をしたミルは、翌年の一八三七年には、東インド会社勤務と併行して、ますます過密な執筆活動を再開した。彼は、同年七月に、モルスワースから『ロンドン・アンド・ウェストミンスター・レヴュー』の経営権を譲り受け、名目上の主筆をフォルコナーからロバートスン (Robertson, John, d. 1875) に交代させて、自ら経営者兼実質的な主筆として、同誌の全面的な責任者となった。彼は、同年に、五年間中断していた『論理学体系』（*A system of Logic*）の執筆を再開し、ヒューウェルやハーシェルの著述から著想した帰納法の論理について原稿をまとめ、「二箇月の間に『論理学体系』の約三分の一、それも最も困難な三分の一の最初の原稿を書き上げた。[5]」誠に驚くべき多産な年であった一八三七年に生み出された多くの業績の中、次に彼の政治評論として注目すべき「フォンブランクのイングランド」（Fonblanque's England）を取り上げたい。

この論説は、一八三〇年以来週刊紙『エグザミナー』の主筆として活躍していたフォンブランク（Fonblanque, Albany, 1793–1872）が十年間にわたって同紙に書いた記事を三巻にまとめた『七内閣下のイギリス』（*England under Seven Administrations*, 1837）の書評であり、その末尾に同紙が最近急進派の新聞として著しく低調になっていると批判するものであった。

『エグザミナー』は、一八三〇年にハント（Hunt, Leigh. *1784–1859*）によって創刊された急進派の週刊紙であり、フォンブランクは、一八三〇年代後半からこれに執筆していたが、一八三〇年にハントから社主兼主筆の地位を譲り受けた。この時から同紙にしきりに寄稿するようになったミルは、「グレイ内閣時代の全体にわたって、彼がどのような迫力と才能を見事な機知によって同紙を経営したか、また同紙が急進的な意見の新聞界における主要な代表者として示したことがどんなに重要であったかは、忘れることができない。この新聞の際立った性格は、全く彼自身の論説によって与えられたものであり、同紙の書下ろしの記事の少なくとも四分の三は彼が書いたのであったが、残りの四分の一の中で、この数年間に私が書いたものは、誰が書いたものよりもずっと多かった。[6]」と回顧している。ミルのフランスの政局関係の記事は、一八三〇年から三四年に至るまで百篇を超えたし、彼の注目すべき論文「時代の精神」も、三一年に同紙に連載されたのであった。

ミルがフランスのジャーナリストの中で最も信頼していたのは、『ナショナル』紙の主筆キャレル（Carrel, Armand, 1800–36）であったが、彼は、三三年十一月二十五日付のカーライル宛の手紙で、パリでキャレルに会ったことを詳しく知らせた際に、彼を「フランスのフォンブランク」と呼び、「彼は、フォンブランクと同様に、唯一人で立ち、中間的な立場を占めて、一方では王政の支持者や選挙権の貴族主義的な制限論者には決して妥協せず、他方で反財産的な理論を持つ極端な共和主義者とも妥協しない。[7]」と記していた。

ミルは、フォンブランクの記事を集めた三巻の大著を書評するに当たって、「フォンブランク氏の意見が哲学的急進派のものであることは、ほとんど言う必要はない。……彼の経歴は、この派の誕生と一致している。」と述べた上で、急進主義者（radicals）のさまざまな種類として、イギリス人の遺産としての民主制度を要求する「歴史的急進主義者」、自然権理論のコロラリーとして民主主義を主張する「形而上学的急進主義者」、時の政府を信頼しない「時期と環境の急進主義者」、自分が貴族でないための「立場の急進主義者」を挙げた後に、次のように述べている。

「これ等のすべての人々と区別してわれわれが哲学的急進主義者と呼ぶのは、政治の中に哲学者に共通のしきたりを見出す人々、すなわち、手段について議論する際に、目的を考察することから始め、結果を生み出すことを望む時に、原因を考える人々である。このような人々が急進主義者になるのは、自分の国の統治と社会の中に莫大な害悪を見出すからであり、また彼等に害悪を示す同様の検討がそのような害悪の原因がわが国の統治の中にある貴族主義的な原理――多数者がそのような害悪を永久化することに利益を持っている、或いは持つと想像している少数者の支配に従属していること――であることを示すからである。……従って、これ等の人々が急進主義者になるのは、われわれが悪い統治を受けていること、わが国の統治の中に貴族主義的な原理が優越し続ける限りわが国の状態が変化するとは期待することができないと認識するからであり、彼等の急進主義のモットーは、貴族主義の原理に対する反対である。[8]」

彼は、フォンブランクがこのような意味での哲学的急進主義の先覚者の一人であって、時に応じて適切な改革を提唱しただけでなく、改革された下院と両立しないと上院の抜本的な改革・国教会の国政からの分離、よい統治の前提条件としての秘密投票制、教育の普及を前提とする普通選挙権などの基本的な改革を主張し続けてきたことを高く評価した。[9]

ミルは、一八二七年以来のフォンブランクの論説を極めて詳細に引用して、それぞれが時宜に適したすぐれた評論であったと認めると同時に、最近の『エグザミナー』の論調が一八三五年のメルボーン内閣の登場以来、「第一の目的が内閣を支持して称讃することであって、彼自身の政治理論を主張することは二の次になっているかのようであるために、……彼自身が恐らく最も重要で確実に最も顕著な代表者であった完全な改革者のもっと積極的で活発な一派から離れているように思われる。」と指摘している。彼は、『エグザミナー』の現状に対して、「グレイ内閣に対する攻撃については、しばしば公正と慎意の域を越えていた著者が、メルボーン内閣については、全く反対の方向にもっと極端に公正と慎慮の域を越えていることは、われわれにとって不愉快な驚きである。」と辛辣な批判を敢えて加えた。彼は、メルボーン内閣がその精神と一般的政策についてグレイ内閣よりもはるかに進んでいるから、急進派は自分たちの独自の目的を修正しないで精力的に追及することと一致する限りでの支持を与えるべきであるという持論を再説しながらも、「われわれの彼との相違は、便宜に関することであるが、便宜の中でも原則を含んでいる点にある。」と主張した。[10] 彼は、「われわれの不満は、以前に『エグザミナー』を際立たせていた政治的道徳の調子が一般的に低下してきたことである。彼は、内閣と議会の義務という高い水準を常に念頭において、それから逸脱するすべての場合に、（事情に応じて多かれ少なかれ手きびしく）非難するという態度をもはやとっていない。彼は、彼の力と紙面のすべてを内閣とその政策のためにトーリ党に対抗して、（そして時には急進派に対抗して、）戦うことに費しており、もっと広く大胆な見解を主張することは、彼の新聞ではほとんど従属的な役割となってしまっている。[11]」という酷評によってこの論説を結んだが、この書評は、彼のかつての同志であったフォンブランクへの袂別宣言であったと言えるであろう。

ミルのフォンブランクに対する書評と対照的な論調は、ウイッグ党系の『エディンバラ・レヴュー』一八三七年七月号の二論文に見出すことができる。その第一は、ミルと同様にフォンブランクの三巻本を取り上げた書評であるが、この論評は、フォンブランクについて、「彼の全ページを通じて、ベンサムからまるごと借用したもの以外の道徳や立法の哲学でないものはほとんど見出せない。」と指摘し、また彼の秘密投票制や上院改革の主張について「現行のイギリス憲法について余りにも僅かしか信頼していない。」と批判すると共に、「彼が途方もない熱狂者たちの大げさなほのめかしよりもずっとすぐれた能力に信頼して、粗野な競争者たちの狡猾な政策には無関心で、彼の何時もの男らしい勇気をもって、彼がメルボーン内閣に対してその資格があると考えるすべての支持を与えている」ことを称讃している。このような『エグザミナー』に対する評価は、ミルの場合とは正反対であった。[12]

また同号に発表されたブルワー・リットンの「諸政党の現状」（State of the Parties）と題する論説は、「古来の先例の神聖さに立脚して、譲歩したならば、彼等のすべての名誉とその有用性の多くを失なってしまうと考えて、改革からしりごみしている。」トーリ党と「大衆的な金言と演繹が真実であると信頼して、疑いを知らない自信をもって熱弁を振っている党派」である急進派との中間にあって、「憲法の伝統的な名声とその適応能力への畏敬」を旨とするウイッグ党について、「中間に強力な政党が存在していることは国民的な栄誉である。両極端が直ちに激突するのを回避しているのは、ウイッグ党が存在しているからである。[13]」と述べている。

彼は、「多くの分別のある急進主義者たちは、自分たちに聞かれている唯一の実際的な方途は、メルボーン内閣を全力を尽くして支持することであると十分に心得ている。彼等は、自分たちの同胞市民の極めて多数の人々が自分たちに反対している時に、彼等自身の見解を立法と討論によって推進するにはそうするほかはない。」と述べて、「このような方法を侮辱と考えて反対する少数の急進主義者は、自分たちが求めている目的と手段がどのようなものであることを同国人に語らなければならない。」と主張した(14)。

この論説の筆者ブルワーは、ミルの旧友であり、彼が伝統的なウイッグ党員と異なる、急進派に近い自由主義者として最も信頼していた人物であった。先に述べたように、ミルとモルスワースの論説は、ウイッグ党を貴族主義的な人々と自由主義的な人々との連合と考えて、急進派と自由主義者との提携によって、政界を保守派と自由派とに再編成することを期して、急進派がウイッグ党内閣に「友誼的な圧力」をかけることを主張したのであったが、フォンブランクやブルワーは、明らかにウイッグ党内閣を支持する態度を明確にして、院内の急進派と一線を画すことを主張したものであったので、ミルの憂慮の的となったのである。

ミルの次の政治評論は、『ロンドン・アンド・ウェストミンスター・レヴュー』の一八三七年十月号に発表された「諸政党と内閣」(Parties and the Ministry) であったが、この論説は、六月二十日にヴィクトリア女王が即位したのを受けて八月に行なわれた総選挙の結果を反映していた。この総選挙では、ウイッグ党と急進派が三百三十九議席、トーリ党が三百十九議席を獲得したが、ロウバック、ヒューム等の有力議員の落選（ヒュームは、補欠選挙で当選）によって、院内の哲学的急進派の退潮が著しかった。

ミルは、「トーリ党は、公衆に彼等の意図と彼等の予測を十分に気付かさせた。彼等によれば、彼等は、再び政権を握る前夜にあると思わせている。」と述べて、また急進派に指導力が欠けているために、「急進派は、共同の経験に富む政党の付録でしかない」現状を憂慮して指摘しているが、[15]ウイッグ党が大幅に議席を減らし、決定的な急進派の何人かを失なったとは言え、穏健な急進派（moderate reformers）は、議席を増大させさえもしたことに注目して、次のように述べている。

「何人かの内閣支持者は、急進主義に向かって移動しており、新しい自由主義的な議員（現在の議会の中に数が多い）について言えば、穏健な急進主義者が大きな部分を占めている。そのような人々は、上流と中流の階級の中での改革派の大多数を占めている。彼等は主として最近まで積極的な政治家ではなかったが、事態の推移と共に意見が進歩してきた人々から成っている。彼等は、従来は内閣に対する攻撃を承認しなかったが、内閣と共に歩むことを心掛けてきた。彼等は、決定的に、国王、上院、下院を是として、一般的に上院の完全な改革の必要性をいまだに決意していない。彼等は、普通選挙を支持せず、彼等の多くは国教会を支持している。……しかし、これ等の人々は、極端な意見にはほとんど組しないとはいえ、秘密投票制には皆賛成している。彼等は、選挙費用の削減や納税の資格を廃止することによって選挙人の資格を単純化するのに賛成している。彼等は、議員任期の短縮や小規模の選挙区を廃止してウェールズやスコットランドの地域のように統合することに賛成している。[16]」

彼が「穏健な急進派」と言ったのは、ウイッグ党内の貴族主義的要素が少ない進歩的な人々を指すと思われるが、彼は、秘密投票制、議員任期の短縮、選挙費用の削減などを支持するウイッグ党員の増大がメルボーン内閣の性格の変化をもたらすことを期待した。彼は、このような期待の下にウイッグ党内閣に対する積極的な支持の態度を打ち出して、「われわれは、他の指導者が見出されるまで、また彼等がわれわれから離れて敵方に加わるまで、彼等を指導者として受け入れたい。われわれは、もしも彼等がトーリ党の敵であるならば、彼等がいかに僅かしか支持に値しなくても、彼等の支持するつもりである」とまで主張した。この論文におけるミルの論調は、院内の哲学的急進派の著しい退潮を背景として、ウイッグ党の体質変化によって、メルボーン内閣が「穏健な急進派」に歩み寄ることに多大な期待を示していたのである。

しかしミルの期待は、間もなく完全に裏切られた。それは、ヴィクトリア女王時代の最初の議会の開会に当たって、ラッセル内相が選挙法改正は「最終の政策」(final measure) であると宣言し、選挙権の拡大、秘密投票制、議員の任期短縮などの改革を全面的に拒否したからであった。一八三七年十一月二十日、女王の開会の勅語への奉答文の審議に際して、ウェイクリ (Wakley, 1795–1862) が修正動議を提出し、グロートとモルスワースがこれに対する賛成演説をした。ウェイクリの動議は、「本院は、できるだけ早い機会、すなわち、今会期において、下院における国民の代表を選ぶ選挙権の適切な拡大を法律によって確保すること」を第一項とし、第二項として、「本院は、今会期において、秘密投票制を制定することによって、国民が選挙権を自由に行使するように保護すること」、第三項は、「議会の今会期において、議員任期七年法 (Septennial Act) を廃止すること」、すなわち、議員の任期を短縮することであり、彼は、「もしもこれ等の政策が実現されれば、有益な改革が獲得されるが、このことが実現されるまでは、国民は議会の議事からほとんど何の利益も受けることはできないであろう。」と主張した(17)。

これに対して、ラッセル内相は、選挙法改正の時を回顧して、次のように発言した。

「私は、選挙法改正法にどのように考えて関与したか説明しなければならない。私があの法案を提出した時、余りにも大規模で範囲が広過ぎるという叫びが挙げられて、急進的な改革者であった人々が穏健な改革者であった人々よりも全般的に喜んで歓迎したことを記憶している。しかし、グレイ首相の意見は、小規模な改革案よりも大規模で広範囲な改革案を出す方が安全だ、その理由は、広範囲な案を出すことによって、われわれが最終的な政策 (a final measure) であるという見込みのある案を出していると確信されることができるからだということであった。それでは私は、政策はあらゆる点について最終的なものだと言っているのであろうか。私は、そのような愚かなことを言っているのではない。私は、イギリス国民は、あの法律の規定を再考する権利を奪われていると言うのであろうか。私は、そのような愚かなことを言ってはいない。私は、イギリス国民にとって適当だと思えるならば、イギリス国民はそうする資格を完全に持っていると主張する。しかし、私自身としては、そのようなことを考えていない。私は、代表制度をつくり直す問題に余りにも早く立ち入るならば、わが国の制度の安定性を破壊してしまうと考えている。[18]」

討論の後、ウェイクリの第一動議の採択が行なわれて、五百九票対二十票の大差で否決され、ウェイクリは、第二、第三の動議を取り下げることに同意した。[19]

ラッセル内相に"Finality Jack"の異名をつけたこの宣言は、哲学的急進派を大いに憤慨させた。ミルは、その四日後の十月二十四日付のG・C・ルイス宛の手紙に、「選挙法改正に反対するウイッグ党の自殺的な宣言以来、全く新しい方策が取られなければならなくなった。急進派議員がどのようにすればよいかを知っているが、彼等がどのような行動をするかは知らない。彼等は、大いに昂奮状態にある。願わくは、これが煙のように消えてしまわないように。[20]」と記した。そして彼は、『ロンドン・アンド・ウェストミンスター・レヴュー』の翌年一月号に発表した「急進派とカナダ」(Radical Party and Canada)と題する論説において、ウイッグ党内閣に対する支持を全面的に撤回することを宣言した。彼がその後情熱的に推進したカナダ問題を契機としてダラム卿を党首とする革新政党を樹立しようとした注目すべきキャンペーンについては、次章で詳しくフォローすることとし、ここでは、この論文の冒頭で主張された急進派への呼びかけに注目したい。

ミルは、「会期の最初の日の夜のジョン・ラッセル卿の敵対宣言」について、「改革派がこの政府宣言をどのように考えるべきか、或いはこの宣言にどのような感情をもって答えるべきかということを今論じても時間の浪費である。この問題に関する世論は決然としている。政府の性質は、今や理解された。政府と急進派との提携は破綻し、再結合されることはもはや決してないであろう。……政府陣営と急進派陣営とは、今や袂を分かった。急進派は、独自の党として、自らを組織しつつある。改革の精神は、もはやジョン・ラッセル卿の束縛を受けない。民主的な機構の大義の速やかな成功を促すのに最もふさわしい行動は何かということを決定する際に、われわれは、もはやその公然たる敵と相談する必要はない。[21]」と主張して、彼がそれまで模索していた急進派とメルボーン内閣との協力の条件は全く消滅したと宣言したのである。

彼は、先の「諸政党と内閣」において、ウイッグ党内に秘密投票や選挙権の若干の拡大を支持する「穏健な急進派」が存在することに期待をかけて、哲学的急進派がキャスティング・ボートを握っていることを利用してその政党の核心を守りながらウイッグ党に圧力をかけてその体質を変化させる戦術を主張したが、選挙法改正を最終の政策と明言してそれ以上の一切の改革を拒否したラッセル内相の宣言に圧倒的な支持が与えられたことによって、議会の現況の厳しさを思い知らされた。彼は、「急進派には、彼等が改革された最初の議会でグレイ卿に対して取ったのと同一の厳格な態度を、メルボーン内閣に対しても取るようにさせよう。急進派を政府から引き離して、公然たる野党にさせよう。彼等の反対を党派的でないものにさせよう。彼等が支持するに値すると考える提案がなされた時には、それがトーリ党のものであれ、ウイッグ党のものであれ、賛成投票をさせるようにしよう。しかし、もしもトーリ党が不信任案を出したならば、急進派にそれに賛成させるようにしよう。」と畳みかけるように呼びかけた。彼は、ウイッグ党とトーリ党との連立はあり得ないと考え、もしもトーリ党内閣が成立し、ウイッグ党が不信任案を出したならば、急進派は、これに同調すべきであると主張した。彼が期待したのは、その場合にウイッグ党と急進派が同じ発言力を持つようになることであり、ウイッグ党政府が急進派の圧力によって秘密投票反対派を閉め出すならば、穏健急進派の内閣が実現するであろうと少なからず楽観的に主張した。彼が望んだのは、政界の再編成によって、急進派とウイッグ党内の穏健急進派の連合内閣をつくることであり、彼は、そのような政府の主要政策として、「秘密投票制、アイルランドへの正義、カナダへの正義」を主張した。[22] ミルは、カナダの叛乱に際して総督に任命されたダラム卿に希望の星として注目し、彼を党首とする穏健急進派の新政党に窮地に陥った急進派の活路を求めて、カナダの事態を政局の一大転換とするためのキャンペーンに全力を投入した。カナダ状勢の急展開とミルの『ロンドン・アンド・ウェストミンスター・レヴュー』時代の最後となった旺盛な政治活動については、次章に詳述したい。

（1） *Autobiography*, pp. 221–3. 拙訳二八六–七頁。
（2） *Ibid*., p. 215. 拙訳二八一頁。
（3） *EL*., p. 334. n. 7.
（4） *Ibid*., p. 334.
（5） *Autobiography*, p. 217. 拙訳二八三頁。
（6） *Ibid*., p. 191. 拙訳二三一頁。
（7） *EL*., p. 195.
（8） Fonblanque's England, *CW*, vol. VI, p. 353.
（9） *Ibid*., p. 354.
（10） *Ibid*., pp. 378–7.
（11） *Ibid*., p. 380.
（12） Newspaper Literature, *Edinburgh Review*, July 1837, pp. 210–11.

(13) State of the Nation, *ibid*, pp. 267–8.
(14) *Ibid.*, p. 271.
(15) Parties and the Ministry, *CW*, vol. VI, pp. 393, 387.
(16) *Ibid.*, p. 389.
(17) *P. D.* 3rdser., vol. 39, 1837, cols. 47–8.
(18) *Ibid.*, p. 70.
(19) *Ibid.*, p. 81.
(20) *EL.*, p. 360.
(21) Radical Party and Canada, *CW*, vol. VI, p. 408.
(22) *Ibid.*, pp. 412–3.

第五章　カナダ問題とダラム擁立運動

一　カナダの反乱とダラム総督の派遣

『自伝』には、次のように記されている。

「院内の急進主義の間には、開明的な急進主義政党の有力な党員となる資格がある人々は何人かいたが、そのような政党を形成して指導することができる人は誰もいなかった。私が彼等に勧告しても、何の反応もなかった。急進主義のために大胆な運動をして成功しそうな機会だと思われたことが一回だけあった。ダラム卿は、内閣が十分に自由主義的でなかったという理由のためであったと思われるが、閣外に去っていた。後に同卿は、カナダの叛乱の原因を確かめて除去する任務を内閣から受諾したが、彼は、最初から急進派の顧問たちで周囲を固める意向を示した。彼の当初の諸政策の中で意図についても効果についてもすぐれた政策の一つが本国政府によって否認され取り消されたために、彼は辞任し、公然と内閣と対立して抗争する立場に立った。トーリ党には嫌悪され、ウイッグ党には傷つけられたばかりの要人こそ、急進主義政党の首領としてふさわしいと思われた。政党の政略のごく初歩的な考え方を持っている人であったら誰でも、このような機会を何とか生かす試みをしなければならないはずであった。[1]」

一八三八年のカナダ問題に際して、ミルがダラムを急進派政党の党首として擁立するために行なった政治的ジャーナリズム活動に賭けた情熱は異常なものであり、その努力は水泡に帰したとはいえ、ミルの一八三〇年代における最後の政治活動として特筆すべきものであった。

ダラム卿（Durham, John George Lambton, 1st Earl of, 1792–1840）は、グレイ首相の女婿として同内閣の国璽尚書となり、選挙法改正法案に参画したが、彼の急進論のために改正後辞職した。ミルは、彼をかねてからウイッグ党内の進歩主義者として期待し、一八三四年十一月二十六日付のニコル宛の手紙に、「ダラム卿が掲げた再起の旗印は重要である。誰にでも読み取られるように高く掲げられたどんな旗印も、政党形成のために極めて重要であるが、ダラム卿は、すぐれた才能と最高の精神をもって実際に行動してきた。われわれは、彼が閣僚であってもなくても、彼を高く評価している。[2]」と記していた。ダラムが一八三七年十一月のロワー・カナダの叛乱の後、メルボーン内閣によって総督に起用されたことは、ミルによって歓迎された。ダラムは、総督として赴任するに当たって、ミルの年来の親友であったウェークフィールドとブラーがブレーンとして随行した。ミルは、ダラムのカナダ派遣に大きな期待をかけ、『ロンドン・アンド・ウェストミンスター・レヴュー』一八三八年一月号のために書いた「革新政党の再編成」(Reorganization of the Reform Party）の掲載を取りやめて、急遽「急進政党とカナダ」(Radical Party and Canada）を書き上げて発表したのである。

当時のカナダ、特にフランス系住民が多数を占めるロワー・カナダの事態は極めて深刻であった。一七九一年の憲法条例（Constitutional Act）によって、総督（Governor）の下に総督と同様に国王によって任命されるが総督が指名する行政委員会（Executive Council）が置かれ、立法機関としては、総督が指名する立法委員会（Legislative Council）

と広範囲な住民選挙によって選出される立法議会（Legislative Assembly）があったが、ロワー・カナダにおいては、イギリス系の商業的勢力が行政委員会と立法委員会を支配し、立法議会は、フランス系の農業的勢力が多数を占めて、この間の紛争が絶えなかった。しかし、民族的対立が紛争の唯一の原因ではなかったことは、民族的にイギリス系が圧倒的に多数であったアッパー・カナダにおいても対立が続いていたことによって明らかであった。このような原因によって、ロワー・カナダ、アッパー・カナダの立法議会の権限を強化することを目的とする改革運動が激化するに至ったのである(3)。

ロワー・カナダでは、一八一五年以来パピノー（Papineau, Lewis Joseph, 1786–1871）が立法議会の議長となり、改革運動の指導者として、歴代の総督と激しく対立した。一八二七年、ダルハウジー総督は、立法議会を解散し、選挙の後、立法議会がパピノーを議長に再選するや、総督は、これを拒否し、議会が別の議長に代えることを認めなかったために、ロワー・カナダの立憲的機関は麻痺状態に陥った。本国では、植民相ベイサーストに代わってハスキッスンが就任し、ロワー・カナダの総督もケンプトに代わり、本国から「カナダ委員会」（Canada Committee）と称する調査団が派遣されて現地を視察し、和解的な報告書を政府に提出したが、この妥協案には、ロワー・カナダの総督も立法議会も満足せず、対立はいよいよ激化した(4)。

一八三四年、パピノーは、立法議会に詳細な「九十二箇条の決議」を採択させて、本国と総督に対決する姿勢を明らかにし、総督の指名による立法委員会を選挙制とし、立法議会が財政を無制限に支配して、行政部の議会に対する責任を確立することを要求した。このような立法議会の強硬姿勢と現地のイギリス系住民からの不満の請願の板挟みとなった本国政府は、ロワー・カナダ総督ゴスフォード卿とサー・チャールズ・グレー、サー・ジョージ・グリップスの三名から成る委員会を派遣した(5)。この委員会の報告書は、ミルによって「急進政党とカナダ」の中でしばしば引用されているが、彼は、「この委員たちは、カナダ憲法の侵害を助言し、ジョン・ラッセル卿の政策を立案し、ラッセル卿が植民地について知っているすべてのことを彼に教え、彼の発した指令書……を彼に提供した人々である。」⑥と述べている。この委員会は、三六年一月から十一月の間に六通の報告書を政府に提出したが、ラッセル内相は、三七年三月六日に、「植民地議会の承認を得ることなく、植民地政府が国家歳入を使用し得る。」という内容を含んだ「ラッセルの十箇条」を提案して議会を通し、このことが反乱を誘発する引き金となったのである。

この決議案の第一条は、「一八三二年十月三十一日以来、ロワー・カナダの立法議会によって、司法権の費用と政府を支える費用の支払いについての支出が認められていなかったので、来る四月十日にその日までの支出十四万二千百六十ポンドの全額を支払うことが要求される。」⑦というものであって、このことは、ロワー・カナダにおける代議政治を全面的に否定するものであったために、議会において急進派議員リーダー、モルスワース、ロウバック等の激しい批判が加えられたが、数日にわたる討論の末に、ロワー・カナダの立法委員会を選挙制にする修正案が三一八票対五六票で否決された後、ラッセルの決議案は、一六六票対六票の大差で可決され、次いで上院では、採択に至ることなく可決された。⑧

本国のこのような決議は、ロワー・カナダのみならず、アッパー・カナダでも自然発生的な反抗運動の引き金となり、パピノーは、モントリオールを離れようとしたが、当局は、彼の逮捕を命じ、彼はアメリカに逃れたが、十一月に二つの村で暴動が起こった。また、アッパー・カナダでも、マッケンジー（Mackenzie, William Lyon）を指導者とする反抗運動が高まり、十二月初めにトロントで暴動が起こった。⑨これ等の暴動は、忽ちに鎮圧されたが、政府は、事態を収拾するためにダラムに強大な権限を与えて派遣することとし、ダラムは、一八三八年一月七日に英領北アメリカの総督兼アッパー・ロワー・カナダの高等弁務官として赴任することを受諾したのである。⑩

一八三八年一月十七日、ラッセル内相は、ダラム総督をカナダに派遣することの承認を求めることと抱き合わせに、ロワー・カナダの憲法を一八四〇年十一月まで停止し、五人から成る特別委員会を設けて、その多数決に従ってダラム総督に停止された立法部の権限内でいかなる法律・布告もつくることができる権限を付与する旨の提案を議会に提出した。院内の急進派は、ダラムの任命を全面的に支持しながらも、憲法停止の措置については強く反対したが、最終的には、ラッセルの提案に対する反対票は、八票に止まった。(11) ミルは、「急進党とカナダ」の末尾で、ロワー・カナダの憲法停止に最後まで反対した人々として、グロート、ウォーバートン、ジョセフ・ヒューム、モルスワース、リーダー等に篤い讃辞を呈している。(12)

前章の末尾に記しておいたように、ミルは、ダラムの派遣に期待して書いたこの論説の始めに、前年の十月二十日のラッセルの改革終了の宣言をきびしく批判し、もはや急進派のメルボーン内閣に対する支持は一切あり得ないと主張したが、彼は、ダラム総督のカナダ派遣を絶好の契機として、広範な層を結集する広義の革新政党を樹立することによって政界の再編成をなし遂げることを期待し、『ロンドン・アンド・ウェストミンスター・レヴュー』に拠ってキャンペーンを遂行することに全力を傾注したのである。

ミルは先ず、反乱を起こした人々を叛逆者（rebels）或いは叛徒（traiters）と呼ぶことは不当であると指摘し、「彼等は、民族間の抗争（a contest of races）だけのせいにしてきた。征服された国民が被征服国民としての感情を育み、彼等の征服者を追い出そうとしてきた。これが叛逆であろうか。侵害を受けた人民が正当な審判者である。そして、そのような国民が外国の軛に反抗する時、その方法が妥当でないとしても、その行為は、謀反や叛乱ではなくて戦争である。……カナダ人の反抗は、叛乱ではなく戦争であるから、暴動を起こしてわれわれに捕らえられた人々は、裁判所で裁くことのできる犯罪人ではなく、戦争の捕虜である。(13)」と強調し、「カナダ人民は、イギリス人民に対する戦争の正当な理由を持っていた。彼等は、公法で承認された一切の原則に基づいて憤怒し、忠誠条件を破棄した。彼等の怒りは、イギリス議会が彼等の同意なしに彼等の国庫から財産を奪うという決議を行ない、彼等の憲法の最も基本的条項が公然と破られたために起こった。[14]」と述べた。すなわち、彼は、前年三月のラッセルの十箇条の決議によってロワー・カナダの立法議会の権限を否定したことが叛乱の原因であり、それは、謀反ではなく、憲法上の権利を無視した本国政府に対する立憲上の根拠を持つ戦争であったことを明らかにした。ミルは、ラッセルがロワー・カナダの立法議会が総督、裁判官、公務員の俸給の支払いに当てる歳費支出の拒否した際に本国が自己の負担で支払った場合どれだけの費用になるかを、ゴスフォード委員会が調査した数字によって、年間三万五千ポンドと計算し、それは、皇太后アデレイド（ウィリアム四世の王妃）の歳費を少し越える位であることを指摘して、これだけの支出を惜しんだために極めて重大な結果をもたらしたと政府の責任を追及したのである。[15]

ロワー・カナダの叛乱が謀反ではなく、フランス系の多数人口のイギリス系の寡頭支配に対する戦争であったと認めたミルは、捕虜になった人々を現行の陪審制に基づく裁判にかけることの不当性を指摘し、カナダ陪審法によれば、国王によって任命される州長官が召集する陪審員を規定し、長官は自分の望む陪審員を意のままに選ぶために公正な裁判を期待することはできないと指摘して、「もしカナダの法廷で反逆罪または治安妨害罪で裁判にかけられるならば、彼等が三年間俸給支払いを拒否してきた判事と彼等がやはり俸給支払いを拒否してきた州長官の御都合主義で選ばれた陪審員によって裁かれるであろう。」と指摘した。[16] 彼は、ダラムが捕虜に対して適切な処置を取ることを期待したのである。

ミルのダラムに対する絶大な期待感は、「彼には権力がある。現代のどんな政治家でも、現在の彼が享受しているほどの羨望すべき地位に就いた者はいない。二つの大植民地領の全機構が彼に服している。カナダは白・紙・(*tabula rasa*）であり、彼は、自分の望むどんな文字をも書き込むことができる。植民地の即時和解はひたすら彼次第である。[17]」と激励した一節に示されている。彼は、ダラムが大赦の権限を与えられていることを重視して、何等の計画的叛乱があったということもいまだに証明されていないと指摘し、反逆者として捕えられている捕虜は、寛大な国民が征服された敵に対して行なうのと同じ扱いを受ける権利を持つことを強調して、ダラム卿が二党派に分裂して争っている非常事態を解決するために与えられた裁量権をフルに発揮することを心から期待したのである。[18]

ミルがダラムのカナダ派遣に際して急遽書き下して『ロンドン・アンド・ウェストミンスター・レヴュー』の一八三八年一月号に発表した「急進政党とカナダ」は、ダラム総督のカナダ派遣に絶大な希望を託して、彼の使命が達成されたならば、彼を中心として広範囲の自由主義者たちを結集して、トーリ党とウイッグ党内の守旧的保守主義者に対抗する新政党を樹立し、政界の再編成の可能性が開かれるという遠大な展望に裏付けられたものであった。事態は、彼の願望に反して推移し、彼は、一喜一憂しながら見守らざるを得なかったが、ダラムの早期辞任に際してのミルの活発な活動を検討する前に、任命後のダラムの動きを追わなければならない。

（1）*Autobiography*, p. 223. 拙訳二八七頁。
（2）*EL*, pp. 228–9.
（3）C. New, *Lord Durham's Mission to Canada*, 1963, pp. 16–7.
（4）*The Cambridge History of the British Empire*, vol. 6, 1930, pp. 432–3.
（5）*Ibid.*, pp. 247–8.
（6）Radical Party and Canada, *CW*, vol. VI, p. 421. 熊谷次郎訳「カナダ問題」（抄）『J・S・ミル初期著作集』3、三〇八頁。

（7）*Annual Register*, 1838, p. *153n*.
（8）*Ibid*., pp. 151–70.
（9）*The Cambridge History of British Empire*, vol. 6, pp. 248–9, 268–9.
（10）*Ibid*., pp. 289–90.
（11）New, *op. cit*., pp. 42–3.
（12）Radical Party and Canada, p. 411. 前掲邦訳三〇〇頁。
（13）*Ibid*., p. 414. 邦訳三〇三頁。
（14）*Ibid*., p. 417. 邦訳三〇五頁。
（15）*Ibid*., p. 419. 邦訳三〇七頁。
（16）*Ibid*., pp. 425–6. 邦訳三一二頁。
（17）*Ibid*., pp. 429–30. 邦訳三一四頁。
（18）*Ibid*., pp. 430–31. 邦訳三一四–六頁。

二　ダラム総督のカナダ政策

ダラムは、ブラー（Buller, charles）、エリス（Ellice, Edward）、ウェイクフィールド（Wakefield, Edward Gibbon）、タートン（Turton, Thomas）等の随員を従えて、一八三八年四月二十四日にプリマスを出港し、五月二十七日にロワー・カナダのケベックに到着した。彼が上陸直後に発した布告には、「改革と欠陥のある諸制度の改善の誠実で良心的な擁護者は、党派や人種や政策の区別なく、彼等の愛国心が母国とこの重要な植民地との間の関係を強化し堅固にしようと欲するすべての人々が要求する権利を持つ援助と激励とを私から受けるであろう。しかし、公共の平和を乱し法律を破る者、国王と大英帝国の敵は、私の中にこのような人々に対して私に与えられた政治的、軍事的なあらゆる権力を行使しようと決意している非妥協的な反対者を見出すであろう。」という強硬な文言が含まれていた。①

ダラムは、アメリカとの関係を安定させるために、同行した夫人の弟の軍人チャールズ・グレイをワシントンに派遣し、同地のイギリス大使スティーヴン・フォックスと協力してアメリカ政府に働きかけて、両国間の友好関係を樹立することに成功した。② また彼は、ロワー・カナダの都市行政、土地制度、警察制度の調査をしてその改善に努力した。彼は、ウェイクフィールドを中心とする王領地と移民に関して英領北アメリカ植民地全体にわたる調査のための委員会、チャールズ・ブラーの弟アーサー・ブラーを中心とする教育に関する委員会、チャールス・ブラーを中心とする都市制度に関する委員会を発足させ、さらにケベックとモントリオールに後にアッパー・カナダのトロントやキングストンにも及んだ警察制度を導入することを試みた。③ これ等の政策は、彼が早期に辞任したために緒に就いただけであったが、ミルは、一八三八年十二月号の『ロンドン・アンド・ウェストミンスター・レヴュー』に書いた「ダラム卿の帰国」(Lord Durham's Return) の中で、ダラムの短い任期の間に着手した重要な政策として、㈠自由な地方自治制度、㈡普通教育の包括的計画、㈢土地所有権の登記法、㈣モントリオールの封建的土地保有の変更の四点を挙げて、「ダラム卿と同じ状況に置かれた場合、これ等の目標の実現を試みるだけの公共心と勇気とを持った人が彼以外にいるであろうか。」と特記している。④

叛乱によって捕えられたか、或いは国外に逃亡していた人々の措置については、一八三八年六月二十八日に、「ロワー・カナダ領の安全を確保するための布告」⑤ が発せられた。ヴィクトリア女王の即位の日に発表されたこの布告(Ordinance) は、叛乱の主謀者と目された八人を英領のバーミューダ島に配流し、これ等の人々とパピノー等のように国外に逃亡した主謀者の帰国に対しては極刑が明記されたが、それ以外の人々に対しては、大赦が発布された。反乱を起こした人々を裁判にかけることを回避したこのような処置は、ロワー・カナダのイギリス系、フランス系住民にとっておおむね満足し得るものであったが、この布告は、本国の政界で激しい論争を喚び起こし、ダラムを辞任に追い込んだのである。

ダラムは、布告を発し、配流者八人が七月三日にバーミューダ島に向けて出帆した後、七月五日には初めてモントリオールに行き、次いでアッパー・カナダに入って、ナイヤガラ、トロント、キングストンを巡回して、二十七日にケベックに帰った。彼は、身体の不調に悩みながら旺盛な活動を続けたが、その間に六月二十八日の布告は、本国で非難され始めていたのである。

布告の知らせを受けたメルボーン内閣は、女王の法律顧問団にその合法性を諮問した結果、八月六日に、「列記された人々をバーミューダ島に配流し、拘束の下に置く布告の大部分は、総督と特別委員会の権限を越えているから無効である。」との回答を得た。(6) 議会においては、ブルームが先頭に立ってダラムの布告の無効性を主張し、本国の政界の動向は、著しくダラムに不利になった。そして、政府によって布告を否認されたことを知った彼は、辞任を決意せざるを得なくなり、十月九日に、カナダに止まるよりも、辞任して帰国し、本国で抗議することによってカナダでなし得なかった行動に出る旨を宣言した。(7) そして彼の一行は、十一月一日にケベックを出発して帰国の途に就いたのである。(8)

ここでダラムが苦境に立った時のミルの政治的ジャーナリズムを目を転じなければならない。彼は、『ロンドン・アンド・ウェストミンスター・レヴュー』の一八三八年一月号に「急進政党とカナダ」を書いて、ダラムのカナダ政策への全面的な支持を表明した後、事態の推移を注視していたが、ダラムの六月二十八日の布告が政府と議会で激しい反対を喚び起こしたのに対して、同誌の八月号の第二版に「ダラム卿と彼の攻撃者たち」を書いて、ダラムのカナダでの活動を全面的に支持するキャンペーンを試みた。この号には、彼の「ベンサム論」が発表され、反響が大きかったために第二版を出したが、彼は、これを好機と見做して、ダラムを擁護する小論を公にしたのである。ミルは、布告は裁判なしに叛乱者を処罰するものであるという非難に答えて、布告は叛乱に対する恩赦――釈放した人々に対してだけでなく、追放した人々に対しても恩赦――であり、叛乱に対する処罰ではないから裁判の必要はなかったと答え、布告に述べられた処罰は、すべての禁止的な規定に伴なう制裁であると指摘した。彼は、布告が司法的行為ではなく、立法的行為であると強調して、「布告は、彼等の過去の行為による処罰ではなく、彼等の将来の行為を拘束するためのものである。布告は、彼等が罪を犯したと言うのではなく、彼等が植民地にいることの結果だけを問題としている。」と主張した[9]。すなわち、彼は、ダラム総督は内乱の後の一国で静穏を回復するために派遣されたのであるから、その国の最も有徳な市民であっても、彼等の帰還が安全と両立すると判断されるまで追放することは合法的であると弁明したのである。

次に彼は、「ダラム卿の役割は、勝利或いは屈辱のすべての感情を静めることであって、かき立てることではない。彼の役割は、平和をもたらすこと、すなわち、調停者となることである。誰が正しく、誰が悪いのかをきめることは、彼の任務ではなく、彼がすべきことは、将来のどのような紛争をも防止することである。」と主張した。彼は、パピノーその他の人々は、叛乱に参画していなかったかも知れないし、そうでなくても植民地における最も誠実で純粋な愛国者であったかも知れないと認める一方で、「これ等のすべてのことは、問題外である。彼等は、叛乱を起こした一派の指導者であったから、彼等がいることは、さまざまな党派の和解の妨害となる。……その措置は、追放(ostracism)であって処罰ではない。彼等が追放されたのは、彼等が危険であったからであって、彼等が犯罪人であったからではない。しかし、もしも彼等が追放されるべきであるならば、帰って来ることに対しては刑罰がなければならないが、その場合の処罰は、国事犯の通常の処罰である死刑でなければならない。」と布告の趣旨に全面的な支持を表明した。[10]

ミルは、『自伝』に、「ダラム卿は、まさに四面楚歌の苦境に陥り、敵方からは激しく攻撃され、臆病な味方からは見棄てられて、彼を進んで弁護したいと思っていた人々も、何と言ったらよいか分からない状態であった。私は、カナダ事件に最初から注目していたし、ダラム卿の後見人の役目をした人々の後押しをした一人であって、彼の政策は、私の政策であるはずであったこととほとんど完全に一致していたので、当然に彼の政策を弁護する立場にあった。[11]」と記しているが、この問題に当たって、哲学的急進派の足並みは、全く揃っていなかった。ミルがダラムを全面的に支持するに当たって頼りにすることができたのは、ダラムに随行したブラーとウェイクフィールドとミルに私淑していたモルスワース等の少数の人々だけであって、プレースやグロート夫妻は、政界再編成の要としてのダラムの進歩性に疑いを抱いてミルのキャンペーンに協力しなかったし、一八三七年の選挙で議席を失なっていたロウバックは、最初はダラムを支持していたが、ロワー・カナダの叛乱に同情した彼は、八人の捕虜をバーミューダ島に追放した時に、彼の政策が専制的であったと考えて、布告に対するミルの支持をきびしく批判するに至っていた。[12]ダラムを擁立して政界再編成を企図したミルの立場は、明らかに孤立していた。政界では、トーリ党は、ダラムが大逆罪を処罰せず、叛徒に加担したと批判し、ウイッグ党は、ダラムが植民地で独断的に行動して本国の議会を無視したと非難して、ダラムは、辞職の止むなきに至った。次節においては、ミルがダラムの帰国に当たって遂行した政治的キャンペーンをフォローすることにしたい。

（1）　New, *op. cit.*, p. 63.

（2）*Ibid.*, pp. 66–8.

（3）*Ibid.*, pp. 72–3.

（4）Lord Durham's Return, *CW*, vol. VI, pp. 457–8. 前掲邦訳「カナダ問題」三二七―八頁。

（5）布告の全文は、*Annual Register*, 1838, pp. 304–7.

（6）New, *op. cit.*, p. 110.

（7）Buller, Sketch of Lord Durham's Mission to Canada in 1838, *Lord Durham's Report*, ed. by C. Lucas, 1912, vol. III, p. 367.

（8）New, *op. cit.*, p. 149.

（9）Lord Durham and his Assailants, *CW*, vol. VI, pp. 440–41.

（10）*Ibid.*, pp. 441–2.

（11）*Autobiography*, p. 223. 拙訳二八七―八頁。

（12）J. Hamburger, *Intellectual in Politics : John Stuart Mill and The Philosophic Radicals*, 1975, pp. 234–7.

三　「ダラム卿の帰国」

ダラム卿がケベックから帰国の途に就く前の一八三八年十月十三日付のブラーのミル宛の手紙には、次のように記されていた。

「彼がウイッグ党とトーリ党に公然と挑戦して帰国するに当たって、急進主義者がどんな態度を取るべきかを、あなたは御承知のことと存じます。……われわれが彼を権力の座につけることが全く可能な状況が近付いているように思われます。すべての急進派が取るべき途は、彼を失敗した人としてではなく、偉大なこと――カナダを静穏にし、前例のない勇気と寛大さで捕虜の処理をし、アメリカとの友好関係を回復し、弊害の改革に着手し、欠陥のある法律を変え、なかんずくカナダのために憲法を準備した等々――を成し遂げた人として迎えることです。[1]」

またミルは、十月十九日付のモルスワース宛の手紙に、「カナダ事件によって、ダラム卿は、ウイッグ、トーリ両党、特にウイッグ党に対して大いに憤慨して帰国しようとしています。彼自身にとって、蹶起すべき好機です。そうすれば、穏健な急進派の有力な政党がつくられて、ウイッグ党は、二度と再起できないほど蹴落とされ、ダラム卿は、自由主義政党の党首となり、遂には首相になるでしょう。[2]」とまで述べた。そしてミルは、ダラムの帰国に際して、彼を新政党の党首に擁立するために全力を尽したのである。

ミルは、『ロンドン・アンド・ウェストミンスター・レヴュー』の一八三八年十二月号に発表した論説「ダラム卿の帰国」(Lord Durham's Return) には、前掲のブラーとミルの手紙の趣旨と一致する点が多い。彼は、ダラム卿が辞任して帰国することが、「イギリスにおける民主主義の大義の将来、有力な民主主義政党の可能性、その名に値する自由主義的な政府」という国民的利益とかかわっていると強調し、「ダラム卿以外には自ら進んで自由主義派の領袖の座につき、そうすることによってその党を優勢な立場に押し上げることができる人物を望むことはできない。彼だけが、その地位にふさわしい人物として傑出している。もし彼が領袖になることを引き受けようと決心するならば、彼は、競争者や異論もなしにそうなることができるであろう。」と強調した。[3]

ミルは、ダラムが派遣されたロワー・カナダが、「住民が二派に分かれて死闘し、多数派が鎮圧されたばかりの叛乱に公然と同情を寄せている国」であったと指摘し、[4]「二党派間の不和を癒し、既に存在している敵意を顕在化させたり、それを新たに刺戟することはできるだけ避け、民族間の何等かの対立がかつてはあったとしても、今はないことを明白にし、イギリス系住民とフランス系住民との恒久的な抗争を惹起することなしに代議制機構を再建すること」がダラムの使命であったことを明らかにし、[5] 既に前節で言及しておいたように、彼が着手した重要な事業として、㈠自由な地方自治制度、㈡普通教育計画、㈢土地所有権の登記法、㈣モントリオールにおける封建的土地保有の変更を挙げている。[6] ミルはさらに、ダラム卿が計画しながら果たせなかった重要な改革案として、ロワー・カナダのフランス系住民の不満の源泉であった拒否権を持つ立法委員会（Legislative Council）の改革と立法委員会（Legislative Assembly）が五植民地の共通事項――セント・ローレンス河航行、道路と運河、郵便と関税規則など――について拒否権を持っているのを改めて、すべての地方から選出される連邦体（federal body）に共通業務を司らせる構想を高く評価している。[7]

ミルは、ダラムの辞職に際しての宣言を絶讃して、「その宣言において過去の悪政と現在の問題点を明らかにし、法律と行政の改善策と自由で責任のある統治の計画を提示したことは、彼が帝国の偉大な革新政党の指導者として適任であることを証明した。」と強調した。[8] 彼は、ダラムの「イギリスの政治家として稀に見る力量」を繰り返して指摘し、「われわれは間もなく、ダラム卿が彼に与えられた偉大な使命にふさわしい人物であるかどうか、或いはその使命が要求する勇気に欠けていたり、その使命を達成するのに必要な活力と手腕に欠けているかどうかを判断する完全な機会を持つであろう。」と述べたのである。[9]

ダラムよりも一足先に帰国していたらウェイクフィールドは、ミルのこの論文が『ロンドン・アンド・ウェストミンスター・レヴュー』に発表される以前に、その要旨を『スペクティター』紙の十一月二十四日号に掲載して世論を盛り上げようとした。[10] その直後の二十六日にプリマスに到着したダラムは、上陸に当たって、「私は幸いにも、悲惨な叛乱の痕跡を消し、司法を実施するに際して、一滴の血も流さず、唯一人の個人の財産も没収することが必要ではなかったことを知っている。私は、わが国の北アメリカの領土の危険と安全のすべての要素がその中に見出される偉大で強力な国民の尊敬を受けた。私は、通商と企業が復興し、公共的信頼が回復されたことを見た。……私が敢えて完全な成功と言いたい政策の遂行を突然阻止された。[11]」と多大の憤慨をこめたメッセージを発表した。

ミルは、モルスワース、ウェイクフィールド等と共に、ダラムの歓迎のために奔走し、彼が新政党の樹立のために蹶起するように呼びかけた。モルスワースは、帰国直後のダラムに宛てた手紙に、「あなたの帰国は、あなたの生涯にとって、否あなたのみならずわが国にとっても最も重要な時期です。もしもあなたが現在の政府を支える試みに加担されるならば、あなたに対する社会的評価は、全く失なわれてしまうでしょう。[12]」と呼びかけ、ウェイクフィールドは、「今やわれわれは、改革を推進する人物を見出しました。選挙法改正が最終でしかも実りのない政策であったことに満足しない熱心な改革者たちは、歓呼しています。……一般的な風潮があなたにとって有利です。私が見るところでは、流れはあなたと共に速やかに流れています。[13]」と激励した。

しかし、ダラムを擁立しようとしたのは、哲学的急進派の一致した意図ではなかったし、ダラムに忠告して慎重に行動することを求めたウイッグ党員も少なくなかった。息子がダラムに随行していたウイッグ党の自由主義的改革派のエリスは、カナダ滞在中の息子に宛てて、ダラム、ウェイクフィールド、ブラーの内閣を夢見ているのならば、帰国した時に冷笑されるだけであろうと警告する手紙を書き、ダラム自身に宛てた手紙には、「ブラーは、知的で好ましい人物であるが、経験も憤慮もなく、ミルの思うままになっている。ミルは、かなりの学識と批判的な才能を持った個性的な人物であるが、『ユートピアの住民』(denisen of Utopia)である。」と記していたのである。[14]

ミルは、ダラムの帰国を前にした十一月のロバートスン宛の手紙に、「ダラム卿がどのような途を選ぶかは、ほとんど五分五分です。どちらになるかは、ウェイクフィールドとわれわれ自身と、そして恐らくはブラーと卿自身の怒りか、それともブルワー、フォンブランク、エリスその他の自称自由主義者と、イギリス貴族にあり勝ちの不決断と臆病さのどちらが彼に最大の影響力を与えるかにかかっています。[15]」と述べていたが、彼のダラムへの期待は、間もなく全く消えてしまった。それは、ダラム自身がミル等の誘いを明白に拒否したからであった。彼のウイッグ党の指導部に対する不信感は続いていたが、彼は、「私と政府との相違は、個人的なものであって政治的なものではない。」と言い、一八三八年十二月二十六日付のエリス宛の手紙に、「内閣は、私にとって極めていまわしい行動を取ったので、私としては公式の連絡以外は取らなかった。……私は、何れの政党にも属しないし、内閣を支持しないが、攻撃もしない。もしも内閣が倒れるならば、それは、内閣そのものの弱さのためであって、私は何もしたくはない。[16]」と記した。「病人としてカナダに行き、瀕死の人として帰国した[17]」彼には、有名な『ダラム報告書』(*Lord Durham's Retort on the Affairs of British North America*) を書く体力と気力しか残されていなかったのである。

『自伝』には、次のように記されている。

「私は、ダラム卿が、すぐ後に私に向かって、自分がイギリスに帰国した時、ほとんど凱旋将軍のように出迎えられたのはこの論文のおかげであったと、誇張を交えて鄭重に言ってくれたことには或る程度の真実があったと信じている。……政治家としてのダラム卿をめぐるすべての期待はすぐに消えてしまったが、カナダ政策と植民地政策一般については、成果は達成された。部分的にはウェイクフィールドの示唆を受けてチャールズ・ブラーによって書かれたダラム卿の報告書は、新しい時代を切り開いた。完全に自治を拡大することの勧告は、二、三年の間にカナダで完全に実施され、次いで重要な共同社会としての性格を主張することのできるヨーロッパ人の他のすべての植民地に拡大された。そして私は、最も重要な瞬間にダラム卿と彼の助言者たちの名声を高めることに成功したことによって、このような結果を実質的に貢献したと言うことができるであろう。[18]」

この点について、『代議政治論』には、「諸国民の植民な政策の新時代は、ダラム卿の報告に始まる。それは、その貴族の勇気と愛国心と開明的な寛大さ、また共著者であるウェイクフィールド氏および哀悼すべき故チャールズ・ブラー氏の知性の実践的な賢明さの記念である。[19]」と記されている。ミルが情熱的に推進したダラム卿の擁立による政界再編成という野心的な試みは、何等の成果も生み出さずに終ったが、ダラム報告書は、イギリスの白人植民地の自治領化を促進する画期的な文書となった。カナダ問題に関するミルの三篇の論説は、一八三〇年代の彼の政治的ジャーナリズムの掉尾を飾ったものとして注目に値するであろう。

（1）Hamburger, *op. cit.*, p. 229.
（2）*EL*, p. 390.
（3）Lord Durham's Return, *CW*, vol. VI, pp. 447–8. 前掲邦訳三二一–三頁。
（4）*Ibid.*, p. 450. 邦訳三二四頁。
（5）*Ibid.*, p. 452. 邦訳三二五頁。
（6）*Ibid.*, p. 457. 邦訳三二七頁。
（7）*Ibid.*, p. 458. 邦訳三二八頁。
（8）*Ibid.*, p. 461. 邦訳三三一頁。
（9）*Ibid.*, p. 463. 邦訳三三一–二頁。
（10）Hamburger, *op. cit.*, p. 232.
（11）*Annual Register*, 1838, History of Europe, pp. 323–4.
（12）Hamburger, *op. cit.*, p. 232.
（13）*Ibid.*, p. 233.

（14）*Ibid.*, p. 291.
（15）*EL*, p. 391.
（16）Hamburger, *op. cit.*, p. 238.
（17）*Cambridge History of British Empire*, vol. 6, p. 291.
（18）*Autobiography*, pp. 223–5. 拙訳二八八頁。
（19）*Considerations of Representative Government*, *CW*, vol. XIX, p. 563. 水田洋訳『代議制統治論』（岩波文庫）四〇八–九頁。

四　「革新政党の再編成」

ミル等のダラム擁立運動が失敗に終った一八三八年末には、哲学的急進派は、完全に孤立して無力化していた。グロートは、政治活動からギリシア史の研究に立ち帰り、モルスワースも、ホッブズ全集の編集に尽力し始めた。ミルも、心身共に疲労して、肺と胃腸の変調が悪化し、医師の勧めにより十二月末から東インド会社から長期の休暇を取って、ハリエット・テイラーとフランス、イタリアに静養のための旅行に行った。彼は、パリで長女のヘレンと共に先行していたハリエットと落ち合い、フランス各地を巡ってからイタリアに入って、主としてナポリとローマに滞在した。ローマでは、結核の療養のために来ていた親友スターリングと会った(1)。ミルとハリエットが帰国したのは五月末のことであったが、『ロンドン・アンド・ウェストミンスター・レヴュー』の四月号は、彼の留守中にフォルコナーによって刊行された。彼が前年の一月号のために書いたが、「急進政党とカナダ」を載せるために掲載を先延ばしにしていた「革新政党の再編成」は、この号に初めて発表されたが、彼は、ローマで一八三九年四月六日付で書いたロバートスン宛の手紙に、この論文が全く時期遅れになってしまったことを告白し、『ロンドン・アンド・ウェストミンスター・レヴュー』の経営権を手放したい意向を示唆して、「急進派の評論誌がウイッグ党を支持する時が来たならば、私が政治から手を引く時が来ると感じている。[2]」と記した。しかし、「革新政党の再編成」は、ダラム総督のカナダ派遣を前にして、彼を党首とする新政党によって政界の再編成を企図していた時のミルの評論であって、一八三〇年代の彼の一連の政治論文の総決算として注目に値する内容を含んでいる。

この論文においてミルは、「強力で統一された革新政党」(a strong and united Reform Party) を樹立することの急務を主張し、その一環した論調は、「従来急進主義者たちの間には、指導者も組織も協力もなかったこと」の指摘と、「ウイッグ党内の急進主義者から極端な急進主義者と労働者階級までを含む」革新政党を結成する主張であった。[3]

彼は、保守主義政党 (Conservative party) と自由主義政党 (Liberal party) の構成員として、「生来の急進主義者」(natural radicals) と「急進主義の生来の反対者」(natural opponents of radicalism) とを区別し、前者は特権階級 (the Privileged classes)、後者は差別された階級 (the Disqualified) であると指摘して、それぞれの社会的基盤を分析している。特権階級の代表的なものは、地主的な利益であり、イギリスの統治は、今なお地主階級の寡頭政治である。彼は、地主階級は一般的に徹底したトーリ党員であり、そうでない人々の大部分は保守主義的ウイッグ党員であるが、彼等のトーリ党員との違いは、世襲の個人的関係と名称以外にはほとんどないと言う。彼は、地主階級は、来るべき革新政党が対決すべき勢力であると指摘すると共に、敵対的なのは、大土地所有者だけであって、小土地所有者と長期借地農民の多くは、自由主義派として期待することができると強調し、大土地所有者の中にも、ダラム卿のような例外な進歩主義者がいることを主張している。[4] ミルが「生来の保守主義者」の地盤として挙げたのは、大地主階級の大部分と共に、陸海軍、国教会の上層に位置する人々と保護された通商部門、すなわち、海運、木材、西インド等の利権に与かる人々であり、特に利権的な通商の利益がトーリ主義の主要な支柱であると指摘した。[5]

大地主階級、陸海軍、国教会、特権的通商利益の保持者を「生来の保守主義者」の地盤として挙げたミルは、これに対立する「生来の急進主義者」の代表的なものとして、多数の商工業者階級が構成する中産階級を挙げ、彼等の不満が地主の利益のために維持されている穀物法に向けられていることに注目して、「彼等は、穀物法に対してだけではなく、その他のすべての苦情の種の源泉――議会の邪悪な構成――に対して宣伝を行なうために団結することを学ばなければならない。」と呼びかけた。[6] 彼が注目したのは、彼等の多くが非国教徒であることであり、彼はさらに、国教会内部の改革派にも、国教会を政治的な手段としようとする特権階級に対する反対勢力として期待した。彼はまた、労働者階級を「革新勢力の少なからず恐るべき部分」(not the least formidable part of the Radical body）と呼び、「チャーティストと穏健な急進主義者との間に究極的な目的についての相違があるのと同様に、チャーティストたち自身の間にも相違がある。しかし彼等は、現在のところすべての論争点を放置して、選挙権の変更だけを要求することに意見が一致している。」という認識の下に、「生来の急進主義者」の有力な勢力として期待を表明している。[7]

このように、少数の特権階級を除く広般な国民的基盤に立脚して政界を再編成するために革新政党（Reform Party）を結成することを主張したミルは、「生来の急進主義者」の各階層の中に改革の程度と速度について多大の見解の相違があることを承認しつつも、「数と知性との二つの要素に秤の上の重さを加え、特権の要素から重みを取り除かなければならない」という目的については一致していると強調した。[8] 彼は、保守派の人々は中産階級と労働者階級、カトリック教徒、自由派国教徒と非国教徒とが協調して行動することはできるはずがないと考えているかも知れないが、決してそうではないと指摘して、次のように強調した。

「このような期待にはもっともな点が大いにあるが、それでも相手方に自分たちが選挙法改正の前夜に全く同じ計算をしていたことを思い起こしてもらわなければならない。彼等は、その時にも改革者たちの意見は一致しないであろうし、同一の目的を要求してまとまることは決してできないと考えていた。……しかし事態は、トーリ党の指導者の計算が間違っていたことを立証した。彼等は、自分たちの究極的な目的について意見が一致していない人々が次の一歩については一致するかも知れないこと、彼等が同時に一歩以上を踏み出すことを知るのに十分な良識を持っているかも知れないこと、彼等はその後には各人が自由に自分自身の道を行くことができるのであるから、差し当たりの一歩を踏み出すことについては相互の援助を利用することができることを考慮に入れなかったのである。[9]」

ミルは、選挙法改正の際の実例を指摘して、さまざまな要求を持つ「生来の急進主義者」を「運動党」(Movement party) に結集させる「穏健な急進主義」(Moderate Radicalism) の指導者をダラムに求め、「ダラム政策」(Durham policy) を統一運動の旗印に掲げることを主張した。[10] 彼は、「革新政党の指導者は、指導する人でなければならない。彼は、ダラム卿がカナダでしたように、『先手を取る』(take the initiative) ことが必要である。われわれがダラム卿が大衆的な指導者として最も適していると信じているのは、彼が政界の最高の地位にいて大衆の側に立ち、彼がそのことをすることができるし、そうする気があることを実際に示した唯一人の人物だからである。[11]」と訴えたのである。

ここで注目すべきは、彼が広般な国民層を結集する改革綱領は、中産階級の支持を受けるものでなければならないと主張したことであり、彼は、「現実的で思慮深い政治家ならば、中産階級以外のどのような人々にも立脚することはできない。……選挙権を中産階級のすべてに拡大し、中産階級の間での選挙権の配分を平等にし、中産階級に選挙権を自由に行使させることができるようにすること、これこそ彼が目指すことができるすべてである。……上流階級の統治から中産階級への統治への変化は、既に大きな変革であって、それを半分しか仕上げていない前に二度目の変革を始めるのはむしろ早過ぎる。」と述べて、不熟練労働者への選挙権の付与を含む普通選挙権には明白に反対した。(12)彼は、普通選挙は時期尚早であると指摘すると共に、自由主義派の政治家に労働者の不満を解決し、中産階級と労働者階級の間の対立をなくすことを求めて、「急進主義の政治家のモットーは、中産階級による労働者階級のための政治（government by means of the middle for the working class）ということでなければならない。」と主張したのである。(13)

ミルは、労働者階級に対するいわれのない差別——過重な課税や訴訟上の差別、猟獣保護法による貴族からの圧迫など——を指摘し、特にアメリカや大陸諸国において遂行されている国家が国民に教育を与える義務がイギリスにおいて全く果たされていないことを強調して、労働者階級に選挙権が与えられていない現状においては、中産階級を主要な基盤とする穏健な急進主義の政党こそ、労働者の不満を十分に解消しなければならないと主張したのである。(14)

先に言及したように、ミルは、労働者階級を「生来の急進主義者」の「少なからず恐るべき部分」と考え、大衆の「粗野な無知」（brurish ignorance）を警戒して、「知的な労働者階級に、普通選挙が徐々に行なわれること、それが知性と道徳が次第に拡大して行くのと或る程度の関係を持って、彼等自身のさまざまな範囲の上の部分から下の部分へと段階的に実施される方が彼等自身にとってさえよいと説得することができないであろうか。」と述べている。(15)また彼は、「人民憲章」（People's Charter）をつくった「ロンドン労働者協会」（Working Men's Association in London）を「労働者階級の急進主義者の最善で最も開明的な側面を代表している。」と称讃している。ここでミルのこのような見解をチャーティスト運動の歴史との関連の下に考察しなければならない。

ミルが高く評価した「ロンドン労働者協会」（L. W. M. A.）は、一八三六年六月にオーウェン主義者ラヴェット（Lovett, William 1800–77）がフランシス・プレース等の協力の下に設立したものであり、その会員の多くは、ロンドンの熟練工や小親方であった。そして、チャーティスト運動の旗印となった「人民憲章」(People's Charter)、すなわち、成年男子普通選挙、秘密投票、歳費支給、毎年改選議会、平等選挙区、議員の財産資格廃止の六綱領（Six Points）は、三月九日にパンフレットの形で発表されたが、これには、プレース、ヒューム、モルスワース、ロウバック等の哲学的急進派が参画していた。(16) しかし、チャーティスト運動は、L・W・M・Aの合法的な路線を越えてエスカレートし、その拠点としてアトウッド（Attwood, Thomas, 1783–1856）を中心とする「バーミンガム政治同盟」(Birmingham Political Union) やオコンナー（O'Connor, Feargus, 1794–1855）を中心とする北部工業地帯の運動が登場し、不熟練労働者を組織して激化の一途を辿った。この運動は、普通選挙を要求すると同時に救貧法に反対し、オコンナーの機関紙『ノーザン・スター』は、普通選挙と共に救貧法を支持するモルスワースを非難した。(17) チャーティスト運動の激化につれて、先に「人民憲章」の作成に参画したプレース、ロウバック等の哲学的急進派は、急速に脱落した。ロウバックは、労働者階級の間に「真実で公正な指導者」がいないことを嘆き、プレースは、「チャーティストたちは、より開明的で労働者階級を代表する人々の行動と意見を、人民の敵と見誤っている。」と非難した。(18)

チャーティスト運動の激化の直前に書かれたミルの「革新政党の再編成」が「急進主義者の希望の最後の墓碑銘(19)」となり、同時に院内の哲学的急進派が孤立化し、やがて消滅する運命に直面したことは、極めて象徴的な事実である。基本的に中産階級の立場に立ち、ウイッグ党内の進歩的勢力から労働者階級の「開明的な」指導者層まで結集して、政界の再編成を企図したミルの遠大な構想も、彼が新政党の党首と目して擁立しようとしたダラムが遂に蹶起せず、一方日々に激化したチャーティスト運動の嵐の前に、瓦壊するほかはなかった。ミルがウイッグ党の中に貴族的勢力と自由主義的勢力との混在を認め、後者を急進派と提携させることによって政界の再編成を成し遂げようとしたミルの路線は、長期的に見れば妥当な構想であったと言えるであろう。しかし、ウイッグ党、後の自由党が名実共にブルジョア政党として脱皮するに至ったのは、はるか後年のことであった。一八六八年の第一次内閣によって自由党の脱皮をなし遂げたグラッドストン（Gladstone, William Ewart, 1809–98）が青年議員としていまだトーリ党員であった当時においては、ミルの政界再編成の構想は、二大政党から空想と見做されただけでなく、急進派の支持さえも微弱なものであったのである。

ダラム卿擁立運動によって「哲学的急進派の最後のスポークスマン[20]」となったミルが、「精神の危機」以来の思索的な努力によって、少年時から注ぎ込まれたベンサムと父ミルの思想を補うさまざまなの要因を採用して、哲学的急進派の中の異端的な思想家に脱皮して行ったことは注目すべきである。彼は、政治的ジャーナリズムの旺盛な活動を続けながら、鋭意吸収したさまざまな異質思想を汲収し消化して、思想形成へのたゆまぬ努力を傾注していた。次章では、その成果の検討に進まなければならない。

（1）Packe, *op. cit.*, pp. 238–40.
（2）*EL*, p. 397.
（3）Reorganization of the Reform Party, *CW*, vol. VI, pp. 417–8. 拙訳「革新政党の再編成」『國学院法学』第二七巻第三号、九七頁。
（4）*Ibid.*, pp. 470–73. 拙訳一〇三–六頁。
（5）*Ibid.*, pp. 474–5. 拙訳一〇六–七頁。
（6）*Ibid.*, pp. 475–6. 拙訳一〇八頁。
（7）*Ibid.*, pp. 476–8. 拙訳一〇九–一一頁。
（8）*Ibid.*, p. 479. 拙訳一一二頁。

（9）*Ibid*., pp. 479–8. 拙訳一一二―三頁。
（10）*Ibid*., p. 479. 拙訳一一二頁。
（11）*Ibid*., p. 481. 拙訳一一四頁。
（12）*Ibid*., p. 481. 拙訳一一五―六頁。
（13）*Ibid*., p. 483. 拙訳一一六頁。
（14）*Ibid*., pp. 483–5. 拙訳一一六―八頁。
（15）*Ibid*., p. 483. 拙訳一二二頁。
（16）Hálivy, *op. cit*., p. 293.
（17）*Ibid*., p. 298.
（18）Hamburger, *op. cit*., p. 259.
（19）*Ibid*., p. 124.
（20）*Ibid*., p. 214.

第六章　思想形成の成果

一　「ベンサム論」

ミルは、『ロンドン・アンド・ウェストミンスター・レヴュー』の一八三八年八月号に載せた「ベンサム論」(Bentham) の冒頭に、「最近イギリスは、二人の偉大な人物を失なった。今日識者の間に普及するに至った重要な思想の大部分についてのみならず、思索と研究とに関する一般的方法に一つの革命がもたらされたことについても、イギリスは、この二人の人物に負うている。……この二人の人物とは、ジェレミイ・ベンサムとサミュエル・テイラー・コールリッジ——すなわち、現代イギリスの偉大で基本的な思想家 (seminal minds) である。[1]」と記している。「ベンサム論」は、一八四〇年三月号に発表された「コールリッジ論」(Coleridge) と双璧をなす論文であり、ミルの思想形成の一応の結着点を示す注目すべき成果である。彼は、『自伝』の一節に次のように述べている。

「第一の論文では、ベンサムの功績を十分に認めながら、私が彼の哲学の誤りと欠陥だと考えたことを指摘した。私は、現在でもこのような批判が完全に正しいと考えているが、この論文をあの時に発表したことがよかったかどうかを疑ったこともあった。私は、進歩の一手段としてのベンサムの哲学が、その仕事を果たし終らない前に或る程度まで不信を受けたこと、またその名声を低くするのに手を貸したことが、改善に役立つ以上に有害ではなかったかとしばしば感じてきた。しかし、今では再反動がベンサム主義の中ですぐれていることを認める方向に動いているように思われる現在では、私は、その欠陥に対するこのような批判を以前よりも満足して回顧することができる。……私は、『コールリッジ論』では、十八世紀の否定的な哲学に対するヨーロッパの反動を特徴付けようとしたが、この論文だけの影響を考えれば、私がベンサムの場合には短所の側面にそうしたように、長所の側面に過当な重点をおく誤りを犯したと考えられるかも知れない。どちらの場合にも、ベンサムと十八世紀の理論の中で支持することができないものから私自身を切り離したい気持に駆られた余り、実体というよりも表面上だけであったとはいえ、私を反対の側に傾斜させ過ぎたのかも知れない。しかし、『コールリッジ論』に関する限り、私は、急進主義者や自由主義者のために書いたのであって、異なった派の著述家たちが書いたものの中で、その知識から彼等が最も大きな改善を引き出せそうなことを強調するのが私の仕事であったということが私の弁明である。[2]」

『自伝』におけるこのような回顧は、ベンサムとコールリッジの対立的な思想を、「あらゆる点においてこの二人は、互いに『相補い合う補完者』(completing counterpart) である。各々の長所は、相手に対応している。[3]」という視点から検討した彼の二大論文の趣旨を明示している。先ず「ベンサム論」の分析から始めよう。

ミルは、ベンサムを「既成の事物に対する偉大な探求者」(the great questioner of things established)、「偉大な破壊的思想家」(the great *subversive* thinker)、「偉大な批判的思想家」(the great *critical* thinker) と称えると共に、[4]彼が本質的に実際的な人物であって、彼の心が初めて思索に向けられたのは、特に法律に関する悪弊であったこと、さらに、旧体制があらゆる点について行き詰まっていた十八世紀において、他の多くの批判的、破壊的な思想家と違って、旧思想の批判に止まらず、新しく（*de novo*）ことを始め、彼自身の基礎を深く堅固に据えて、その上に彼自身の独創によって新しい理論を主張したことに改革的思想家としての独特の性格を認め、高く評価した。[5] 彼がベンサムを称えたのは、「哲学における偉大な改革者」としてであり、「彼は、倫理学と政治学の中に科学の観念に必要不可欠な思考の習慣と研究方法を導き入れた。……彼の仕事の持つ斬新さと価値とを構成しているものは、彼の思想ではなくて、彼の方法であった。」と指摘した。[6]

ミルがベンサムの独創的な方法論として注目したのは、細別法（the method of detail）、すなわち、「全体を部分に分解しない限り全体についての推理を行なわず、また抽象観念を事実に翻訳しない限り抽象観念についての推理を行なわないという方法」、特にその一部門である「網羅的分類方法」（exhaustive method of classification）であり、彼は、ベンサムを道徳哲学と政治哲学との偉大な改革者とした理由をこの方法論の中に見出した。[7] 彼はベンサムの方法論の核心を「誤謬は抽象論の中に潜むものであるということ、人間精神は、全体を構成している諸々の部分を調査し分類しない限り、複雑な全体を把握できないということ、また抽象観念は、諸事実ではなく事実を要約して表現する一つの方法に過ぎず、従って、抽象観念を取り扱う唯一の実践的方法は、その観念を表現している事実に立ち返ること」と要約し、ベンサムは、倫理学と政治学における従来の推理方法の多くが何らかの成句（*phrase*）に帰着するに過ぎないことを看破したと指摘した。[8] 彼は、ベンサムの『道徳および立法の諸原理序説』（*An Introdution to the Principles of Morals and Legislation*, 1789）から、「善悪の基準についてつくられてきたさまざまの思想体系は、すべて共感と反感の原理（the principle of sympathy and antipathy）に還元することができるであろう。一つの説明は、それ等のすべての説明に役立つであろう。それ等の思想体系はすべて、外的な基準に訴える義務を避けて、著者の感情や意見をそれ自体の理由であるとして、読者に押し付けようとする工夫から成っている。[9]」という一節を引用している。

ミルは、続いてベンサムの同じ書物から長い註記を引用しているが、それは、ベンサムが何が正しく何が不正であるかを判断する基準として、道徳感覚（moral sense）、常識（common sense）、悟性（understanding）、正義の原則（Rule of Right）、事物の適合性（the Fitness of Things）、自然法（the Law of Nature）、理性の法（Law of Reason）などの抽象的な成句を取り上げて、何れも「外的な基準に訴える義務を避けて、著者の感情や意見をそれ自体の理由として読者に押し付けようとしている。」としてきびしく批判した部分である。[10]

ここで注目すべきは、彼が十五歳の時に父から手渡されたベンサムの『立法論』「*Thaité de Législation*, 1802）を読んでベンサム主義に全面的に傾倒し、「私は、今や意見を、信条を、理論を、哲学を、言葉の真の意味での宗教を持つようになった。」とまで感激したのであるが、『自伝』に「私に感銘を与えたのは、ベンサムが『自然法』『正しい理性』『道徳的感覚』『自然的公正』などから演繹された道徳と立法についての普通の思考様式に対して判断を下し、そのような用語は、仮装された独断論であって、自分の意見をもっともらしい表現で装って他人に押し付けるが、その感情には全く根拠がなく、感情がそれだけで根拠になるとこじつけているときめつけた章であった。[11]」と記されており、『立法論』のこの部分がミルが引用した『道徳および立法の諸原理序説』の長い原註と完全に一致していることである。この箇所について、「ベンサム論」では、「彼の哲学体系の長所と短所との両方を、これ以上明白に示す個所を引用することはできないであろう。」と記されているのである。[12]

ミルは、ベンサムの方法論の長所について、「ベンサムは、自分の学派に正反対の学派の人々に対しても、この方法を教えた。すなわち、彼等が自分たちの学説を細別法によって検討しないならば、彼等の論敵がそれを検討するであろうことを知らせた。彼は、道徳哲学と政治哲学の中に初めて思想の精密さというものを導入した。直覚によって、或いは単なる粗雑な考察に基づいて採用され、それ等の真偽を正確に断定できないほど漠然たる言葉で表現されている諸前提からの推理によって諸見解を決定する代わりに、哲学者たちは、今日では相互に理解し合い、彼等の命題の大多数を論破し、あらゆる論争において正確な議論を交わすことを強制されるに至っている。このことは、哲学における一つの革命にほかならない。(13)」と述べている。しかし、その反面において、彼は、人間性と人間生活に関するベンサムの認識に大きな限界があったことを敢えて指摘した。彼は、人間性と人間生活に対する正確な判断の条件として、自分自身の天性と境遇とによって、どの程度まで人間の天性と境遇に関して正確で完全な模写を与えられるかということと、他の人々から教訓を引き出す能力の重要性を指摘し(14)、ベンサムがこの二点について多大の限界を持っていたことを明らかにしようとしたのである。彼は、次のように指摘している。

「ベンサムがあらゆる他の学派の思想家たちを軽蔑し、また彼自身の精神およびそれと類似する精神とによって供給された資料からのみ、一つの哲学を建設しようと決心していたことが、哲学者として彼を不適切にする第一の理由であった。また彼自身の精神が普遍的な人間性を表わすものとして不完全であったことが、彼を不適任にする第二の理由であった。人間性の中で最も自然で最も強烈な感情の多くのものに対して、彼が何の同情も持っていなかったことである。また人間性のいっそう重要な経験の多くのものから、彼は完全に遮断されていた。さらにまた一つの精神が自分と異なる他の精神を理解し、かつ他の精神が持つ諸々の感情の中に自らを投げ入れる能力は、想像力の欠如のために、彼には与えられていなかった。(15)」

このようにミルは、人間性に関するベンサムの知識は著しく限定されており、「徹底徹尾経験的なものであり、しかも極めて貧弱な経験しか持たなかった人の経験論である。」と指摘した。ミルによれば、それは、「彼の人生行路の平穏さと彼の精神の健全さ」の結果であった。彼は、順境も逆境も知らず、また激情も飽満も共に知ることがなかった。病気の苦痛も知らず、老境に至るまで少年のような健康の中に生きていた。彼は、失意も苦悩も知らず、人生を退屈な重荷と感じたことは一度もなかった。「彼は、最後まで少年であった。自己意識は、……決してベンサムの中には目覚めなかった。……高度の教育がなされている時代に、あらゆる人間行為に対して一つの規則を適用しようとした人物の中で、人間行為を動かしている事物についても、また人間行為を動かすべきである事物についてもベンサム以上に狭い知識でもって出発した人は、恐らく一人もいなかったであろう。」このように論じたミルは、「彼は、哲学に対する驚くべき才能と哲学に対する驚くべき欠陥を併せ持っていた人物であった。すなわち、自分の諸前提から正しいのみならず十分に正確でかつ特殊的であって実用に役立つことができる諸々の結論を引き出すことにかけては、ほとんどどんな人にも勝る適任者であったが、人間性と人生に関する一般的概念が狭いために、著しく貧弱な諸前提しか持っていない人物であった。」と結論を下したのである。[16]

ミルは、ベンサムの人生に関する理論の狭隘性を指摘して、「ベンサムによれば、人間は快楽と苦痛を感ずる存在であり、人間のあらゆる行為は、或る程度まで私利（self-interest）がさまざまに変化したものと、普通利己的と分類されている諸々の感情によって支配され、或る程度まで他の存在に対する同情ないし時には反感によって支配されていると考えられている。そして人間性に関するベンサムの概念は、ここで止まってしまっている。」[17]「最も複雑な存在である人間も、ベンサムの目から見ると、極めて単純な存在となってしまう。」[18]と指摘し、ベンサムの哲学は、「社会組織の中の単なる実務的部分（*business part*）を組織し規制する手段を教えることができる。……彼は、実務的部分が人事の全体である、少なくとも立法者と倫理学者の取り扱うべき問題のすべてであると考える誤謬を犯した。」[19]と強調した。このような評言は、「ベンサムの関心が本来の倫理学研究よりも、むしろ法学研究の方向にあったことは、世界にとって幸運なことであった。」[20]という指摘と対応しているであろう。彼は、ベンサムの人生と社会についての理論には多大な不満を抱くに至っても、法改革の構想については全面的に傾倒し続けていた。彼は、「このような天性とこのような欠陥を持つ思想家が哲学において何をなすことができるかということは明白であろう。彼は、綿密で正確な論理によって、雄大さと微細さの両方について彼以前には例のないほどの規模で、諸々の半真理（half-truths）からその結論と実際的適用を引き出すことができた。」と指摘したのである。[21]

ミルは、ベンサムの法律改革の構想を極めて高く評価し、「ベンサムの思索は、われわれが既に知っているように、法律から始まった。そしてこの部門においては、最大の成功を収めた。彼は、法哲学がひどい混乱に陥っていることを発見し、それを一個の科学に変えた。彼は、法律の実際がアウゲーアスの厩のように不潔になっていることを発見し、その塵埃の山々を現に掘り崩し押し流しつつある河をそこに注ぎ入れた。[22]」と記している。「学校に初めて入学した時に仕立てた洋服を一度も脱いだことのない大人の洋服に似たもの[23]」になっていたイギリス法の混沌とした現状を痛烈に批判して、法律の全分野にわたる具体的な改革構想を示したベンサムの功績について、ミルは、次の五点を特記している。

(一)　法哲学から神秘主義を駆逐し、法律を或る明白で正確な目的に対する手段として実際的な見地から見ることの模範を示した。

(二)　法一般の観念、法体系の観念、およびそれ等の中に含まれているすべての一般的観念に付着している混乱と漠然さとを一掃した。

(三)　法典編纂（*codification*）、すなわち、すべての法律を成文の体系的に排列された一つの法典に転換させることの必要性と実現可能性を証明した。

(四)　それに備えることが民法の目的である社会の緊急事項に関して、また民法の諸規定の価値が検証される人間性の諸原理に関して組織的な考察を行なった。

(五)　裁判手続に関する哲学が、裁判組織および証拠に関する哲学をも含めて、法哲学のその他の部門よりもいっそうみじめな状態にあることを見出し、それをほとんど完成の域にまで到達させた[24]。

幼時からベンサムの身近で育てられたミルとしては、ベンサムの主要な功績が法改革の構想にあったことは熟知していたので、自信をもってこのように主張することができたに違いない。しかし、ベンサムの思想が全面的な真理ではなく、他の思想によって補われなければならない半真理であると信じるに至った彼としては、ベンサムの法改革論についても、全面的に信頼することはできなくなっていた。彼は、ベンサムの法改革論が国民性（national character）に関する考慮を著しく欠いていることを指摘せざるを得なかった。彼は、「法律および制度の哲学は、それが国民性の哲学に立脚していないならば、不合理なものである。ところで、ベンサムの見解は、国民性に関してどれほどの価値を持つことができたであろうか。ベンサムは、個人の性格についてさえ極めて貧弱な型しか把握できない精神の持主であったので、よりいっそう高級な総合的概念をどのように取り扱うことができたてあろうか[25]。」と評し、さらに、「彼は、国民性とそれを形成し維持する諸原因を無視したために、極めて制限された程度を別とすれば、一国の法律を国民の教養を高める手段として考えることができなかった[26]」と指摘したのである。

次にミルは、ベンサムの『憲法典』（*Constitutional Code*, vol. I, 1830）に示された統治に関する立法の理論を取り上げたが、彼は、本書を称讃して、「包括的原理を即座に把握すると同時に細かい細別を案出するという彼の非凡な能力は、並外れた気力をもって活用されて、統治者が多数の抑制から逃れることを防ぐために、また多数者が絶え間なくその抑制力を行使することを可能とし誘導するために、また多数者に彼等の意志に全く服従し、道徳的にも知的にも望ましい資質を持つ奉仕者を用意するために、諸々の手段を工夫した」ことを高く評価しているが[27]、他方において、ベンサムが「世論の専制[28]」（despotism of Public Opinion）の危険性に対する警告を全く行なわなかったことに多大な不満を吐露したのである。

ミルによれば、統治について三つの重要な問題がある。それは、㈠どんな権力に服従することが国民の利益となるか、㈡国民がどんな方法でその権力に服従するように誘導されるか、㈢この権力の乱用は、どんな方法によって抑制されるか、の三点である。ミルによれば、ベンサムが真剣に取り組んだのは、第三の問題だけであった。彼の唯一の解答は、責任ということ、すなわち、目指す目的――よい統治――と一致するような利益を持つ人々に対する責任ということであり、彼は、多数者以外には社会全体の利益と一致する利益を持つものはないと考えていたと指摘して、「ベンサムの政治哲学のこのような基本的理論は、普遍的な真理であろうか、人類が彼等の中の多数者の絶対的権威(absolute authority)の下に置かれることは、あらゆる時と場合とを通じてよいことであろうか。」と疑問を呈した。彼が、多数者の「絶対的権力」ではなく、「絶対的権威」と表現したのは、多数者が自分の基準から離れている見解と感情とを、法律上の刑罰によるだけではなく、社会的迫害によって抑制する「世論の専制」を恐れたからである。[29]

ミルは、近代ヨーロッパにおける諸々の貴族主義的統治、すなわち、少数者の私利と安楽のために全社会が完全に犠牲とされていた状態の下に、多数者により多くの権力を与えるという方法によって現状を打破しようとする試みが急進主義者の信条となったことの意義を十分に認めた。[30] 彼は、ベンサムが「完全な統治が持つべき理想的性質の一つ――すなわち、受託者とその権力を受託者に信託している社会全体の利益が一致していること――を明るみに出し、それにまつわる無数の混乱と誤解とを一掃し、さらに驚くべき手際でもってそれを促進する最善の方法を指摘した」ことを高く評価した。彼は、「普遍的人間性の哲学に関するベンサムの最大の貢献は、恐らく彼が『利益の生んだ偏見』(interest-begotten prejudice)と呼んでいるもの――すなわち、自己の利益を追求することを一つの義務であると見做すようになる人間の生来の傾向――に関する彼の説明である。」と称讃している。[31] ここでの引用は、ベンサムの『行為の動機の表』（*A Table of the Springs of Action*）の一節であり、先に述べたように、ミルが「最も複雑な存在である人間も、ベンサムの目から見ると、極めて単純な存在となってしまう。」と酷評した本書も、支配的特権階級の利己的な動機に関する適確な説明を与えていると認められた。ミルは、「多数者の権力は、それが攻撃的に用いられないで、防衛的に用いられている限りは有益なものである。」と指摘しているのである。[32] [33]

ミルは、ベンサムが特権的な支配階級の「邪悪な利益」（sinister interest）に対して被治者の利益の擁護を主張し、被治者に対する統治者の責任を保障するために選挙権の大規模の拡大を要求したことを高く評価したが、よい統治の保障をひとえに国民の多数者の意志に対する統治者の責任体制の樹立に求めたベンサムの政治改革論を万能のものとは考えなかった。彼は、「多数者の意志に対立する絶え間ない永続的な反対者」（a perpetual and standing opposition）を維持する用意をすることが必要である。」と指摘して、次のように主張した。

「長い間連続して進歩的であった、或いは長い間偉大さを持続してきたすべての国家は、貴族に対する平民、国王に対する僧侶、僧侶に対する自由思想家、土地貴族に対する国王、国王と貴族に対する庶民というように、支配権力がどのような種類のものであれ、それに対して組織化された反対派を持っていたからこそ、そのように存続することができた。……支配権力から不興の目で見られるすべての道徳的で社会的要素がそれを中心として団結することができるような、また彼等を絶滅しようとする支配権力の攻撃をその防壁の背後で避けることができるような、抵抗の核心ともいうべきものは、多数者の見解が主権を把握しているところでも、支配権力が僧侶階級ないし貴族階級であるところにおけると同様に必要である。そのような拠点が何等存在しないところでは、人類は、不可避的に退化するであろう。例えば、アメリカ合衆国がやがて第二の中国になるかどうかという問題は、われわれの見解によれば、そのような抵抗の核心ともいうべきものが徐々に発展するか否かという問題に帰着するのである。[34]」

このようにミルは、「社会のすべての力が単一の方向にのみ働くところでは、個人の正当な諸権力は、必ず危険に瀕する。」と警告し、「最高の権力が他のすべてのものを併呑することを防止する配慮」を要望した。この点について彼は、「現代のモンテスキューであるドゥ・トクヴィル氏」に学んでいたのである。[35]

ミルは、最後の段落に入るに際して、「われわれは、今までベンサムの哲学の概略を述べてきたが、彼の哲学の中で他の何ものにもまして彼の名と一体化している第一原理についてほとんど触れなかったことに、読者は驚かれるかも知れない。それは『功利の原理』（principle of utility）、すなわち、彼が後になって『最大幸福の原理』（the greatest happiness principle）と名付けたものについてである。[36]」と述べている。彼の功利主義に対する見解については、「ベンサム論」において意外なほど僅かしか言及していない。彼は、「われわれは、適当な解釈を施す限り、その原理に関してはベンサムとほぼ同意見であるが、その原理の主要性を強調する程度については、彼と意見を異にしている。われわれは、功利性とか幸福というものは、余りにも複雑でかつ不確定な目的であって、さまざまな二次的目的を媒介することなしには求めることはできないと考える。」と述べて、これ等の二次的目的に関しては、究極の基準について意見を異にする人々の間でも一致があり得るし、またしばしば一致があることを強調している。[37]また彼は、「功利性の原理を採用した結果、行為の道徳性を決定する場合に考慮すべきこととして、行為の結果に彼の注目を集中させるようになった点において、彼は、少なくとも正しい道を歩んでいた。しかし、この道を迷うことなくさらに進んで行くためには、性格の形成および行為が行為者自身の精神構造に及ぼす影響について、ベンサムが所有していたよりもいっそうすぐれた知識を持つことが必要である。[38]」と述べている。このような評言は、ベンサムの功利主義が行為の結果がいかなるものかということに主として集中して、行為者の全人格的評価から程遠いものとなり易いことに対する批判的な立場を婉曲に表現したものとして受けとることができるであろう。

ミルはまた、「彼を人類の共通の感情に敵対する立場に立たせ、また彼の哲学に対して、ベンサム主義について一般の人々が抱いている観念の特徴であるあの冷やかで機械的で不愛想な雰囲気を与える傾向がある」ものとして、「見落としてはならない他の一つの誤謬」と指摘している。それは、「行為および性格に対する道徳的評価を……それだけが唯一の観察方法であるかのように取り扱うことの誤謬」である。ミルは、あらゆる人間行為には三つの側面があると言う。第一は、その道徳的側面（*moral* aspect）、すなわち、その正・不正（*right and wrong*）に関する側面、第二は、その審美的側面（*aesthetic* aspect）、すなわち、その美（*beauty*）に関する側面、第三は、その共感的な側面（*sympathetic* aspect）である。第一の側面に従って、われわれは、是認または否認し、第二の側面に従って、われわれは、称讃または軽蔑し、第三の側面に従って、われわれは、愛したり憐れんだり、または嫌悪したりする。ミルが指摘したのは、ベンサムがあたかも道徳的基準が最高のものであるのみならず、唯一のものであるべきであるかのように主張したことである。[39] ここでのミルの指摘は、簡単すぎてその真意を把むことは難しい。そこでこの点について再説した箇所と見られる『論理学体系』の最終章（第六部、実践または技術の論理学）を参照することにしたい。

ミルは、この章の第一節「道徳は科学ではなく技術（art）である」の中で、「命令法は、科学と区別された技術を示す特徴である。規則（rule）や訓則（precept）の形で述べて、事実に関する主張として述べないのは、技術である。倫理や道徳は、本当は人間性および人間社会に関する科学に対応する技術の一部なのである。[40]」と述べている。ところで彼によれば、「各技術の目的または意図をその手段と連結する推理は、科学の領域に属してはいるが、目的そのものの定義は、専ら技術に属し、その特殊な領域を形成している。[41]」この部分の叙述が「ベンサム論」と関係を持つのは、彼が「人生の技術」（Art of Life）を道徳（Morality）と思慮分別（Prudence）、すなわち、慎慮（Policy）

と審美的感情（Aesthetics）との三部門に分けて、「すべての技術は、科学の発見した自然法則と目的論もしくは目的の理論（Teleology, or the Doctrine of Ends）と呼ばれてきたものの一般原理とが連合してできた結果である。」と述べている箇所である。[42]「ベンサム論」では、人間行為を道徳的、審美的、共感的の三部門に分けているから、自己の行為に関する憤慮と他人への共感とは同一ではないが、ミルが道徳を倫理学という学問と結合した人生の技術と見て、人間行為には、道徳的側面以外に、人生の技術としての実践的な側面があると考えたことについては、同一であったと言ってよい。このことは、「ベンサム論」がベンサムが道徳的基準が人間行為に関する唯一のものであったことの誤りを指摘したことの意味を明らかにするであろう。

以上検討してきた「ベンサム論」は、ミル自身「この評論は、少なくとも彼の著作に十分親しんできた立場からのものであり、哲学者としての彼の性格と彼の労作が世界に与えた結果について公平な評価を下そうとした最初の試みである。[43]」と自負したように、偉大な半思想家（half-thinker）としてのベンサムの長所と短所を率直に検討した力作であった。彼は、ベンサムとコールリッジの対照的な思想を「相補い合う補完者」として把え、「独創的で非凡な思想のほとんどすべての豊かな鉱脈は、組織的な、半分を見抜く思想家たち（half-minds）によって見出された。しかし、これ等の新思想が同様な価値を持つ他の思想を追放するか、或いは平和の中にそれ等に付加されるかどうかは、それ等の半分を見抜く人々が同じ道を後継する完全な思想家たち（complete minds）を持つか否かに基づいている。[44]」と強調した。「ベンサム論」と「コールリッジ論」とは、「完全な思想家」となるために長年にわたる思想形成を重ねていた彼の衷心からの願いをこめた労作であったと言えよう。

（1）Bentham, CW, vol. X, p. 77. 泉谷周三郎訳「ベンサム論」『J・S・ミル初期著作集』3、二二九頁。

(2) *Autobiography*, p. 227. 拙訳二八九-九〇頁。
(3) Coleridge, *CW*, vol. X, p. 121. 柏經學訳「コールリッジ論」『J・S・ミル初期著作集』4、二五頁。
(4) Bentham, pp. 78-9. 邦訳二三一-三頁。
(5) *Ibid.*, pp. 80-82. 邦訳二三五-八頁。
(6) *Ibid.*, p. 83. 邦訳二三八頁。
(7) *Ibid.*, pp. 83, 86. 邦訳二三八、二四四頁。
(8) *Ibid.*, p. 84. 邦訳二四〇頁。
(9) *An Introduction to the Principles of Morals and Legislation*, *Works*, vol. I, p. 8. 拙訳『道徳および立法の諸原理序説』(世界の名著38) 九九頁。
(10) *Ibid.*, pp. 8-9n. 拙訳一〇〇-一〇二頁。
(11) *Autobiography*, p. 69. 拙訳一一八-九頁。
(12) Bentham, *op. cit.*, p. 95. 邦訳二四一頁。
(13) *Ibid.*, pp. 87-8. 邦訳二四六頁。
(14) *Ibid.*, p. 90. 邦訳二四九頁。
(15) *Ibid.*, p. 91. 邦訳二五二頁。
(16) *Ibid.*, pp. 92-3. 邦訳二五三-四頁。
(17) *Ibid.*, p. 94. 邦訳二五七頁。
(18) *Ibid.*, p. 96. 邦訳二五九頁。
(19) *Ibid.*, pp. 99-100. 邦訳二六五頁。
(20) *Ibid.*, p. 98. 邦訳二六三頁。
(21) *Ibid.*, p. 93. 邦訳二五四-五頁。
(22) *Ibid.*, p. 100. 邦訳二六六頁。

(23) *Ibid*., p. 101. 邦訳二六七頁。
(24) *Ibid*., pp. 103–4. 邦訳二七一–二頁。
(25) *Ibid*., p. 99. 邦訳二六三頁。
(26) *Ibid*., p. 105. 邦訳二七三頁。
(27) *Ibid*., p. 106. 邦訳二七五頁。
(28) *Ibid*., p. 107. 邦訳二七六頁。
(29) *Ibid*., pp. 106–7. 邦訳二七五–六頁。
(30) *Ibid*., p. 107. 邦訳二七六頁。
(31) *Ibid*., p. 109. 邦訳二七九–八〇頁。
(32) *A Table of the Springs of Action*, *Works*, vol. I, pp. 217–8.
(33) Bentham, *op. cit*., p. 108. 邦訳二七八頁。
(34) *Ibid*., p. 108. 邦訳二七八頁。
(35) *Ibid*., pp. 108–9. 邦訳二七八–九頁。
(36) *Ibid*., p. 110. 邦訳二〇一頁。
(37) *Ibid*., p. 110. 邦訳二八一頁。
(38) *Ibid*., pp. 111–2. 邦訳二八二–三頁。
(39) *Ibid*., pp. 112–3. 邦訳二八四–五頁。
(40) *A System of Logic*, Bk VI, ch. XII, §1, *CW*, vol. VIII, p. 943.
(41) *Ibid*., §6, p. 949.
(42) *Ibid*.
(43) Bentham, *op. cit*., p. 115. 邦訳二八八頁。
(44) *Ibid*., p. 94. 邦訳二五六頁。

二 「コールリッジ論」

「私はミルに、詩人としてのコールリッジの評論を書くつもりですかと尋ねた。（彼は、最近コールリッジの哲学的性格について、驚くべきほど平明な論文を書いたばかりであった。）彼は、『いや、コールリッジの詩を喜びをもって読む人々は、彼の意味や彼の性格について誤解することはめったにない。ワーズワスは、コールリッジのより高い飛躍に対して、人々の心の準備をさせた。今彼の名声は、真の審判者である次の世代の人々に認められており、それは永久的なものであるに違いない。』と答えた。[1]」

これは、ミルの私淑者であったフォックス女史（Fox, Caroline, 1819–71）の回想である。ミルが『ロンドン・アンド・ウェストミンスター・レヴュー』の一八四〇年三月号に載せた「コールリッジ論」（Coleridge）は、ロマン派の大詩人としてのコールリッジを論じたものではなく、ベンサムに匹敵し、しかもベンサムとは対照的なロマン主義的保守主義者としてのコールリッジを論じた、先の「ベンサム論」と双璧をなす労作であり、彼が『ロンドン・アンド・ウェストミンスター・レヴュー』の経営者兼実質的な主筆をしていた時期の最後の号に発表されたのである。

ミルは、一八三九年の年末から翌年五月末まで、フランス、イタリアに静養旅行を行ない、この間同誌の編集は、ロバートスンに任され、彼の留守中に刊行された三月号には、前年に書いて保留していた「革新政党の再編成」が発表され、次の十月号には、ミルの論文はなかった。「コールリッジ論」は、「ベンサム論」の発表の一年半後に、一連の論文として世に送られたのである。

ミルのコールリッジに対する関心が著しく高められた契機が、一八二九年以来の親友ジョン・スターリングの助言によることが多かったことは、先に一八三一年十月のミルの長文の手紙と論文「公共財団と教会財産」を検討した際に言及しておいた。[2]「コールリッジ論」の執筆に当たって、ミルがスターリングの教示を乞うたことは、一八三九年九月二十八日付の手紙によって明らかであるし、[3]同年十一月四日付の手紙には、次のように記された。

「私は、コールリッジに関する論文に着手しました。それは、部分的にはあなたの激励のおかげです。それは、人気のある論文ではないでしょう。恐らくそれを好む読者は一人もいないでしょうし、恐らくそれから多くの利益を引き出す読者もほとんどいないでしょう。しかし、私の計画通りに私が刊行した論文の中で保存し再刊する価値のあるものを一巻にまとめる時が来たならば、この論文は、喜んで入れたいと思います。それなしには、他の論文は、私の考え方の一般的傾向について誤った見方を与えるでしょうし、その上私が時々考えることですが、私が特に主張するように義務付けられていることがあるとすれば、それは哲学における普遍的精神（a catholic spirit in philosophy）の意義と必要性であり、私は、コールリッジ論を書きながら、以前に全くなかったほどこのことを表明する機会を持っているからなのです。[4]」

「コールリッジ論」におけるミルの論調には、「ベンサム論」の場合と同様に、「あらゆる点においてこの二人は、互いに『相補い合う補完者』（completing counterpart）である。[5]」という視点が一貫している。彼は、ベンサムとコールリッジとは共に「既成のものに対する偉大な探求者」（the great questioners of things established）であったが、それぞれの立場は正反対であったこと、すなわち、「人びとは、他のいかなる人によってよりも、ベンサムによって、何等かの旧来の意見または受け入れられている意見について、それが果して真実であるのかと自問することを教えられ、またコールリッジによって、それの意味は何であるかと自問することを教えられた。前者は、受け入れられている意見の外側に立って、全くの異邦人としてそれを検査した。後者は、内部からそれを眺めて、それを信じている者の目をもって見ようと努めた。[6]」と指摘すると共に、二人がそれぞれの時代および国家において、口で説く教訓と身をもって示す実例によって、哲学の必要性を強調する上で最も力を尽くした点では一致すること、すなわち、「同種類に属しながら互いに最も遠く離れているもの（*quoe in eodem genere maxime distant*）」であったと指摘した。[7]

ミルがベンサムとコールリッジの二人を「相補い合う補完者」として重視したのは、彼がベンサム主義を十八世紀啓蒙思想の典型として、ドイツ・コールリッジ理論（the Germano-Coleridgian doctrine）を啓蒙思想に対する十九世紀の反動の結果として把えたからである。彼は、自ら名付けた「ドイツ・コールリッジ理論」について、「コールリッジは、彼の教え込んだ体系の上に、凡そ独創力のある人物ならば必ず残さずにはおかない程度の自己の痕跡を残してはいるが、彼の理論は、その本質的な要素においてはすべて、前世紀後半の偉大なドイツ人たちが先鞭をつけたものである。[8]」と述べているが、コールリッジがカントと彼以後のドイツ哲学の影響を強く受けていたとしても、『政治家提要』（*The Statesman's Manual.*『第一俗人説教』*First Lay Sermon* とも呼ばれる）で展開された哲学理論にミルが深い関心を持たなかったために、コールリッジ独自の観念論を十分に把握していなかったことは否めない。すなわち、コールリッジは、「理性」（reason）と「悟性」（understanding）とを峻別しただけでなく、理性についてカントの課した制限を超え、新プラトン的、宗教的要素を強めて解釈した。理性とは、内面感覚の機関であり、目に見えない実在である精神的対象を認識する能力であると同時に、それ自身の対象、つまり、神、霊、永遠の真理と同じ機関であり、全能の神の息吹き、生命を持つ光である。[9]ミルは、コールリッジの独特の理念哲学を深く追求することなく、ドイツ観念論哲学の亜流として把えて、次のように結論を下した。

「われわれの率直な意見は、多くの議論の対象とされてきたこの問題に関して、真理はロックとベンサムの学派の側にあるということである。物自体の本質と諸法則、或いは経験の対象である諸現象の背後にある隠されている原因の本質と諸法則は、人間の能力によっては本来近付き難いものであると、われわれには思われる。われわれの経験のほかに、また経験自体の類比によってわれわれの経験から推論し得るもののほかに、なお何等かわれわれの知識の対象になり得るものがあるということに対しては、われわれは、何等の信ずべき根拠も見出さない。われわれは、コールリッジの哲学の中心思想に関して、彼とは意見を異にしている。[10]」

このような結論は、「すべての知識を経験から、そしてすべての道徳的、知的な資質を主として連想に与えられる方向から引き出す」人間の知識と知的諸能力に関するドイツ的、すなわち、ア・プリオリ的な見解とは正反対の立場から『論理学体系』の執筆に専念していたミルとしては当然のことであった。[11]青年時代にハートリの連想心理学に心酔した後、これを放棄し、詩人としての直観とドイツ哲学の摂取によって独自の理念哲学に到達したコールリッジとは対照的に、ミルは、父ジェイムズ・ミルがハートリから継承して体系化した連想心理学を経験論の最高峰として信奉し、この点では、コールリッジと全面的に対決した。またミルが観念論的認識論を直観主義（Intuitionism）として激しく批判したことには、実践的な理由があった。『自伝』には、「精神の外部にある真理を観察と経験とは独立に、直観や意識によって知ることができるという考え方は、今日において、間違った理論や制度の大きな知的支柱である。このような理論の助けによって、起源が記憶されていない根深い信念やあらゆる強烈な感情が、理性によって自己を正当化する義務を免除されて、それ自体の万全の保証であり、正当付けにされてしまっている。すべての深く根ざした偏見を神聖化するために考案されたこれほどの手段はいまだかつてなかった。[12]」と記されている。このように、認識論において経験論を堅持することを明らかにしたミルは、『論理学体系』の第六部の序説において、精神と社会の法則の探求が自然科学に比して著しく立ち遅れていることを指摘して、「科学の頭上に加えられているこの汚辱を払拭することを望むためには、前者（自然）の研究において成功した方法を一般化して、これを後者（精神と社会）

の研究に適用することによるほか方法はない。[13]」と宣言したのである。

ミルは、コールリッジが青年時代以来の思想的模索によって到達した独自の理念哲学をドイツ哲学の亜流と見做して、その特徴を深く追求することなく、自分の信奉する経験論哲学と対極にあるものとして批判するに止まったのであるが、彼は、コールリッジの属する哲学の一派を十八世紀啓蒙主義に対する全面的な反動を把え、「われわれがこの二つの学派の純粋に抽象的な理論から具体的で実際的な理論に移って行くならば、この反動の必然性と反動の創始者たちが哲学に与えた偉大な貢献とを明らかに認めることになるであろう。[14]」と述べて、コールリッジの社会理論、特に彼が『教会および国家の構成原理』（*On the Constitution of the Church and State*, 1830. 以下『教会と国家』と略記）を極めて重視して、慎重に検討を加えた。先ず注目すべきは、彼が永続的な政治社会の諸条件が十九世紀啓蒙思想によって軽視されていたのに反して、十九世紀に至って再認識されたことの重要性がミルによって包括的にまとめられたことである。この部分の長い引用が『論理学体系』第六部第十章第五部の社会静学の主要な成果としての安定した政治的結合の不可欠な条件としてそのまま利用されていることは、彼の自信を示しているであろう。[15]彼は、十八世に対する反動の中に認識が著しく深まった永続的な政治社会の条件として、次の三点を挙げている。

第一に、自制的訓練（*restraining discipline*）を主な構成要素とする「市民に対しての幼年時代に始まり生涯継続される教育制度が存在すること」である。そのような教育制度の目的は、個人的な衝動と目的を社会の目的と考えられたものに従属させる習慣と能力を持つように人間を訓練すること、心の中で社会の目的に不利に働き勝ちなあらゆる感情を統制し、社会の目的に役立ちそうなあらゆる感情を鼓舞する習慣と能力とを持つように人間を訓練することである。[16]

第二の条件は、「何等かの形で恭順（allegiance）または忠節（loyalty）の感情が存在すること」である。統治形態が君主政と民主政とで違っていても、この感情の本質は、常に同一である。すなわち、国家の基本構造（the constitution of the state）の中に、確立されている或るもの、永続的で議論をはさむことが許されない或るものが存在しているという信念である。長い間存続してきたすべての政治社会には、何等かの固定された中心点（some fixed point）、すなわち、人々が一致して神聖なものと考えた或るものが存在していた。このような根本原理の再吟味がその国家の習慣的な状態となる時、またその状態から自然に発生する激しい憎悪が喚び起こされた時には、内乱に陥らざるを得ない。(17)

第三の条件は、「同一の社会または国家の成員の間に存在する強力で活発な結合の原理」（strong and active principle of cohesion of the members of the same community or state. 初出論文では、「国民的感情という……」［strong and active principle of nationality］となっていた。）である。それは、共感の原理であって、敵意の原理ではなく、結合の原理であって、分離の原理ではない。それは、「同じ政府の下に生き、また同じ自然的ないし歴史的境界の内部に含まれている人々の間にある共通利益の感情」である。(18)

このように永続的な国家の必須条件を要約的に列挙して指摘したミルは、「以上のような市民社会の必須条件を、十八世紀のフランス哲学者たちは不幸にも見落していた。(19)」と言う。彼等は、三つの要件の全部――少なくとも第一と第二の要件と、第三の要件を育み強化するものの大部分――が制度上の欠陥と当事者の不正行為によって、既にその土台が掘り崩されていることを見出し、三条件に対する人々の信頼を止めていることがらに対して疑いを抱かせることに専念した。ミルは、古い制度と信念の核心が蝕まれてしまっていた以上、啓蒙思想家の言動は多分に不可避であって、非難することはできないと認めつつも、彼等の欠陥を次のように指摘した。

「彼等の誤謬は、既に効用を失なっている多くのものの歴史的な価値を認めなかったことである。また、現在では無力になっている制度と信条も、かつては文明に対して本質的な貢献を果たしてきたものであり、現在もなお、人間の精神と社会組織の中に、一つの場所、しかもその場所を空虚のままに残しておくことは、最大の危険を招かずにはいない場所を占めていることを悟らなかったことにある。さらにまた、彼等の誤謬は、彼等が攻撃した多くの誤りの中に腐朽していてもなお重要な真理が存在していること、また乱用されたために甚だしく腐食している多くの制度の中にも、もはや時代にふさわしくない形式と衣裳をまとってはいるものの、文明社会に不可欠な要素が存在していることを認識しなかったことにある。[20]」

彼は、このように旧来の制度と思想とを徹底的に否定した哲学に引き続いて、社会の新しい諸傾向に対するきびしい批判者であると共に、過去が持っていたよいものに対する熱烈な擁護者であるもう一つの哲学が現われたことは自然的な成り行きであったと指摘し、彼のいわゆる「ドイツ・コールリッジ学派」の意義を高く評価した。そして彼は、彼等の特異性として、「直接の論争を超えて、この種のあらゆる論争に含まれている基本原理に着目した」ことに注目した。彼は、「彼等は、人間社会の存続と発展に関する帰納的な諸法則を何等かの包括性、すなわち、奥深さをもって探求した最初の人々であった。彼等は、先に列挙した三つの必須条件を、永続的な形態を持っているすべての社会的存在の本質的な原理として明確に提示した最初の人々であった。」と指摘し、さらに彼等が特定の倫理的或いは宗教的理論の弁護としてではなく、「一つの社会哲学を、それが今なお取ることができる唯一の形式、すなわち、歴史哲学の形式で」生み出し、人間の文化の哲学に対して最大の貢献をしたと称讃したのである。[21]

ここでミルは、十八世紀のイギリスに目を転じて、大陸諸国特にフランスにおける啓蒙思想の隆盛に比較すれば、中庸（medium）が重視されて、哲学的思索の変化が中途半端に終ったこと、特に宗教改革とピューリタン革命の結末、すなわち、カトリック教とピューリタニズム、スチュアート王家復興運動（Jacobitism）と共和主義に対する究極的な勝利が得られた結果としてさまざまな論争が沈静化し、政界も宗教界も哲学的思索も曖昧な妥協的雰囲気に被われてしまったと指摘した。[22] 彼は、「全体としてイギリスは、たとえ大した利益ではないにしても、とにかく新思想の与え得る利益も持たず、また旧思想の利益をも持たなかった。われわれは、他方の影響力を無にするのに丁度十分なほど、各々の側の影響下にあった。われわれは、それを変更しようと企てるには余りにもそれを尊重しているものの、何等かの権力にそれを委ねようとしたり、或いは強要しなくても何等かの奉仕を期待したりするほどには尊重していない、一つの『政府』を持っていた。われわれは、教会の正当な目的を既に果たさなくなっていたが、しかし教会のまがいもの、または幻影（*simulacrum*）としてそれを維持することには大いに力を入れていた。[23]」と、イギリスの国家と宗教の停滞を描き出した。彼は、停滞し切った状態の中に生まれ出た二種類の人々、すなわち、現状を打破し新しい理論を究極的な結論にまで押し進めようとした人々と、古い理論の最良の意味と目的とを再び主張しようとした人々が共に重要性を持つことを強調し、前者の代表者としてベンサムを、後者の代表者としてコールリッジを挙げ、「互いに敵であるように見え、また本人もそうであると信じているこれ等二種類の人々は、実は盟友である。[24]」と強調して、コールリッジの国教会と国家についての独自の見解の検討に入った。

　ミルがコールリッジの教会・国家論を論ずるに当たって、主として依拠したのは、彼が一八二九年のカトリック教徒解放法（Cathoric Emancipation Act）の成立に際して刊行した『教会と国家』であるが、その原題は、*On the Constitution of the Church and State, according to the Idea of each ; with Aid toward a right Judgement on the Catholic Bill.* である。本書は十二章と付載の三章から構成されているが、ミルが詳細に検討してその内容を高く評価したのは、国家を対象とした第二章と教会を対象とした第三―九章にほぼ限定されている。第一章には、コールリッジは独自の理念（idea）に関する部分であるが、ミルは、コールリッジの教会論を論評するに当たって、「どんな制度でもそれを扱うための彼の方法は、彼が制度の『理念』と名付けているもの、すなわち、普通の言葉では制度に含まれている原理と呼ばれるようなものを研究することである。[25]」と述べて、コールリッジの理念哲学の意義については、立ち入って論じていない。彼が注目した第一点は、『国家と宗教』で述べられた国家教会（National Church）の理念、すなわち、原理であった。

ミルは言及していないが、コールリッジは、国教会の基金をnationaltyという新造語で表現し、この基金を教会財産（church property）ではなく国家財産（national property）と呼んで、これをスカンディナヴィア、ケルト、ゴート、セム民族、特に古代ヘブライ民族の間に行なわれた慣習によって説明している。それは、新領土を獲得して土地を個々の武人や家長たちに世襲財産として分割する際に、民族自体に保留分を残しておく制度であり、コールリッジは、分割された土地を個別財産（Propriety）と名付け、民族に保留された部分を民族財産（Nationalty）と名付けた。彼は、「このような個別財産と民族財産とは民族共同体（commonwealth）の二つの構成要素であり、対立的ではあるが、互いに相応し支持し合う天秤の分銅（counter−weight）である。[26]」と述べている。彼は、第三章と第四章で、古代ヘブライ民族の歴史に基づいて彼の新造語nationaltyの意味を詳しく論じ、第五章において、その基金に、㈠過去の文明の蓄積を保存し、その宝物を守護し、それによって現在と過去を結びつけること、㈡そのような蓄積や宝物を完全にすると共に増大させ、現在と未来を結び付けること、㈢社会全体にわたって、彼等の権利を理解させ、義務を履行させるのは不可欠な知識を拡めること、㈣国民の攻撃と防衛の能力の基盤である一般的に分明な特質において、少なくとも隣接諸国と対等のものを自国民のために確保すること」を目的とする集団を維持する使命が与えられているると主張した。ここでミルが注目したのは、知識の涵養と普及のために別にされて資金が与えられる団体が、コールリッジによれば、必ずしも宗教団体に限られていないことであった。[27] 彼の長い引用の最初の部分は、次の通りである。

「宗教は、不幸にも、また少なくとも不適当に教会という名称で呼ばれているこの国立制度（national institute）にとって不可欠な盟友であるかも知れないが、この制度の本質的な目的をなしているのではない。……国家の教職者団体（the CLERISY of the nation）、すなわち、その本来の字義での、また最初の意図における国家教会は、あらゆる種類の学者を擁していた。すなわち、法律と法律学の、医学と生理学の、音楽の、軍事的および一般市民の建築などの哲人たちと教授たちを含んでいて、これ等の学者たちの共通の機関として数学者を含んでいた。要するに、神学はもとより、それを所有し応用することが一国の文明を構成するいわゆる学芸（liberal arts and sciences）のすべてを含んでいた。そして実に、神学は、それ等すべての首位に置かれていた。[28]」

ミルが注目したのは、ここでコールリッジが神学の首位を認める一方で、「神学は、国家教会の目的の中で単に一部だけを形成されていたに過ぎないし、神学者は、この教会の学者（clerks）つまり聖職者（clergy）の中、単に一部分だけを形成していたに過ぎなかった。[29]」「私は、国家財産（nationalty）の生む収益が牧師または国教の牧師という言葉で今われわれが指しているひとびとの外に与えられることは常に不当であると主張しているのではない。否、私は、あらゆる箇所でその反対のことを暗示してきた。……国家教会との関係については、キリスト教或いはキリストの教会は、一つの偶然の出来事、摂理の賜物であり、神の恩恵である。[30]」と主張したことであった。ミルは、コールリッジの国教会の理念、特に彼に特有の clerisy と nationalty の理念——前者の原義は、国教会の僧職団体のことであるが、コールリッジの用語では、神の恩寵によってキリスト教と結び付いた学問の研究団体を意味し、また後者は、そのための国有基金を意味する——の中に、現実のトーリ党とは峻別される「思索的トーリ主義」（speculative Toryism）の注目すべき洞察力を読み取った。彼は、コールリッジの clerisy と nationalty の理念に注目して、国家やイギリス国教会がナショナルティを達成するために創設された当の目的に沿っていないと判断した場合に、その目的を遂行するのにより適任であると国家が見做した他のいかなる宗教団体にも、或いは宗教的でない他のいかなる団体にでも、ナショナルティの贈与資産（endowment）を移動しても差し支えないという主張が「実際的トーリ主義」（pratical Toryism）と全くかけ離れたコロラリ（corollary）を生み出すことを指摘したのである。[31]

ミルは、国教会に関する問題についてのコールリッジの功績を、第一に、彼が現実の教会について極めてきびしい諷刺を加え、「教会に自らのあり方の邪悪さを恥じ入らせ、内部からの改革運動を決定付ける上において、非国教徒たちや急進主義者たちがその三倍もの時を費やして初めてなし得たであろうと思われる仕事以上のことを成し遂げたこと、」第二に、「学問を究めるため、またその成果を拡めるために、贈与資産を与えられた或る階級が必要であるという原理を、イギリス国教会の腐敗のために教会と関係のあるすべてのものが巻き添えにされた不信用から救い出したこと」を挙げ、コールリッジの業績を高く評価したのである。[32]

ミルがコールリッジの国教会論と共に重視したのは、彼の国家論、すなわち、憲法論であった。ミルが引用しているように、彼は、「憲法（constitution）は、国家の理念（the idea of a state）から生ずる一つの理念である。アルフレッド以来のわが国の歴史全体が証明しているところによれば、この理念、すなわち、究極的目的は、われわれの祖先たちの精神に対して、彼等の公人としての性格と機能とに対して、また彼等が抵抗したものと彼等の主張したものにおいて同様に、さらにまた彼等の確立した制度や政体においても、彼等がそれ等と抗争して多かれ少なかれ成功を収めた制度や政体との関連においても、絶えず作用してきている。……この基本的な理念は、同時にすべての個々の政治的枠組みがそれによって吟味されなければならない究極的な基準である。それは、われわれは、ここにおいてのみわが国の代議制度の重要な構成諸原理を発見することができるからである。[33]」と述べている。彼は、イギリスにおいては、大陸の場合と違って外力によって乱されることなく、最終的な均衡をつくり出すことができたと指摘して、次のように主張した。

「文明人が形成しているあらゆる国家、すなわち、財産権を承認し、確定した境界と共通の法律によって一つの人民または一つの国民として結合されているあらゆる国家においては、二つの対立する力、すなわち、他のすべての国民的利益がその中に含まれている二つの対立する国家的利益は、持続（*Permanence*）と進歩（*Progression*）のそれである。[34]」

コールリッジは、持続の利益、すなわち、保守的利益を、土地所有者が持つもの、進歩の利益を、商業者階級、製造業者階級、流通業者階級および専門職業者階級（the professional）、すなわち、「個人的利益層」（the Personal Interest）が持つものと考えた。[35]

このように、コールリッジによれば、持続の利益は地主の代表者によって、進歩の利益は動産と学識の代表者によって擁護される。そして、彼は、上院が全面的に前者に委ねられる反面、後者の代表者が「下院の明白で効果的な多数者」を形成すべきであること、或いは少なくとも世論の勢いの後押しによって下院で実際上優越すべきであることを、イギリス憲法にとって一つの要素であると考えた。しかし、彼は、「大地主に対する有効な平衡力として案出されたおもりが事の成り行きによって反対の秤皿に移されてしまっている」こと、すなわち、都市選出の議員たちは、「その相手の個人的な貪欲と地主層の利益一般に関する片寄った意見を抑制するために選出されたにもかかわらず、当の相手の階級の人々の政治的権勢の大きな部分を構成していることを認めると共に、道路、運河、機械、出版物、その他の民衆の側に好意を示している。諸勢力が恐らくこの欠陥を補う同等の力を構成していることを暗示している。[36]

このようにコールリッジは、彼の憲法理論の骨子であった「均衡の理念」によって、上院は持続の利益を代表する地主階級の、下院は進歩の利益を代表する動産と学識の代表者であるべきであると主張したのであるが、ミルは、その理論が地主層の現在の違憲的な万能性を執拗に維持しようとしているウイッグ党員と比べて、すぐれた議会改革論であると認め、「もしもこのようなコールリッジの説がトーリ党の原理となるならば、遠からずしてさらに進んだ改革が行なわれることを期待してよいであろう。」と断定した。(37) ミルがこのように指摘したのは、当時の下院議席の多くは、トーリ党の場合だけでなく、ウイッグ党についても、大地主階級である貴族層によって占められていたからである。彼は、「コールリッジの理論は、単なる端緒であって、政治哲学の最初の数行にさえ到達していないものであったが、その第一原理に関する限り、現代は、彼の理論に比肩し得る統治理論を外に一つでも生み出したであろうか。……統治の哲学が幼児期にあり、その第一歩である社会の緊急事項の分類が今なおなされていないことは、われわれが言うまでもない。……この特定の目的に応えるものとして、社会の利益を持続と進歩との二つの対立する利益に分けたコールリッジの区分は、明らかに不十分なものではあるが、その限りにおいてはこれに匹敵する区分をわれわれはいまだに見ることはない。これは、恐らく政治的諸制度に関する科学が現在到達している限りでのほぼ頂点をなすものであろう。(38)」と高く評価したのである。

ミルは、「コールリッジの政治理論の細目の中には、多くの有益なものと、多くの疑わしいもの或いはより悪いものが混在している。特に経済学においては、彼は、全くの白痴のような発言をしている。」と酷評しつつも、「他の点については、われわれは、見通しのきいた観察やトーリ党員を慄然とさせるのに十分な論調に出会う。」と指摘し、その実例として、過去半世紀の間の国家の政策を「ただ一つの目しか、しかも頭の背後にしか持っていない独眼巨人(Cyclops)」と呼び、国家のさまざまな施策を「一連の時代錯誤、或いは出来事を支配する科学ではなくて出来事への屈従に過ぎないもの」と批判した箇所を挙げている。[39]

彼は、コールリッジが「放任主義（*let alone* doctrine）、すなわち、政府は何もしないに越したことはないという理論」に反対したことを指摘して、国家が国家自体の安全の保障や財産の保護することのほかに、㈠生計の方法をあらゆる個人にとっていっそう容易なものにすること、㈡あらゆる構成員に対して、彼自信と子孫の生活条件を改善し得るという希望を保障すること、㈢彼の理性的、道徳的な存在にとって必要不可欠の諸能力を開発することに努力するように主張したことを高く評価した。これは、『第二俗人説教』（一八一七年）からの引用であるが、[40]コールリッジは、『教会と国家』においても、「国家（その語の最広義で、政治団体と考えられ、従って国家教会を包含する）の主要な目的には、二つあり、これに対して国家教会が特定で原理的な機関であり手段である。その第一は領域内の区民全般に、自分自身或いは彼等の条件をよくする希望と機会を保障することである。……第二の目的は、国家に生まれるすべての人に、国家の成員、文明化した領域の臣民の資格に必要な能力を発展させ、知識を与えることである。」と主張している。[41]ミルは、コールリッジが国家（国教会を含む広義の）の機能を防衛と治安の維持に限定しないで、社会的安定と教育的文化的な向上に努めなければならないとしたことに賛同したのである。

またミルは、「コールリッジが保守主義の哲学者としての資格において、政治学に対してなした最大の貢献として、「土地所有権に対して信託（*trust*）の観念を復活させた」ことを指摘している。彼は、『第二俗人説教』の註記から、「現在われわれの使用している字義における、またこのような財産に対する権利についての一般の考えに一致している個人的または私的財産の観念そのものは、元来動かすことのできる性質の事物に限られていた。そして動かすことができるものであればあるほど、私有財産である性質をますます帯びるのであった。」という一節を引用して、土地の所有権を問題とする考えが全く近代の産物であったと主張した。[42]彼は、「国家が誰に対してであろうと、彼とその家族の生活の糧を彼自身の労働によって得るのに十分なほど以上の土地に対する所有権を行使することを許す場合には、国家は、その人に他の人々を支配する権利を授けることになる。国家がそのように与えた権利は乱用されてはならないと要請する国家固有の権利は、私有財産に関するどんな観念でも妨げることはできない。」と強調し、土地所有権の絶対性を否定して、土地制度の改善の緊急性を訴えた最初の人物が保守主義の哲学者であったことの意義を高く評価したのである。(43)

ミルは、この論文の結びの近くで、「トーリ主義者たちが忘れ去ってしまい、またコールリッジが有力な自由主義諸派が決して知らなかったさまざまな真理を忘却から救い出す本来の契機になっている限り、トーリ主義の哲学者はただのトーリ主義者に止まっているはずはなく、しばしば自由主義者たち自身よりもいっそうすぐれた自由主義者になるに違いないということを示すために、われわれは恐らく多少のことはなし得たであろう。(44)」と記している。彼は、ベンサムの急進主義とコールリッジの保守主義とを「同じ偉大な進歩の力の両極端」として把え、「真に嫌悪すべきもの、また軽蔑すべきものであったのは、彼等に先行して存在していた状態であり、二人は、その状態を改善するために、長年にわたって努力し続けてきた。何れの側も、相手の出現を歓迎すべきである。とりわけ開明的急進主義者(enlightened Radical)や開明的自由主義者(enlightened Liberal)は、コールリッジのような保守主義者の存在を喜ぶべきである。(45)」と強調した。「ベンサム論」と「コールリッジ論」とは、彼の一八三〇年代の思索の一段落を示す相補い合う労作であったと言えよう。

(1)　Caroline Fox, *Memories of old Friends*, 1882, p. 77.

(2)　本書第一章、一二頁。

(3) *EL*, p. 406.
(4) *Ibid*., p. 411.
(5) Coleridge, *CW*, vol. X, p. 121. 柏經學訳「コールリッジ論」『J・S・ミル初期著作集』4、二五頁。
(6) *Ibid*., p. 119. 邦訳二一頁。
(7) *Ibid*., pp. 120–21. 邦訳二四頁。
(8) *Ibid*., p. 121. 邦訳二五頁。
(9) 柏前掲邦訳、訳者解説六頁参照。
(10) Coleridge, *op. cit*., pp. 128–9. 邦訳四〇–四一頁。
(11) *Autobiography*, p. 233. 拙訳二二七頁。
(12) *Ibid*., p. 233. 拙訳二二八頁。
(13) *A System of Logic*, *CW*, vol. VIII, Bk VI, Introductory Remarks, §2, p. 835.
(14) Coleridge, *op. cit*., pp. 130–31. 邦訳四五頁。
(15) *A System of Logic*, Bk VI, Ch. X, §5, pp. 920–24.
(16) Coleridge, *op. cit*., p. 133. 邦訳四九頁。
(17) *Ibid*., pp. 133–4. 邦訳五〇–五二頁。
(18) *Ibid*., pp. 135–6. 邦訳五二–四頁。
(19) *Ibid*., p. 136. 邦訳五六頁。
(20) *Ibid*., p. 138. 邦訳五九頁。
(21) *Ibid*., pp. 138–9. 邦訳六〇–六一頁。
(22) *Ibid*., pp. 141–2. 邦訳六六–七頁。
(23) *Ibid*., p. 145. 邦訳七四頁。
(24) *Ibid*., pp. 145–6. 邦訳七五頁。

(25) *Ibid.*, p. 147. 邦訳七七–八頁。
(26) *On the Constitution of the Church and State*, *S. T. Coleridge Collected Works*（以下 *CWC*, と略記）, vol. 10, p. 35.
(27) *CWC*, vol. 10, p. 43. Mill, Coleridge, pp. 143–4. 邦訳七八–九頁。
(28) *CWC*, vol. 10, pp. 43, 45–6. Mill, *op. cit.*, pp. 147–8. 邦訳七九–八〇頁。
(29) *Ibid.*, p. 47, Mill, *ibid.*, p. 148. 邦訳八〇頁。
(30) *Ibid.*, p. 55, Mill, *ibid.*, p. 148. 邦訳八二頁。
(31) Mill, *ibid.*, p. 149. 邦訳八三頁。
(32) *Ibid.*, p. 150. 邦訳八五–七頁。
(33) *CWC*, vol. 10, pp. 19–20. Mill, *ibid.*, p. 151. 邦訳八七–八頁。
(34) *Ibid.*, p. 24. Mill, *ibid.*, pp. 151–2. 邦訳八九頁。
(35) *Ibid.*, pp. 25, 28. Mill, *ibid.*, p. 152. 邦訳九〇頁。
(36) *Ibid.*, pp. 28–9. Mill, *ibid.*, p. 152. 邦訳九一頁。
(37) Mill, *ibid.*, p. 153. 邦訳九二頁。
(38) *Ibid.*, pp. 153–5. 邦訳九三–六頁。
(39) *CWC*, vol. 10, pp. 66–7. Mill, *op. cit.*, p. 155. 邦訳九六頁。
(40) *Lay Sermons*, *CWC*, vol. 6, pp. 216–7, Mill, *ibid.*, pp. 216–7. 邦訳九九頁。
(41) *CWC*, vol. 10, pp. 73–4.
(42) *CWC*, vol. 6, p. *215n*. Mill, *op. cit.*, p. 157. 邦訳一〇〇頁。
(43) Mill, *ibid.*, pp. 157–8. 邦訳一〇三頁。
(44) *Ibid.*, pp. 162–3. 邦訳一一四頁。
(45) *Ibid.*, p. 146. 邦訳七五–六頁。

三　『ロンドン・アンド・ウェストミンスター・レヴュー』の譲渡

『自伝』第六章の末尾には、次のように記されている。

「『コールリッジ論』が掲載された号が、私が所有者であった間に刊行された最終号であった。一八四〇年の春、私は、評論誌をヒクスン氏に譲渡した。彼は、私が経営している間、しばしばよい論文を無償で寄稿してくれた人であったが、『ウェストミンスター・レヴュー』の旧名に戻すことによって変更を明らかにするだけの約束であった。ヒクスン氏は、この名称で十年間主宰し続けたが、評論誌の売上げは、寄稿者だけに分配し、執筆者兼主筆としての自分の努力は、無償で提供した。原稿料が安いために、寄稿者を得るのが困難であったにもかかわらず、彼が急進主義の機関誌としての『ウェストミンスター・レヴュー』の性格をかなりの程度まで維持することができたのは、大いに多としなければならない。[1]」

ミルが政治的ジャーナリズムから手を引いて、『ロンドン・アンド・ウェストミンスター・レヴュー』の経営権を譲渡するに至った経緯は、長く明らかではなかったが、一九七二年にT・ヴァン・アルデル氏の論文が発表され、[2]一九九一年に刊行された『ミル著作集』第三十二巻『書簡集補遺』(*The Additional Letters.* 以下 *AL* と略記)にケンブル (Kemble, John Mitchel, 1807–57)、コール (Cole, Henry, 1808–82) 宛の書簡が収録された上、その解説に緻密な考証が加えられたので、同誌の経営権の譲歩に関する経緯がほぼ明らかになった。

ミルが最初に譲渡の申し出をした相手がボーモン (Beaumont, Thomas Wentworth, 1792–1848) が経営していた『ブリティッシュ・アンド・フォーリン・レヴュー』の主筆ケンブルであったことは、ミルの彼宛の一八三九年十月十日付の書簡によって分かる。この書簡は、経営上の困難のために『ロンドン・アンド・ウェストミンスター・レヴュー』の経営権を譲渡したいが、譲渡した後も「急進主義の機関誌であることを望み、「貴誌の前号の国民の現状に関する論文は、急進主義の点では、私の立場に劣るどころか、はるかに上廻っている」から安心である旨が述べられている。(3) しかし、『ブリティッシュ・アンド・フォーリン』誌の側の反応が思わしいものでなかったことは、十月十四日付のケンブル宛の書簡に示されている。(4) ミルは、これと並行して、テン・エイジア時代以来の友人で、グロート宅で行なった読書会の一員であり、当時公文書館に勤務しながら郵便制度の改革に尽力していたコールに、八月の段階から話を持ちかけていた。ヴァン・アルスデル氏によれば、コールの日記には、十一月十七日にヒクスン(Hickson, William Edward, 1803–70)と会って、「L and W. R. の措置について協力を約束した」と記されている。ヒクスンは、一八三九年にオランダ、ベルギー、北ドイツで教育制度について研究し、教育改革に熱心であった人物である。一方、『ロンドン・アンド・ウェストミンスター・レヴュー』の名目上の主筆としてミルを支えてきたロバートスンは、十一月の始めにコールを訪問して、彼と共同で主筆の役割を分担することを申し入れた。十一月十二日付のミルのコール宛書簡には、ロバートスンは自分が経営者の地位に止まることを望んでいるようだが、自分にはそのつもりはない、今の自分としては、ボーモンからの連絡を待っていると記されている。(5) 結局、ボーモンは、『ブリティッシュ・アンド・フォーリン・レヴュー』との合併を断り、ミルは、コールとヒクスンの共同経営を条件として、譲渡をきめたのであるが、主筆の地位を失なうことを恐れて共同経営に参加しようとしたロバートスンは、二人から拒否された。(6)

こうして、『ロンドン・アンド・ウェストミンスター・レヴュー』は、コールとヒクスンに譲渡された。『書簡集補遺』で四〇年三月六日付と推定されているコール宛の短い書簡には、次の月曜日に最終的な回答をする旨が記され、(7)

同月十二日のコール宛書簡には、私は、『ロンドン・アンド・ウェストミンスター・レヴュー』の全権を、あなたとウイリアム・ヒクスン氏に譲渡する。本誌は、今後『ウェストミンスター・レヴュー』と呼ばれ、経営者の交代は、次号に宣言されるべきである」[8]と記されている。三月号が、ミルの手で刊行された最後の号となったが、前に述べたように、「コールリッジ論」はこの号に発表された。ヒクスンとコールの共同経営で刊行された七月号には、次の社告が掲載された。

「本誌の本号は、新しい経営者と主筆の下で刊行されたが、原理には何の変更もなく、現在の経営者が長くその中にいた寄稿者の大部分も変らないと期待される。……『ロンドン・レヴュー』の経営者と主筆の何びとも現在の経営にかかわっていないので、一八三六年に『ロンドン』と『ウェストミンスター』の両誌が合併した時に誌名の一部として付けられた『ロンドン』の文字は削られて、元来の誌名の『ウェストミンスター・レヴュー』として今後刊行される。[9]」

このようにして、ヒクスンとコールへの経営権の譲渡は完了したが、この二人の共同経営は、七月号だけで終り、その後コールは、手を引き、先の『自伝』の記述にあったように、ヒクスンが十年にわたりミルの意図を継承して、『ウェストミンスター・レヴュー』を刊行し、ミルもしばしば寄稿することとなった。

『ロンドン・アンド・ウェストミンスター・レヴュー』の譲渡を終えたミルは、東インド会社から休暇を取って、コーンウォール半島の先端に近い港街ファルマスに急行した。それは、彼の弟ヘンリ（Mill, Henry, 1820–40）が十九歳の若さで結核のために重態に陥り、母ハリエットと姉クララ（Clara Esther Mill, 1810–86）とハリエット（Harriet Isabella, 1812–97）の三人に看護されて療養中であったからである。一行は、同地でスターリングと識り合って親しくなっていたが、地元の名家フォックス家の人々から手厚い世話を受けていた。当主のウェア（Fox, Robert Were,

1789–1877）息子のバークリ（Fox, Robert Barclay, 1817–55）と娘のキャロラインは、スターリングに私淑し、彼からミルのことを聞いて会うことを待ちかねていたのであるが、この兄妹は、ミルが到着すると、忽ち親しく教えを乞うようになり、それぞれの日記に詳しく彼の言動を書き留めた。二人の日記（*Barclay Fox's Journal*, ed. by R. L. Brett, 1979. Caroline Fox, *Memories of Old Friends, being Extract from the Journal and Letters of Caroline Fox, from 1835 to 1871*, ed. by Horace N. Rym. 1882）は、ファルマスでの出会い後のミルとの親交を詳しく記した貴重な記録である。筆者は、フォックス兄妹とミルとの交友についてかつて詳しく紹介したことがあるので、[10]四月四日にヘンリ・ミルが死に、兄ミルがロンドンに帰るまでのミル、スターリング、フォックス兄弟の密度の濃い親交と会話について述べることは差し控えるが、ミルが手放したばかりの『ロンドン・アンド・ウェストミンスター・レヴュー』について語ったこと、その全巻をフォックス一家に送った時のバークリ宛の手紙については言及しておかなければならない。

キャロラインの日記によれば、三月二十七日の項に、「私は、『あなた方は、本当に急進主義の政府を望んでいますか。』と尋ねた。スターリングは、現状ではとても不可能だと言った。ミルは、『私は、その準備をするためにできるだけのことをしてきた。しかし、無駄であった。そこで、私は、その仕事を見棄てた。いやその仕事が私を見棄てたと言ってよい』と述べた。[11]」と記されている。

夭折したヘンリの葬儀の後、ミルは、東インド会社の勤務のためにロンドンに帰った。彼は、ファルマス滞在中のフォックス一家との親交の記念として、『ロンドン・アンド・ウェストミンスター・レヴュー』を一家に送ったが、バークリの礼状に対する四月十六日付の彼の返信は、当時の彼の心境をよく示している。[12]「あなたの御親切で同情あふれるお手紙は、私に大きな喜びを与えました。私たちの前から私たちも間もなく後を追って行くところに去ってしまった彼について、既に言われたこと以上のことを言っても詮のないことです。彼への思いは残り、これからも残るでしょうが、あれほど若く死んだ者の記憶が生き残った者たちにこれ以上深く大きく有益な印象を残したことはほとんどありません。」と書き始めた彼は、弟ヘンリの追憶についてしみじみと記した後、『ロンドン・アンド・ウェストミンスター・レヴュー』に書き続けた論文の中、「何等かの永久的な価値がありそうなもの」については、その中書物の形にまとめたいと記し、「その他のものは、ほとんど政治に関するもので、今ではほとんど誰の役にも立ちません。私は、頭と心とをかなり使って、急進派に生きた魂を吹き込もうと努力したのですが、あのひからびた骨を生き返らせることはできませんでした。」と述べながら、「私は、多くの誤りを犯しましたが、唯一度だけ素晴らしい成功を収めました。……私がダラム卿を救ったということを知ることは、私にとって或る程度の満足です。」と誇りをもって回顧している。彼は、ダラムの苦境を救うために尽力し、同卿が有名な報告書を残したことは、彼の政治的ジャーナリズムが生み出した唯一の成果であったと自負したのである。彼が評論誌での活動のその他の成功例として挙げたのは、カーライルの『フランス革命史』が広く知られる契機となったことと、ギゾーの重要性を読者に広く認識させたことであった。この書簡は、ファルマスでの弟の死という悲しみが縁となって結ばれたフォックス一家との親交の情を明示すると共に、彼が『ロンドン・アンド・ウェストミンスター・レヴュー』のために払った努力を回顧したものとして、注目すべき内容を持つものと言えるであろう。

（1）*Autobiography*, p. 227. 拙訳二九〇頁。
（2）R. T. VanArdel, *The Westminster Review* Change of Editorship, 1840, *Studies in Biography*, vol. XXV, 1972.
（3）*AL*, pp. 45–6.
（4）*EL*, pp. 410–11.

(5) *AL*, pp. 46–7.
(6) *EL*, p. *420*, n. 3.
(7) *AL*, p. 50.
(8) *EL*, p. 424.
(9) *AL*, p. *50*, n. 3.
(10) 拙稿「J・S・ミルとフォックス兄妹」『國学院法学』第一九巻第一号参照。
(11) Caroline Fox, *op. cit.*, p. 79.
(12) *EL*, pp. 425–8. この書簡の筆者による全訳は、『J・S・ミル初期著作集』4、一九八一二〇二頁に収録されている。

四　「トクヴィル論第二」

ミルは、一八三五年にトクヴィルの『アメリカのデモクラシー』第一巻の書評を書いて以来、トクヴィルと親密な文通を続けていたが、トクヴィルは、一八三九年十一月十五日付の手紙で同書の第二巻を近く刊行することを次のように伝えた。

「本書は、平等が人類の意見と感情とに与える影響に関するものです。……あなたがそれをお読みになる時、それが平等が完全な勝利を収め、貴族階級が敗北して完全に姿を消した国で、その国のために書かれたものであり、一つの制度をつくったり阻止したりすることではなく、現代をそのまま認めた上でその欠陥を矯正することを目的としていることを忘れないで下さい。私は、フランスとアメリカの新しい社会についてしばしばあからさまに真実を述べていますが、私は、友人として語っているのです。私は、友人であればこそ敢えて言うのですし、固執もするのです。われわれにとって、平等にあらゆる種類のへつらい者がおりますが、しっかりとした真面目な忠告者はおりません。あなたは、私が自ら課した課題をうまく遂行したかどうかを判断して下さるでしょう。[1]」

ミルは、一八四〇年五月十一日付の手紙で、『アメリカのデモクラシー』第二巻を早速読んだことを伝え、「あなたは、私をはるかに追い越してしまわれたので、あなたの思想を理解するためには、多くの思索と研究が必要です。……あなたの重要な一般的結論の一つは、私がわが国ではほとんど唯一人の主張者でおり、私の知る限り一人の弟子も持っていなかったことです。それは、デモクラシーの真の危険、それに対して闘わなければならない真の弊害は無秩序や変化を好むことではなく、中国的な停滞と固定性であるということです。[2]」と記した。彼は、その書評（M. de Tocqueville on Democracy in America. 以下第二書評と呼ぶ）を『エディンバラ・レヴュー』の十月号に発表した。これは、彼が『ロンドン・アンド・ウェストミンスター・レヴュー』を手離した後の最初の論文であり、しかも、かつてのライバル誌『エディンバラ・レヴュー』への最初の寄稿であった。この書評は、先に検討した五年前の本書の第一巻に対する書評と比べて、彼のトクヴィル理解が著しく深化したことを示すものとして注目される。

ミルが「第二書評」において、トクヴィルの大著を「近代社会に実現されたデモクラシーについて書かれた最初の哲学的な書物」「政治の科学的研究の新時代の幕明け[3]」と称えたのは、決して誇張ではなかった。彼は、トクヴィルがデモクラシーという言葉によって、「境遇の平等」（égalité des conditions）、すなわち、一切のアリストクラシーのない状態を意味していること、そしてトクヴィルがデモクラシーの原理の進展が自然法則の性質を持つと考えていることを指摘し、「彼の意見によれば、人間の努力もまた偶然でさえも、それが文明そのものを逆戻りさせるのでない限り、デモクラシーの進展をうち負かすことはできないし、それを著しく遅らせることさえできない。しかし、彼にとっては、このような事実そのものは、人間の支配の埒外にあると思われるとはいえ、その有益または有害な結果はそうではない。そのような傾向は、自然のその他の大きな力の場合と同様に、阻止することはできないが、よい方に誘導することはできる。人間は、河川を水源にまで逆流させることはできないが、河川が畑を肥沃にするか荒廃させるかを人間自身に依存させることはできる。」とトクヴィルのデモクラシー観を要約している。[4] そして、「境遇の平等は、民主政治（popular government）を生み出すのが自然であるが、必ずしもそうとは限らない。平等は、平等の自由の場合も、平等の隷属の場合もあり得る。彼は、アメリカは第一の型であるが、フランスは第二の型に陥る危険があると憂慮している。彼は、フランスがすべての文明社会の中でも民主主義的な諸制度のない民主主義的な社会状態になり易い条件にあると、最大の恐怖をもって考えている。何故ならば、トクヴィル氏は、民主主義的な諸制度の中に、民主主義的な社会状態に伴ない易い最も深刻な弊害を増大させるよりも、それを矯正するものを見出しているからである。[5]」というコメントは、ミルがトクヴィルの問題意識を明確に把握していたことを示している。彼は、トクヴィルが「アメリカの自由の主要な源泉と保障とを、社会のほとんどすべての仕事を人民自身によって運用していることの中に認めている。[6]」と指摘しているが、これは、第一書評においてアメリカのタウンにおける住民の政治への直接の参与が民主政治の支柱であると強調したことの再説であり、このことこそトクヴィルとミルとに共通の切実な課題であった。

ミルは、トクヴィルがデモクラシーの示標として指摘した境遇の平等は、財産の不平等が極端に顕著であり、世襲の貴族階級が大勢力であるイギリスには無縁ではないかという疑問に反論して、階級間の区別がなくなる時代が切迫していると言うわけではないが、上流階級の力の減少と中流、下流階級の力の増大がイギリスにおいても十分に見られること、すなわち、政治上の主要性の構成要素が財産（property）、知性（intelligence）および団結の力（power of combined action）について上流階級の力が減退しつつある現状を、先に「文明論」で行なったのと同様の論調で指摘した[7]。そして彼は、「イギリスの統治は、少数者の統治から絶対多数者（the many）の統治ではなくても多数者（many）の統治へ——大衆的な要素をまじえた貴族政治から中産階級の政・体・（*regime* of the middle class）へ——と大幅に変化しつつある。」と主張し、トクヴィルがアメリカについて分析したデモクラシーの諸問題がイギリスにおいても同様に生じていることを強調したのである[8]。

このように、アメリカと対照的に貴族主義的な社会と統治の残存が明らかであるイギリスにおいても、「境遇の平等」を意味するデモクラシーが進展しつつあることを指摘したミルは、「境遇の平等」が平等の自由ではなく平等の隷属を生み出す危険をはらんでいることを特に自国フランスについて警告し、民主主義的な諸制度の中に民主主義的社会状態に伴なう深刻な弊害を矯正する唯一の手段を見出したトクヴィルに全面的に賛同した。彼は、トクヴィルの警告を、「フランスでは、政党の対立は熱烈かつ暴力的であるのに、フランス人以上に誰にせよ最高の地位にある人の手中にあって受動的である国民はない。トクヴィル氏は、実際上の隷従の習慣を目の当たりにしているので、徳性に信頼することができないし、自由に対するうわべだけの愛情が永続するとさえ信頼することもできない。彼の意見によれば、フランス人が自由な国民になることができるかどうかという問題は、地方自治の精神と習慣とを創り出す可能性に依存している。」と要約している[9]。彼は、トクヴィルが「民主主義的な社会状態とは区別された民主主義的な統治の影響を評価するに当たって、アメリカに存在している実情、すなわち、国家における民主政治が民主主義的な地方制度と結合していることを前提にしている」ことに注目した[10]。彼は、第一書評にも引用したトクヴィルの第一巻第二部第八章の一節を再び引用しているが、それは、「疑いもなく、人民による公共の問題の処理は、しばしば究めて拙劣である。しかし公共の問題に関わることで、人民の思考範囲は間違いなく拡がり、精神は、確実に日常の経験の外に出る。」という指摘に始まって、「民主政治は、国民に最も有能な政府を提供するものではない。しかしそれは、最も有能な政府がしばしばつくり出し得ないものをもたらす。社会全体に倦むことのない活動力、溢れるばかりの力とエネルギーを行き渡らせるのである。こうした活力は、民主政治なしには決して存在せず、それこそが、少しでも環境に恵まれれば、驚くべき成果を産む可能性を持っている。この点にこそ民主主義の真の利点がある。」と主張している箇所である。(11)

ミルがトクヴィルの第一巻から民主主義的な統治制度の利点として引用しているのは、立法と行政との過程が最大多数の利益を指向することを指摘した次の一節である。

「合衆国で公共の仕事の指導を任される者は、貴族制が権力の座におく者に比べて、しばしばその能力、徳性において劣っている。しかし彼等の利害は、同胞市民の多数の利害と融合し、一体化している。それ故彼等は、頻繁に不正を行ない、重大な過誤を犯すことはあっても、同胞市民の多数と対立する傾向を終始一貫追うことはないであろう。政府に排他的で危険な動きをとらせることもあり得まい。さらに、或る役人が悪政を行なったとしても、民主政治にあってはただそれだけのことであって、その役人の短い在任期間しか影響は及ばない。腐敗や無能は、人と人とを恒久的に結びつける共通の利害とはなり得ない。……。

しかし貴族制の政府の下では、公職を預かる人々は、一つの階級的利害を持ち、それは、多数者の利害と融合することが時にはあるとしても、多くの場合にはつまり別の利害である。この利害が公職にある者を共通の持続的な絆で結ぶ。この絆によって彼等は団結し、目的のために力を合わせるが、その目的が最大多数の幸福であるとは限らない。しかもこの絆は、統治の役職に者同志を結びつけるだけでなく、被治者の中のかなりの部分を為政者と一体のものとする。公職に就いていなくても貴族身分に属する市民はたくさんいるからである。従って、貴族制の役人は、政府の中にだけではなく、社会の中にも恒久的な支持基盤を持っている。

貴族政体において役人を同時代の人々の或る部分の利害に固く結びつけるこの共通の目標は、また来るべき世代の利害への同一化を促し、役人は、いわば将来の世代の利益に従うことにもなる。現在のために劣らず、未来のためにも働くのである。こうして貴族制の役人は、被治者と彼自身の情熱、さらにはほとんど子孫の情熱とも言うべきものに同時に動かされて、一つの地点に向かう。[12]」

このようにミルは、民主政治の長所として、広義のデモクラシーの特徴である「境遇の平等」が隷従下の平等に惰することを防止し、大衆の積極的な政治参加が人々の活動的な諸能力に顕著な刺戟を与えると共に、貴族主義的統治に伴なう特権階級の利益との癒着を排除し、統治を最大多数の利益に指向させることを強調したトクヴィルに賛同した。特に彼は、ニュー・イングランドのタウンの直接民主政治に示された地方自治がアメリカの民主政治の支柱であるという指摘を、第一書評の場合と同様に重視したのであるが、第二書評でトクヴィルが民主政治に伴ない易い欠陥を取り上げる際に、「多数者の専制」の問題に特に注目したのである。

ミルは、第一書評で、「トクヴィル氏が憂慮しているのは、個々人の安全や通常の世間的な利益ではなく、民族の道徳的尊厳と進歩性とである。彼が恐れているのは、人格に対する以上に意見に対して行使される専制である。彼は、性格の個性と思想と感情との独立が世論の専制的なくびきの下にひれ伏してしまうことを恐れている。[13]」と述べて、トクヴィルの第一巻第二部第七章から長い引用を行なっているが、その冒頭の部分は、次の一節である。

「今日、ヨーロッパの最も絶対的な主権者といえども、その権威に逆らう何らかの思想が秘かに国内に流通し、宮中にまで浸透するのを妨げることはできそうもない。アメリカは事情が異なる。多数の意見がはっきりしない中は、いろいろな見解が語られる。ところが、一度多数の意見が決定的に宣言されるや、誰もが口を閉ざし、敵も味方もなく競って多数の後に従おうとするように見える。その理由は単純である。どんな絶対君主といえども、多数者が立法と執行の権利を得た場合には、社会の力をすべて手中に収め、抵抗を抑えることはできない。……ところが多数者には物理的かつ精神的な力があり、これが国民の行為と同様に意志にも働きかけ、行動を妨げるだけでなく、行動の意欲を奪ってしまうのである。

総じて、アメリカほど、精神の独立と真の討論の自由がない国を私は知らない。[14]」

ミルは、第一書評でもトクヴィルの「多数者の専制」に関する批判を詳しく紹介したが、「アメリカよりも或る点では悪いが、他の点ではずっと幸福な立場におかれた諸国、すなわち、教育のために基金を寄贈された諸制度や世襲的な閑暇を持つ多数の階級がいる諸国では、アメリカにこれまでに存在した以上に、個人の精神に対する世論の専制に対抗する保障がある。[15]」と述べて、比較的楽観的な態度を表明していた。しかし、既に詳述したように、一八三六年の「文明論」においては、個人が大衆の中に埋没し、多数者の見解と思考様式が普遍的に盲従される傾向が明白に指摘され、彼のトクヴィル理解が著しく深まったことが示された。[16]そして、デモクラシーの最広義の社会、すなわち、私生活、知性、道徳および国民性を形成する慣習や感情に対する影響を検討する『アメリカのデモクラシー』第二巻を読むに至って、彼のトクヴィルへの共鳴は、いっそう高められた。彼は、同書第一部第二章の「最大多数者の知的支配は、一人の国王に従属している国家においてよりも、純粋の民主国内ではるかに専制的である。……そして、平等の時代に人々を支配している政治的法則が何であるにせよ、世論への信仰は、多数者を予言者として持っている一種の宗教となるであろう。[17]」というトクヴィルの警告を次のように要約している。

「昔の社会ならば古来の伝統や僧侶や哲学者の教義の中に見出した彼等の上にある法を、アメリカ人は、相互の意見の中に見出す。すべての人々は、環境上ほとんど平等であり、またすべての人々は、知性と知識についてはほとんど似たり寄ったりであるので、心ならずも尊重することを命令する唯一の権威は、教の権威である。各人が他のすべての人々と平等であることを完全に知れば知るほど、各人は、自分が大衆全体に対してますます無意義で無力であると感じるようになり、世間全体の意見が間違うことがあろうとはますます信じられなくなる。……大衆が信じていることでもやはり議論することができるという観念は、反対者の声によってもはや生々と維持されてはいないし、私的判断の権利は、能力のない人々にまで拡大されているので、有能な人々によってさえ行使されなくなってきている。(18)」

トクヴィルの第二巻は、第一部でデモクラシーが知的活動に及ぼす影響、第二部で風習に及ぼす影響を多角的かつ詳細に分析しているが、ミルは、それぞれに簡明なコメントを加えている。

ミルは、「民主主義時代に生活している人々が、科学、文学、芸術に対して自然的に無関心であるということは本当ではない。ただし、人々がそれぞれ自己流にこれ等のことを研究開拓し、彼等に特有な美点と欠点とをこの面にもたらしていることが認識されなければならない。(19)」というトクヴィルの判断に注目して、民主主義的な社会においては、知的活動をなし得る機会が貴族制的な社会よりもはるかに広く開かれ、才能と知識とは、決して低く評価されていないとコメントすると共に、知性の作品についての競争の激化とそれが訴える大衆の数の増加のためには、その量は、増大しても質の低下は避けられないとするトクヴィルの見解を肯定した。彼は、文学を例に取って、「文学は、商売になるだけでなく、顧客の質よりもむしろ数でこなすという他の商売で普通に実行されている原則によって行なわれる。一般市場向けにつくられる品物に大して苦労をかける必要はないし、制作上で節約された費用は、広告のために有利に使われる。このようにして、三流四流の作品の数が莫大なものとなり、一流の作品はごく僅かになるであろう。」と要約し、科学研究については、「人々は、地位の永続的な不平等によって、抽象的真理の傲慢なそして不毛な追求に没頭させられるが、民主的な社会制度と諸制度によって、科学から直接的なそして有用な応用だけを求める

だけを求めるように促される。」という一節に言及している。[20]

次にミルは、トクヴィルがデモクラシーの感情と道徳に与える影響を分析した第二部について、「現代において風習が一般的におだやかになり、人間性と博愛心が目立って進歩したことの大部分は、社会的平等が次第に進んだことの結果であるという意見」と「民主主義的な社会状態の傾向の一つは、すべての人々を自分に閉じこもらせ、その関心や希望や努力を自分の家族の中に集中させることであるという意見」という一見相矛盾するかに思われる見解を紹介している。ミルがトクヴィルの見解に注目したのは、彼がこの矛盾を解決する方向を自由な諸制度に人々が積極的に参与することに見出したからである。トクヴィルは、民主主義社会に特有で地位が平等化するに伴なって現われる「個人主義」（individualisme）について、「それは、各市民をして、その同類者たち大衆の中で自分を孤立させるようにさせ、そして自らの家族とその友人たちと共に、その大衆から離れたところに引きこもらせようとする。」と指摘し、「アメリカ人は、平等から生まれている個人主義に対抗して、自由によって闘争して、この個人主義に打ち勝っている。」を主張している。[21] この論点に関するミルの要約を引用しよう。

「民主主義的な社会の成員は、海岸の砂のようなものであり、各人は極めて微細で、何びとも相互に粘着し合うことはない。恒久的な階級がないために団結心（*esprit de corps*）がなく、世襲的な財産がほとんどないために、地方的な愛着も家族的な感情がこめられた外部的な対象もない。人々は、隣人たちとの間の結びつきをほとんど感じないし、祖先や子孫との結びつきもほとんど感じない。国家という共同の絆以外には、二人の人間を結びつける絆は、ほとんどない。そして、大規模な社会では、祖国愛は、自然に成長する感情ではない。……

従って、社会状態がますます民主主義的なものになるにつれて、人為的な方法によって愛国心を育成することがますます必要になるのであるが、そのためには、自由な諸制度、すなわち、国民が公共の仕事の運営に大規模にまたしばしば参与すること以上に効果的なものはない。このように促進される必要があるのは祖国愛だけではなく、人々を利益或いは共感によって隣人や同胞市民と結びつけるすべての感情について、そのことが必要なのである。民主主義的な諸制度は、人々の間に、特に富裕な人々の間に、彼等の世代にとって有益な、すなわち、地位の区別なしに公共、すなわち、隣人たちにとって有益なものとなり、同時に彼等の日常的な人間関係において親切で謙遜になろうとする望みを与える偉大な手段である。[22]」

ミルは、このような要約の次に、第二部第四章「アメリカ人は自由な制度によって、どのように個人主義と闘っているか」から長文の引用しているが、トクヴィルは、ミルが引用した部分のすぐ前に、「市民たちは、公務に専念することを余儀なくされる時には、必ず自分たちの個人的利益の中から引き出され、時々自分たち自身のことを見ないように引き離される。共通の勤めが共通に取り扱われる瞬間から、各人は、自分が初め想像したほどには同類者から独立していないこと、そして同類者の支持を得るためには、しばしば同類者にも自らも協力しなければならないということを悟るのである。」と記していた。そして、ミルが引用したこの章の末尾は、「フランスでは、多くの人々は、境遇の平等を第一の害悪と考え、政治的自由を第二の害悪と考えている。彼等は、一方のものに従わざるを得ない時は、少なくとも他方のものから逃れようと努める。しかし、私は、平等の生み出すための効果的な救済策はただ一つ、政治的自由しかないのだと主張したい。」と結ばれている。[23]このことは、トクヴィルがアメリカの社会・政治状況を常に自国フランスとの比較の下に考察し、フランスの現状に対する憂慮の念に馳られていたことを示すと共にミルがトクヴィルの見解に魅せられた理由をも明示しているといえよう。

ミルは、個々人を自己に閉じこもらせる個人主義に対抗する道徳理論として、トクヴィルが多くのアメリカ人の信奉する「開明的な自利の原理」（l'interét bien entendu. ミルは、the principle of enlightened self - interest と訳している）を高く評価していることに注目して、第二部第八章から次の引用している。
「開明的な自利の原理は、余り高級な教説ではないが、明かなそして確実な説である。この説は、偉大な目的を達成しようとはしないが、これが目指しているすべてのことを余り多くの努力を払わずに達成している。この説は、どんな知能を持った人々にも分り易いので、各人は、この説を容易に知り、苦もなく保持している。……自利の原理は、偉大な献身をつくり出さないが、日々小さな犠牲を暗示する。この原理だけでは人々を有徳なものにすることはできないであろう。しかしこの原理は、規則正しい、節度ある、穏和な、用心深い、自主的な市民大衆をつくる。この原理は、直接的には意志によって徳に導かないとしても、習慣によって知らず知らずの中に徳に近づける。(24)」

トクヴィルがアメリカ社会に見出した「開明的な自利の原理」とは、彼が個々人を自己の狭い私的領域から解放させる力として認めたものの一つであり、ミルは、貴族主義社会における自己犠牲の徳と対照的に、個々人の自利心に訴え、全体の幸福とすべての個人の利益の一致するように各人を導くデモクラシーの生み出し易い極端な個人主義の抑制原理として把えて、トクヴィルの指摘を評価したと理解することができる。

しかし、トクヴィルが「開明的な自利の原理」をデモクラシーの進展した社会の新しいモラルとして尊重したとはいえ、この原理の普及に全面的な期待をかけることができなかったことは、ミルが「全人口が競争者である場合に必然的に起こる激しい競争によって、富を獲得し享受しようとする欲望に与えられる異常な刺戟は、アメリカの生活に極めて特徴的な落着きのなさを生み出している。(25)」とコメントした後に引用した第二部第八章の次のようなペシミスティックな叙述に示されている。

「各市民に広大な希望を抱かせるようにしている平等は、すべての市民を個人的には弱いものにしている。平等は、すべての市民の願望を拡大させると同時に、あらゆる面で彼等の力を制限する。

すべての市民は、一人一人では無力であるだけではなく、初めには気付かない巨大な障害を、一歩前進する毎に見付ける。彼等は、すべての人々から競争に出会う。限界は、場所の変化にあるよりも、むしろ形式の変化にある。人々がほとんど似たりよったりで、同一の道を辿っている時、彼等の中の誰一人として、彼を取り巻いて彼を圧迫している一様な群集の中を突き抜けて、遠く前進することが難しいことは明かである。平等が生んでいる本能とこの本能を提供する手段との間には、恒久的な対立がある。そしてこの対立は、人々の魂を苦しめ疲労させる。(26)」

ミルはここで、境遇の平等化を意味するデモクラシーの進展につれて生じてくる危険性に関するトクヴィルの見解を要約して、「彼が統治についても知性についても憂慮しているのは、自由が多過ぎることではなく、余りにも容易に屈従すること、無政府状態ではなく奴隷根性（servility）、急激な変化ではなく中国的停滞性（Chinese stationariness）である。」と述べている。彼は、特に、相互に嫉妬し合っていても、多数者に由来する中央権力には嫉妬を感じないことから、人々を自分自身の利益に留意することから解放して、中央権力の指導の下におくことを許してしまうというトクヴィルの指摘に注目し、彼が大衆教育と政治的権力の拡大と拡散によって促進することの必要性を主張して、彼が民主主義的な諸制度こそ民主主義的な社会制度がさらされている最悪の弊害に対する救済策であると繰り返し強調したことを全面的に支持した。(27) 彼は、トクヴィルが「多数の暴政」（tyrannie de la majorité）を論じた第一巻第二部第七章の「私は、社会のどこかに他のすべての力に勝る一つの力がなければならないと考えているが、この力の前にいかなる障害もなく、その歩みを遅らせ自制を促すこともできないとすれば、自由は危機に瀕すると思う。(28)」という一節を満腔の賛意をもって引用したのである。

ミルは、「個性を破壊し、人間の能力の行使を偏狭な限界内に閉じこめるデモクラシーの傾向に対抗する」ことの緊急性を強調して、トクヴィルの大著の末尾に近い第二巻第四部第七章の次の一節を引用している。

「現代の諸国民の大部分では、主権者は、その起源、体質、名称のいかんを問わず、ほとんど全能になっており、諸個人は、ますます最低度の弱さと最も甚だしい従属に陥るようになりつつある。

古い貴族制社会では、すべてのことが現代社会とは異なっていて、統一と一律性はどこにも見出せなかった。現代のわれわれの社会では、各個人の特殊相は、共通の様相の中に間もなく失なわれそうになっているほどに、あらゆるものが似かよったものになろうとしている。われわれは、個人の利益は、常に多数の人々の利益の前に屈服すべきであるという別の理念を誇張する傾向にある。

社会の力に広大な、眼に見える不動の限界を定めること、諸個人に一定の権利を与えて、これ等の権利の確固とした境界を定めること、個人に残されている独立力、創造性を保有させること、個人を社会のそばに立ち上らせ、社会に面して個人を支持すること、私は、これ等すべてのことがわれわれの時代における立法者の第一の目標であると考える。(29)」

以上のようにミルは、トクヴィルの二巻の大著を慎重に検討して、極めて多くの点で賛同したのであるが、彼の書評が単に称讃と紹介に終らず、本書をイギリスの状況に照らして自主的に活用しようとしたことは、「トクヴィル氏は、少なくとも表面的には、デモクラシーの影響を文明の影響と混同している。彼は、一つの抽象的な観念の中に現代の商業社会の諸傾向の全体を取り入れて、それにデモクラシーという一つの名称を与え、そのために彼が国民的繁栄の単なる進歩から、その進歩が現代において示している形をとって自然的に生じてくる結果のいくつかを諸条件の平等に帰しているような印象を与えている。(30)」という評言に示されている。彼は、トクヴィルが「境遇の平等」によってデモクラシーの諸傾向を説明しようとしたことについて、平等の増大は、文明の進歩の諸様相の一つ、すなわち、産業と富の進歩の偶然的な結果の一つにすぎず、それは極めて重要な結果ではあるが、トクヴィルがアメリカに見出したさまざまな社会的特徴の原因と混同してはならないと主張したのである。(31)

ミルは、「商業文明が進歩しているすべての国々の中で、イギリスは、境遇の平等化が最も進んでいない国である。」と指摘し、イギリスには、社会的、経済的不平等が顕著に残っているにもかかわらず、トクヴィルが指摘したアメリカの知的、道徳的な様相と酷似していること、すなわち、「アメリカ人は、長所についても短所についても、わが国のミドル・クラスを誇張したものに似ているのではなかろうか。」と問いかけた。(32) 彼は、トクヴィルがアメリカについて詳述した「大衆と比較した場合の個々人の無意義さの増大」「大衆自体が非常な規模で増大していて、その前で個々人が無力になっていること」がイギリスについても顕著に現われていると指摘して、「今では、ほとんどどんなことでも個々人に依存していることはなく、すべては階級に依存しており、諸階級の中でも主としてミドル・クラスに依存している。ミドル・クラスは、社会の権力を握り、富と成功の決定者になっている。」と強調した。(33) このようにミルは、トクヴィルによるアメリカ社会の分析の成果をイギリスの現状に即して自主的に受け止めて、イギリスにおける旧支配者階級、すなわち、貴族階級の没落とミドル・クラスの擡頭の必然性を肯定すると共に、ミドル・クラスの優越する商業社会の現実の中にトクヴィルが指摘したデモクラシーの内在的欠陥とその矯正の緊急性とを見出したのである。

トクヴィルの第二巻の主題であるデモクラシーの道徳的、社会的影響のほとんどすべてが貴族主義的なイギリスに完全に現われていることを明らかにしたミルは、結論的に次のように主張した。

「弊害は、民主主義的な階級が優越することではなく、どの階級にせよ優越することである。トクヴィル氏がアメリカ人について指摘し、われわれが現代のイギリス人の精神の中に見出している欠陥は、商業階級の通常の欠陥である。アメリカで優位を占め、わが国でも優位を占めつつある社会の部分、すなわち、アメリカの多数者とわが国のミドル・クラスとは、商業階級であるという点で一致している。人間性のどのような種類でも、社会に優位を占める時には何時でも、社会の他のすべての人々に自分の型を押し付け、すべての人々に自分の型に従うかそれを模倣するように強制することについて、アメリカは、完全な実例を示しており、イギリスは、その実例にますます近付きつつある。(34)」

彼は、すぐ次に、「同質的な社会が当然に停滞的な社会であるのは、中国だけのことではない、人間相互の相違性(unlikeness)は、進歩の一原理であるだけではなく、ほとんど唯一の原理のように思われる。(35)」と強調している。彼は、「商業的精神の不均衡な影響」をイギリス社会の最も深刻な危険と把えて、「賢明で善意の政治家や公共の教師たちに、人間の心においても外部的な生活においても、そのような精神の排他的な諸傾向に十分な制約を与えることができるものを確保し強化することこそ、自分たちの最も差し迫った義務であると考えてもらわなければならない。(36)」と主張した。そして、現代の社会と政治における商業階級の優位が不可避であることを認めると共に、「現在の統治上の大問題は、最も強力なものが唯一の権力になることを防止し、たとえ一時的であっても自分自身の傾向に反対することができるあらゆる障害を一掃しようとする支配的な団体の本能と熱情との自然的な傾向を抑制することである。(37)」という警告によってこの書評を結んだのである。

ここで想起されるのは、『自由論』第三章「幸福の一要素としての個性について」の末尾に近い一節である。ミルは、ヨーロッパ諸国民を人類の中の停滞した部分ではなく進歩する部分にした要素は何かと問いかけて、「彼等の性格と教養の驚くべき多様性(their remarkable diversity of character and culture)こそその原因であったと指摘して、

「個人、階級、国民は、互いに全く似ていなかった。彼等は、実に多種多様な道を開拓した。それは、どれも何か価値あるものへ通じていた。そして、どの時代においても、相違なる道を歩む人々は、相互に不寛容であったし、自分以外のすべての人々を自分と同じ道を歩むように強制することができたらすばらしいと誰もが考えたに違いないが、にもかかわらず、相互の発展を妨害しようとする彼等の企ては、永久的な成功を収めることがめったになかったのであり、結局おのおの生きながらえて、他人が提供した善を受け入れるようになった。私の判断するところでは、ヨーロッパは、その前進的で多面的な発展を、ひとえにこのような進路の多様性に負うている。」と述べた後、「しかし今日、ヨーロッパは、この利点を既にかなりの程度失ない始めている。」と主張するに際して、トクヴィルの警告に言及しているのである。(38)

トクヴィルの二巻の大著をめぐり、彼とミルとは、相互に敬意をこめて親密な文通を交わし合ったが、二人の文通が一八四四年から五六年まで十年以上にわたって途絶え、一八五四年に書かれたミルの自伝の初期草稿に『アメリカのデモクラシー』に対する評価が極めて僅かしか記されていなかったことは、微妙な問題を投げかけているが、『自由論』における個性と多様性の喪失に対する情熱的な警告に際してトクヴィルが援用され、『自伝』の最終稿に、『アメリカのデモクラシー』について、デモクラシーの長所だけではなく、「数的な多数者の統治と考えられるデモクラシーが陥り易い独特の危険に、同じ位の強烈な光明が当てられ、見事な分析がなされていた。(39)」と書き加えられたことは、ミルが『自由論』や『代議政治論』の執筆過程で、自分の思想形成過程におけるトクヴィルの影響力の大きさを再認識した結果であったと思われる。ミルは、トクヴィルの単なる祖述者ではなく、彼から多くのことを批判的かつ選択的に摂取したと言うことができるであろう。

（1）*Correspondance Anglaise, Oeuvres complètes,* Tome VI, 1954, pp. 326–7.
（2）*EL*, p. 434.
（3）De Tocqueville on Democracy in America [II], *CW*, vol. VIII, p. 132. 拙訳「トクヴィル論第二」『J・S・ミル初期著作集』4、一三三頁。
（4）*Ibid*., p. 158. 拙訳一三四頁–五頁。
（5）*Ibid*., p. 159. 拙訳一三五頁–六頁。
（6）*Ibid*., p. 168. 拙訳一四八頁。
（7）本書第三章、一〇六–七頁。
（8）De Tocqueville on Democracy in America [II], *CW*, vol. VIII, p. 167. 拙訳一四七頁。
（9）*Ibid*., p. 168. 拙訳一四八–九頁。
（10）*Ibid*., p. 170. 拙訳一五一頁。
（11）*De la démocratie en Amérique, Oeuvres complètes,* Tome I–1, pp. 254–5. 松本礼二訳『アメリカのデモクラシー』（岩波文庫）第一巻（下）一三四–六頁。Mill, *ibid*., p. 170–71. 邦訳一五二–三頁。
（12）*Ibid*., pp. 243–4. 邦訳第一巻（下）一一六–七頁。Mill, *ibid*., pp. 172–3. 拙訳一五四–五頁。
（13）*Ibid*., Tome I–1, p. 81. 邦訳第一巻（上）一六一頁。
（14）*Ibid*., Tome I–1, pp. 265–6. 邦訳第一巻（下）一五二–三頁。Mill, *ibid*., p. 81. 拙訳一六一頁。
（15）Mill, *ibid*., p. 85.
（16）本書第三章、一〇六–八頁。
（17）*De la démocratie en Amérique, op. cit,* Tome I–2, p. 19. 井伊玄太郎訳『アメリカの民主政治』（下）（講談社学研文庫）三三五頁。
（18）Mill, *op. cit*., p. 179. 拙訳一六四頁。
（19）Tocqueville, *op. cit*., Tome I–2, p. 45. 邦訳（下）八四–五頁。

(20) Mill, *op. cit.*, pp. 180–81. 拙訳一六五–六頁。
(21) Tocqueville, *op. cit.*, Tome I–2, p. *101*, 110. 邦訳（下）一八七、一九五頁。
(22) Mill, *op. cit.*, pp. 182–3. 拙訳一六七–九頁。
(23) Tocqueville, *op. cit.*, Tome I–2, p. 112. 邦訳（下）一九九頁。
(24) *Ibid.*, pp. 128–9. 邦訳（下）二二七–八頁。Mill, *op. cit.*, p. 185. 拙訳一七二頁。
(25) Mill, *ibid.*, p. 187. 拙訳一七五頁。
(26) Tocqueville, *op. cit.*, Tome I–2, p. 144. 邦訳（下）二四九頁。Mill, *ibid.*, p. 188. 拙訳一七六頁。
(27) Mill, *ibid.*, pp. 180–81. 邦訳一七七頁。
(28) Tocqueville, *op. cit.*, Tome I–1, p. 263. 松本訳第一巻（下）一四九頁。Mill, *ibid.*, p. 189. 拙訳一七八頁。
(29) Tocqueville, *ibid.*, Tome I–2, p. 334. 井伊訳（下）五七七頁。Mill, *ibid.*, p. 190. 拙訳一七九頁。
(30) Mill, *ibid.*, pp. 191–2. 拙訳一八一頁。
(31) *Ibid.*, p. 192. 拙訳一八二頁。
(32) *Ibid.*, p. 193. 拙訳一八三頁。
(33) *Ibid.*, p. 194. 拙訳一八五頁。
(34) *Ibid.*, p. 196. 拙訳一八八頁。
(35) *Ibid.*, p. 197. 拙訳一八八頁。
(36) *Ibid.*, p. 198. 拙訳一九〇頁。
(37) *Ibid.*, p. 200. 拙訳一九三頁。
(38) *On Liberty*, *CW*, vol. VIII, p. 274. 早坂忠訳『自由論』（『世界の名著』38）二九八–九頁。
(39) *Autobiography*, p. 199. 拙訳二七一–二頁。

むすび

本稿で追跡してきた一八三〇年代におけるミルの思想形成過程とその間の旺盛な執筆活動を振り返る時、その充実ぶりに驚嘆せざるを得ない。本稿では触れることができなかったが、ミルの執筆活動には、「テニソン論」(Tenyson's Poems, *LR*. July 1835)、カーライルの『フランス革命史』の書評(The French Revolution, *LWR*, July 1837)、「ヴィニー論」(Writinys of Alfred de Vigny, *LWR*, April 1838)などの注目すべき文学評論もあり、さらに一八三〇年代全般を通じて、一八四三年に刊行された『論理学体系』の草稿が書き続けられ、ハーシェル、ヒューウェル、コント等の方法論的研究が政治的ジャーナリズム活動の間を縫って行なわれた。特に彼が東インド会社の勤務に常に従事していたこと、またハリエット・テイラー夫人をめぐる微妙な三角関係の中にあって、社交的に孤立を深めていた環境を考慮に入れるならば、彼の思想的営為と旺盛な執筆活動が極めて大きな負担であったことは容易に推測することができる。現に彼は、精神的、肉体的な疲労のため医師に転地療養を二回にわたって勧められ、一八三六年七―十一月および一八三八年末から翌年七月初めまで大陸に静養旅行をすることを余儀なくされたのであった。

彼は、『自伝』の第六章の終りに、一八四〇年に政治的ジャーナリズムから手を引いたことを述べた後、第七章「私の残りの生涯の概観」の冒頭に、「この時以来、私の生涯について述べる価値があることは、ごく狭い範囲となるであろう。私には引き続き精神的進歩があったと自負しているとはいえ、連続的に記録するほどの精神的な変化はもはやなかったし、私の精神的進歩がもし本物であったならば、私の著述の中に最もよく見出されるであろう。(1)」と記している。このことは、彼自身一八四〇年までを一八二六―七年の「精神の危機」以来、ベンサム主義の狭隘性を痛感して、さまざまな異質思想から謙虚に学び、自分が真に納得することができる思想体系を構築するために努力した時期として回顧していたことを明らかに示している。『自伝』の第五、六章は、その過程を要約的に叙述しているが、この間の彼の論説と交友関係を詳らかに検討すれば、一八三〇年代の彼の思想形成過程が『自伝』だけによっては必ずしも全面的に把握し切れない大きな振幅を伴なっていたことが分かる。本稿は、不十分ながらこの間の彼の論説をできるだけ広範囲に検討した一つの試みであった。

本稿の主要な課題は、彼の思想形成過程を複雑な交友関係と時代的背景を考慮しながら、彼の真摯な学習と綜合的な思想吸収の営為を追うことであったが、本稿のもう一つの課題は、彼が基本的にベンサムの改革思想を継承し、一八三二年の第一次選挙法改正以後議会に進出した哲学的急進派を指導し激励するためにおびただしい量の政治評論を書き続けた足跡を明らかにすることであった。特に注目すべきは、彼が一八三五年に創刊された『ロンドン・レヴュー』の実質上の主筆を引き受け、翌年『ウェストミンスター・レヴュー』と合併して『ロンドン・アンド・ウェストミンスター・レヴュー』となった後、一八三七年には、その経営者となって、苦しい資金事情の下に、一八四〇年までこの評論誌を運営し続けたことであった。『自伝』には、「評論誌は、私の意見の発表機関として、或る程度まで私の初期の著述の偏狭なベンサム主義から顕著な形で切り離すことを可能にしてくれた。[2]」と記されている。この評論誌に賭けた彼の異常な努力は、彼が自らつくり上げた思想を公表すると共に、大きな過渡期にあったイギリスの政局にあって哲学的急進派の活動を鼓舞することに使命感を燃やした彼の意欲の表明であった。彼は、評論誌の目的が、「ベンサムと父の立派な特徴であったことを維持する一方で、急進主義的な思索にもっと広い基礎ともっと自由で温か味のある性格を与え、ベンサムの永久的な価値を持つすべてのことを承認して取り入れながら、ベンサムの哲学よりもさらにすぐれた完全な急進主義の哲学があることを示すことであった。[3]」と述べている。この一節は、彼の思想形成の営為と政治的ジャーナリズム活動が、表裏一体のものであったことを示している。本稿の狙いは、このことを実証することにあったのである。

（1） *Autobiography*, p. 191. 拙訳二三五頁。
（2） *Ibid.*, p. 225. 拙訳二八九頁。
（3） *Ibid.*, p. 221. 拙訳二八七頁。

第二部　バーリンにおける自由論と価値多元論

はしがき

極めて個性的な哲学者、政治思想史家として令名高かったアイザイア・バーリン氏（Berlin, Isaiah, 1909-97）は、一九九七年十一月五日、八十八歳で逝去した。まさに巨星墜つの感が強い。バーリン氏は、一九〇九年、当時ロシア帝国領であったラトヴィアの首都リガで、ユダヤ人の家系に生まれ、ロシア語とドイツ語を母国語として育った。父の家業は、材木商であったが、一家は、一九一五年にアンドレアポールに、一七年にペドログラードに移った。彼は、八歳の時にロシア革命に遭遇し、十一月革命の際にペドログラードで警官が群集に襲われているのを目撃して、「そのために一生涯肉体的な暴力を恐れるようになった。」と語っている。[1] 彼の一家は、一九二一年にイギリスに移住したが、リガに残った父方と母方の祖父、一人の叔父と一人の叔母、三人の従兄妹は、一九四一年にナチスのユダヤ人虐殺の犠牲になった。彼は、セント・ポール校からオックスフォード大学コーパス・クリスティ・カレッジに進み、卒業後、オール・ソールス・カレッジのフェローとして、論理実証主義の流れを汲んで、一九三〇年代のオックスフォードの哲学に新風を吹き入れた。彼は、一九四一年から情報省の要員としてニューヨーク、ワシントン、モスクワで戦中戦後の勤務に就いた後、一九四六年にオックスフォードの学究生活に復帰した。彼は、一九五七年、G・D・Hコール教授の後任としてチチリ講座の社会、政治理論の主任教授に就任し、一九六六年、新設のウォルフスン・カレッジの学長となって七五年まで勤め、さらに一九七四-八年にはイギリス学士院会長であった。彼は戦時の情報省勤務以外は、終生オックスフォード大学で学究生活を続け、ロシア領に生まれたユダヤ系の人物として、イギリス経験論を核心としつつ独自の哲学と思想史研究に極めて多彩な業績を残した。[2]

バーリン氏の高弟であるジーザス・カレッジのフェロー、ジョン・グレイ氏（Gray, John, 1948-　）は、恩師の思想を概説し分析した著書の主な課題として、バーリン氏の「巨大な破壊力をもつ一理念」である価値多元論（value-pluralism）を挙げ、その内容を「人間の究極的な諸価値は相対立し、しばしば結合が不可能であること、諸価値が相互に対立する時には、共通の尺度はなく、何等の合理的な尺度によっても比較することができないこと」と総括し、「内在的に抗争的な諸価値の間の不可避的な対立と償い難い損失を認めるストア的で悲劇的な自由主義」をバーリン氏の「抗争的自由主義」（agonistic liberalism）と名付けている。(3)「二つの自由概念」（Two Concepts of Liberty, 1958）は、周知のように活発な論争を惹起したが、バーリン氏のユニークな自由論は、彼が繰り返し提唱して価値一元論を批判し続けた価値多元論との関連で理解されなければならない。本稿は、バーリン氏が思想史研究によって価値多元論の構想に到達し、自由論の基底に据えた過程を追求することを通じて、彼の政治思想の核心を把握しようとする一試論である。(4)

（1）Ramin Jahanbegloo, *Conversation with Isaiah Berlin*, Peter Halban, London, 1992, p. 4. 河合秀和訳『ある思想史家の回想』（一九九三年、みすず書房）一五頁。
（2）John Gray, *Berlin*, Fontana Modern Masters, 1995, pp. 3-5. 小川晃一他訳『自由論』１（一九七一年、みすず書房）あとがき（福田歓一）ii-iv参照。
（3）Gray, *ibid.*, p. 1.
（4）バーリンの著述と邦訳書は次のものである。本稿註の引用には、カッコ内の略記号を使用する。
Karl Marx : His Life and Environment, Oxford U.P. 1939.（*KM*）
The Age of Enlightenment : The Eighteenth-Century Philosophers, New York, New American Library, 1956.（*AE*）

Four Essays on Liberty, London, Oxford U.P. 1969.（*FE*）

Vico and Herder : Two Studies in the History of Ideas, London, Hogarth Press, 1978; Paperback, Chatto and Windus.（*VH*）

Russian Thinkers, London, Hogarth Press, 1978, paperback, Penguin.（*RT*）

Concepts and Categories : Philosophical Essays, London, Hogarth Press, 1978; paperback, Oxford U. P.（*CC*）

Against the Current : Essays in the History of Ideas, London, Hagarth Press, 1979; paperback, Oxford U. P.（*AC*）

Personal Impressions, *London*, Hagarth Press, 1980; paperback, Oxford U.P.（*PI*）

The Crooked Timber of Humanity : Chapters in the History of Ideas, London, John Murray, 1990; paperback, Fontana Press.（*CT*）

The Magnus of the North: J. G. Hamann and the Origins of Modern Irrationalism, London, John Murray, 1993, paperback, Fontana Press.（*MN*）

The Sense of Reality : Studies in Ideas and their History, *Chatto and Windus*, 1996; Pimlico edition, 1997.（*SR*）

福田歓一・河合秀和編『バーリン選集』（岩波書店）

1『思想と思想家』（一九八三年）

2『時代と回想』（一九八三年）

3『ロマン主義と政治』（一九八四年）

4『理想の追求』（一九九二年）

倉塚平、小箕俊介訳『カール・マルクス』（中央公論社、一九七四年）

小川晃一・小池銈・福田歓一、生松敬三訳『自由論』1、2（みすず書房、一九七一年）

小池銈訳『父と子・トゥルゲーネフと自由主義者《リベラル》の苦境』（みすず書房、一九七六年）

小池銈訳『ヴィーコとヘルダー・理念の歴史・二つの試論』（みすず書房、一九八一年）

河合秀和『ハリネズミと狐・「戦争と平和」の歴史哲学』（岩波文庫、一九九七年）

第一章　価値多元論の系譜

一　バーリンの価値多元論

バーリンは、ジャハンベグローとの対話の中で、単一の基準を信じる一元論（monism）に対立する彼の基本的な信条としての多元論（pluralism）の結論について、「道徳と政治の問題、さらには価値にかかわるすべての問題には最終的な答を出すことはできない。それればかりか、人が出す答、人に出す資格のある答の中には互いに両立しないものがある。従っていくつかの価値が両立しなくなるような余地を生活の中に設けておかなければならない。その結果、破壊的対立を避けたいのであれば、妥協をとりつけねばならない。そこでたとえ不承不承ではあっても、最小限の寛容が不可欠になるであろう。」と簡潔に述べている。[1] ここにバーリンにおける価値多元論と自由論との接点が明快に示唆されているが、本章では、彼が思想史研究の過程で価値多元論の構想を確信するに至った軌跡を追って見たい。

バーリンの「二つの自由概念」については、第二章で検討を加えたいが、彼は、一八五八年にチチリ講座教授就任講演として述べたこの著名な論説を一九六九年に論文集（*Four Essays on Liberty*）に収録するに当って巻頭に付した序説の中で、この論文が「積極的自由」に対して「消極的自由」を無条件に弁護したという指摘に答えて、「この文章は、確かに弁護であるが、一元論に対して多元論を弁護しようとの意図で書かれたものである。すなわち、同じような究極的な目的の主張が互いに両立しないことを認めた上での多元論を、競合する主張の中、一つを除いてすべて抹殺してしまうことによって問題を解決しようとする性急な一元論に対して弁護しようとしたのである。[2]」と強調した。さらに彼は、彼の多元論はミルと同様の価値相対論であるというスピッツの指摘に答えて、ミルは、価値判断の領域にも到達と伝達が可能な容観的な真理が存在することを前提として、それを発見するための条件として個人の自由、特に探求と討論の自由がなければならないと主張したのであるが、自分の考え方はそうではないと強調して、「私の命題は、いくつかの価値は本質的に相拮抗しているのであるから、すべてが調和しているようなパターンが発見できるに違いないという考え方自体、世界の実情について誤った先験的見解に基づいているということである。」と反論している。[3] バーリンとミルとは自由論について多くの共通点を持っているが、その基本的な価値観が決して同一ではなかったことは明らかである。

バーリンが価値多元論を最初に簡潔な形で述べたのは、「二つの自由概念」の第八節「一と多」(One and Many)においてである。彼は、「正義、進歩、未来の世代の幸福、神聖な使徒、国民、民族、階級の解放、さらに自由――これは社会の自由のために個人の犠牲を要求する――等々、歴史の大きな理想の祭壇において個人が殺戮されてきた」ことの最大の原因は、「どこかに最終的な解決があるという信仰」すなわち、「人々が信じてきたあらゆる積極的な諸価値は、究極的には相調和し、恐らく相互に必要とし合うという確信」であったと指摘した。[4] さまざまな先験的な命題によって主張されてきたこのような古来の一元論に対して、バーリンは、「経験的観察と通常の人間的知識という至極ありきたりの手段」によって反論しようとした。すなわち、日常的経験において遭遇する世界は、「何れも等しく究極的であるような諸目的——そして或るものを実現すれば、不可避的に他のものを犠牲にせざるを得ないような諸目的——の間での選択を迫られている世界」である。彼の価値多元論の根拠は、「絶対的な諸要求の間での選択を余儀なくされるという事態こそ、人間の状態の不可避的な特徴である」ことの認識にほかならなかった。[5] 一元論、すなわち「唯一の標準への信仰」を批判し克服しようとするバーリンの多元論の基礎は、「人間の目標は多数であり、そのすべてが同一尺度で測り得るものではなく、相互に絶えず競い合っているという事実」そのものであった。[6]

バーリンが価値多元論の確信に到達した軌跡を四十年間にわたる思想史研究を総括する自伝的な叙述として平明に語ったのは、一九八八年の講演「理想の追求」（The Pursuit of the Ideal）においてである。彼は少年時代にトルストイの『戦争と平和』を読んだことの回想から語り始め、オックスフォード在学時代にプラトン、アリストテレスを初め多くの古典を読み、ストア主義者が理性に従って生きる人によって真理は発見されると信じ、ユダヤ教徒、キリスト教徒、回教徒が真の答は神によって啓示されると信じ、十七世紀の合理主義者が解答は形而上学的な洞察力によって発見することができると考えたなど、時代によって形は異なっても、古来の思想には同一パターンの「プラトン的理想」（a Platonic ideal）が底流していることに気付いたと述べた。彼のいう「プラトン的理想」とは、㈠あらゆる質問には唯一つの真の解答しかなく、他の解答は必然的に誤りである、㈡これらの真の解答を発見するために頼りにすることができる道は唯一つに違いない、㈢真の解答が見出された時には、それ等の解答は相互に調和し、単一の全体を形成するに違いないという信念である。[7] この三つの命題は、バーリンが批判した一元論の極めて要約的な骨子であり、彼は、しばしば同じ内容の叙述をしている。例えば彼は、一九七八年に来日した際に東京で行なった講演「西欧におけるユートピア思想の衰退」（The Decline of Utopian Ideas in the West）において、西欧のユートピア諸思想を三千年にわたって西欧思想の主流をなしてきた単一の真理への信仰の系譜の中に位置付け、古来のユートピア思想に共通するものとして上記の三つの命題を挙げている。(8)

バーリンは、このような一元論に対立する思想をマキアヴェッリ（Machiavelli, Niccolò di, 1469–1527）の著述の中に見出し、「それは、私に深く永続的な感銘を与え、それまでの私が信じてきたことを動揺させた。」と語っている。彼がマキアヴェッリから読み取ったのは、古代ローマの全盛期に示された「男らしい異教的な美徳（manly, pagan virtues）と「キリスト教的な美徳」（Christian virtues）とを峻別し、ローマ型の国家を樹立するためには、キリスト教的な美徳は役立たないと主張したことである。彼は、マキアヴェッリは「キリスト教的な美徳を非難したのではなく、二つの道徳が両立しないことを指摘しただけであり、彼は、人間にとっての正しい生き方を定めることができるような何等の超越的な基準も認めなかった。」と強調し、ここに示された「人類が現在、そして過去に追求した最高価値のすべては必ずしも両立するわけではないという認識」が彼に大きな衝撃を与え、「それは永遠の哲学」（*philosophia perennis*）に基づいていた私のそれまでの仮定――さまざまの真の目的、人生の中心的な問題に対する真の解答の間には何等の対立はないという仮定――を崩壊させてしまった。」と告白している。(9)

バーリンがマキアヴェッリから読み取ったことが価値一元論の破綻の端緒であったことは、ジャハンベグローとの対話の中で、「『君主論』と『ローマ史論』に底流している思想――二つの両立不可能な生き方があり、その一方だけが彼の支持しているような国家を創造し維持していくことができるという考え方――は、一つの歴史的な転換点であった。(10)」と語り、「プラトンは、最初の体系的な一元論者であったし、聖書を書いた人々もそうであった。しかし、マキアヴェッリは、真の価値相互の対立を指摘した最初の人のように私には思われる。(11)」と述べたことによって明らかである。

次にバーリンは、イタリアのヴィーコ（Vico, Giambattista, 1668–1744）の『新しい学』（*La Scienza Nuova*）によって視野を拡大したことを述べている。彼がヴィーコに親しんだのは、クローチェのヴィーコ論の英訳者コリングウッド（Robin Collingwood, *The Philosophy of Giambattista Vico*, by Benedetto Croce, 1913）の勧めによってであった。彼がヴィーコから読み取ったのは、「人間社会のさまざまな継起関係には価値と理想の同一性は存在せず、文化は複数に存在し、それぞれ異なった価値――目的に対する手段としての価値ではなく、究極の目的、目的それ自体としての価値――で形成され、深く和解不可能な形をとるために、何等かの最終的な綜合の中に結合することはできない。」という多元主義的な文化の構想であった。[12] バーリンは、「ヴィーコは、近代的な文化概念、そして文化的多元論（cultural pluralism）と呼ぶべきもの、その両方の父である。[13]」と称讃し、さらにヴィーコは相対主義者ではなく、或る文化に属する人々は、想像による洞察とでも呼ぶべき力によって、たとえ時間と空間が大きく隔たっていても、他の文化、他の社会の価値、理想、生活様式を理解（entrare）することができると主張したことを高く評価して、ヴィーコの想像力（*fantasia*）の理論が後のドイツの哲学者による理解する（verstehen）ことと知る（wissen）こととの区別を先取りしていたと指摘した。[14]

ヴィーコは、バーリンに文化の時間的継起関係における多元論を強く示唆したが、多くの国と時代の国民文化を比較して、すべての社会にはそれ自体の重心があることを教えたのは、ドイツのヘルダー（Herder, Johann Gottfried von, 1744–1803）であった。[15] バーリンは、ヘルダーが「過去と現在、ヨーロッパとアジアの文明の発展行路が示す多様性に魅了されていた」こと、すなわち、ヘルダーが「民族文化の独自性、特にそれ等の比較不可能性、それ等の理解、判断に際しての基準の差異を強調し称讃した」ことを指摘し、彼の豊かな多様性に対する崇拝が芸術と哲学の両分野におけるロマン主義運動を鼓舞したことを極めて高く評価した。[16] バーリンが特に注目したのは、ヘルダーが「人類の庭に咲くすべての花は調和的に育つことができ、文化は互いに刺激し合って創造的な調和に貢献することができる」と信じた文化的多元論者であって、政治的ナショナリズムを必然的に侵略をもたらし、国民的な誇りを募らせるものとして憎み、後のロマン主義が極端な政治的ナショナリズムを鼓舞した誤りから完全に逃れていたことであった。[17]

バーリンは、ヴィーコやヘルダーの見解を文化的ないし道徳的相対主義と呼ぶことを拒否し、多元論の本質を「人々が求める目的は数多く、かつ多様であるが、人々はそれぞれ十分に合理的でかつ人間的であり、相互に理解し共感し学び合うことができるという考え方」として強調した。[18]バーリンが価値多元論に到達した過程の簡潔な回顧として、七十九歳の時に語られた「理想の追求」は極めて貴重であるが、このような価値多元論の立場は、一九五八年の「二つの自由概念」においてすでに明確に主張され、彼が思想史研究の過程において深く追求したマキアヴェッリ、ヴィーコ、ヘルダーの思想については、論文「マキアヴェッリの独創性」（The Originality of Machiavelli, in "*Against the Current*"）と著書『ヴィーコとヘルダー』（*Vico and Herder*, 1976）を初め、多くの論説において多角的な分析が加えられている。以下の各節においては、マキアヴェッリ、ヴィーコ、ヘルダーの三人に関するバーリンの論説を検討することによって、バーリンの価値多元論の本質に迫りたいと思う。

（1）　Jahanbegloo, *op. cit.*, p. 44. 邦訳七二頁。
（2）　*FE*, Introduction, p. lviii, n. 1. 小川・小池訳、八九頁。
（3）　*Ibid.*, pp. l–li. 邦訳七六–七頁。
（4）　Two Concepts of Liberty, *FE*, p. 167. 生松敬三訳、三八一–二頁。

（5）*Ibid.*, pp. 168–9. 邦訳三八三–五頁。
（6）*Ibid.*, p. 171. 邦訳三八九頁。
（7）The Pursuit of the Ideal, *CT*, pp. 5–6. 選集4、河合秀和訳、七–八頁。
（8）The Decline of the Utopian Ideas in the West, *CT*, p. 24. 選集3、河合秀和訳、九–一〇頁。
（9）The Pursuit of the Ideal, *CT*, p. 8. 邦訳一〇–一一頁。
（10）Jahanbegloo, *op. cit.*, p. 54. 邦訳八四頁。
（11）*Ibid.*, p. 56. 邦訳八八頁。
（12）The Pursuit of the Ideal, *CT*, pp. 8–10. 邦訳一一–一三頁。
（13）Gimbattista Vico and Cultural History, *CT*, pp. 59–60. 選集4、田中治男訳、四四頁。
（14）The Pursuit of the Ideal, *CT*, p. 9., Vico and Cultural History, *CT*, p. 62. 選集4、一四、四六頁。
（15）*Ibid.*, p. 10. 邦訳一四頁。
（16）Vico and Cultural History, *CT*, pp. 59. 邦訳三九–四〇頁。
（17）Jahanbegloo, *op. cit.*, pp. 99–100. 邦訳一五〇頁
（18）The Pursuit of the Ideal, *CT*, p. 11. 選集4邦訳一四頁。

二　マキアヴェッリ

バーリンの論文「マキアヴェッリの独創性」は、一九五三年における政治学研究会のイギリス部会での報告を原型とするものであるが、マキアヴェッリを価値多元論の先鞭をつけた思想家として位置付けた注目すべき文献である。

周知のように、マキアヴェッリは、君主主義者、共和主義者、キリスト教徒、反キリスト者、ヒューマニスト、愛国

者、理想主義的情熱家、道徳的に中立な科学者、国家理性論者など実にさまざまなレッテルを貼られてきた人物であるが、バーリンが特に取り上げて批判の対象にしたのは、クローチェを初め多くの論者によるマキアヴェッリは政治を倫理から分離したという主張である。クローチェは、「政治の必然性と自主性、道徳的善悪の彼方にある政治、抗うことの無益な、それ自身の法則を持った政治、聖水にこの世から追い払うことも追求することもできない政治を発見したのはマキアヴェッリである。(1)」と述べている。通説とは言えなくても極めて有力なこのようなマキアヴェッリ解釈に対して、バーリンは、「彼は、現実にキリスト教倫理を否定したが、それは他の体系のため、他の道徳的世界のためであった。」と指摘し、マキアヴェッリはキリスト教道徳と古典古代的道徳とを対置させて後者を選んだと主張した。(2)マキアヴェッリの思想の中に古来の価値一元論を打破する価値多元論の萌芽としての価値二元論を見出したバーリンは、マキアヴェッリ解釈をめぐる長きにわたる論争に極めて斬新な視点を導入したと言えよう。

バーリンは、マキアヴェッリが政治と道徳とを区別した、すなわち道徳的に批判される方策を政治的に必要なものとして推奨したことを彼の主要な業績と認めようとする見解に対して、「彼が樹立した区別は、より深いものであって、それは、二つの非両立的な生活の理想、従って二つの道徳の区別であった。」と反論した。二つの道徳とは、異教的道徳とキリスト教的道徳とである。バーリンは、「マキアヴェッリは、俗にキリスト教の中心的徳目と言われているものこそ、その内在的価値はいかなるものであれ、彼が実現しようとする類の社会の建設にとって克服し難い障碍物であると確信していた。」と強調した。(3)

バーリンは、マキアヴェッリが政治的有効性を損なう結果をもたらすすべてのものを弾劾した例として、『政略論』（『ローマ史論』）第二巻第二節を挙げている。それは、次のような内容である。マキアヴェッリは、「古代の人々が現代の人々に比べて、自由に対して激しい愛着を燃やしたのは何故か」と自問し、「昔の宗教のあり方と今日の宗教との落差」を指摘して、次のように述べている。

「今日われわれの信奉する宗教は、行動的な人物よりも、目立たない瞑想的な人物を持ち上げる傾向がある。その上、現代の宗教は、服従や謙遜を最も貴いことと考えて、人間が対処しなければならない日常のことがらを軽蔑する。これに対して、古代の宗教は、強靱な精神、頑健な肉体、さらにこのほか人間をこの上もなく力強い存在に鍛えあげることができるすべてのことがらを最高の善と見做していた。ところで、現代の宗教がわれわれに逞しくあれと要求する場合、何か大事業をせよと言っているのではなく、忍従できるような人間になれと言っているのである。このような生き方が拡がっていくにつれて、世の中はますます惰弱になって、極悪非道な連中の好餌にならざるを得ない。……今日のしつけがでたらめで、考え方も全然なっていないからこそ、現代の世界は、古代に存在したものと比べてその足下にも及ばない。その結果、当然今日の人間は、古代人のような自由への愛着を失ってしまったのである。[4]」

バーリンは、マキアヴェッリが、キリスト教道徳、或いは当時の社会で認められていた価値を正面切って批判したり、キリスト教のいう善き人間についての考え方を是正しようとは試みなかったが、「このような型の善は、それが少なくとも伝統的な形を取る限りにおいて、強力で、安全で、活力ある社会を形成、維持することはできず、むしろそれにとって致命的である」と考えたことに注目した。[5] 彼は、マキアヴェッリが明白にはキリスト教道徳を弾劾していないことを再三指摘すると共に、「彼が述べたのは唯一つ、少なくとも支配者の場合（或る程度は臣民の場合においても）、この道徳は、マキアヴェッリが当然と考え、それを追求することは人間にとって賢明だと考えているこれ等の社会的目的とは両立しないという点である。人間は、自らの魂を救うことができるし、或いは偉大で栄光ある国家を樹立し、維持し、それに仕えることができる。しかし何時の場合でも同時に双方を実現することはできない。[6]」

と強調したのである。

バーリンのこのようなマキアヴェッリ解釈が、マキアヴェッリが道徳的価値と政治的価値とを区別し、政治を道徳から切り離したというクローチェの見解と真向から対立するものであることは明らかである。バーリンの基本的な認識は、マキアヴェッリはキリスト教的道徳という一つの道徳を否定して、道徳とはいえない技術のゲームである政治的と呼ばれる活動を支持したのではなく、二つの道徳の対立に直面して、一つの道徳を選択したということであり、彼は、明快に次のように述べている。

「彼は、実際にキリスト教倫理を拒否したが、それは、他の体系のため、他の道徳的世界のためであった。それは、キリスト教の信仰と全く同様に究極的である諸目的を目指す社会であり、人々が闘い、自己目的として追求する（公的）目的のために死ぬ覚悟を固めている。彼等は、（道徳と呼ばれる）目的の国に（政治と呼ばれる）手段の国を対置させて後者を選んだのではない。キリスト教に敵対する（ローマ的、古典古代的）道徳を選んだのであって、違った目的の国の選択を意味した。換言すれば、対立は、二つの道徳、キリスト教的道徳と異教的道徳での間にあるのであって、道徳と政治という二つの自立的な領域の間にあるのではない。」[7]

バーリンは、マキアヴェッリを道徳問題にはほとんど或いは全く関心を持たない人間であったと考える見解に反論して、「マキアヴェッリの道徳は、社会的であって個人的ではないが、道徳であることには変わりはなく、決して善悪の彼岸の、非道徳的な領域に属するものではない。」「マキアヴェッリの価値は、手段的なものではなく、道徳的で究極的な性格を持ち、その名の下に非常な犠牲を払うことを要求した。」と指摘した。そのために彼は、キリスト教的道徳を拒絶したが、それがそれ自身欠陥があるからではなく、イタリアを屈辱的な従属状態から解放し、健全な状態を回復する課題には適用することができなかったからである。[8]

マキアヴェッリは、『政略論』第一巻二十六節で、或る都市或いは国家の君主になった者は、国家全体を抜本的に再編成すべきであると主張するに当って、マケドニア王ピリッポスが住民を「あたかも羊飼いが羊の群れを一つの場所から他の場所へと追っていくように」移動させた例を挙げて、次のように述べている。

「このような手段は、キリスト教の立場からだけではなく、人間としての立場からいっても、残酷極まる手段であり、あらゆる文明的な生活を破壊するものである。どんな人でも、人類の破壊をもたらすような王に支配される位なら、いっそ逃げ出して、一人でひっそりと生活したくなるに違いない。しかし、君主政や共和政によらず、僭主政で押し通していこうとする人なら、どうしてもこの好ましくない方法を採用せざるを得ないであろう。しかし、人間は中道をとると称してどっちつかずになり、そのために大変な危険に引きずり込まれてしまう。というのは、人間は、完全な善、或いは完全な悪に徹底してなり切ってしまうことのできないものだからである。[9]」

バーリンは、この一節について、「それが言おうとしているところは極めて明瞭である。個人的道徳の世界と公的組織という二つの世界がある。つまり、二つの究極的な倫理的な掟があり、そこにあるのは『倫理』と『政治』という二つの『自立的』領域の間の選択ではなく、二つの相対立する価値体系の間の、二つの（彼にとっては）妥協を許さぬ選択肢である。[10]」と指摘した。彼がマキアヴェッリから読み取ったのは、「人間の本性は公的な道徳を要請することと、この公的な道徳はキリスト教の教えを信じると告白し、それに従って生きようとする人々の徳とは違い、それとは衝突すると考えること」と要約された価値二元論にほかならなかった。[11]『君主論』と『政略論』との間のしばしば指摘される矛盾について、マキアヴェッリは頽廃した共和国よりもよく統治された君主国の方が好ましいと考えたというマコーリの解釈に同調したバーリンは、永続的な社会に不可欠な資源としてマキアヴェッリが挙げた精力、大胆さ、実際上の技巧、想像力、活力、自己訓練、抜目なさ、公共精神、幸運、古人の徳（*antiqua virtus*）、逆境における堅忍不抜、性格の強さなどは『君主論』と『政略論』とで異なることはなく、それ等は彼を支配していた古典的、人文主義的、愛国的なヴィジョンにほかならなかったと指摘したのである。[12]

バーリンは、『君主論』第十五章の「マキアヴェッリズム」の悪名高い君主への忠告を列挙した後、「ローマ的基準で称讃に値する国家を建設する労をいとわない高潔な人間が、彼の指示するような暴力的で邪悪な手段をとるほどしたたかであろうか。」と疑問を呈しつつも、これ等の「マキアヴェッリズム」のすべての格率が「著者の言う人間の最も永続的な関心を満足させる秩序を建設し、回復し、維持するために設定されたこと」に注目し、『政略論』第三巻四十一節の「ひたすらに祖国の存在を賭して事を決する場合、それが正当であろうと道に外れていようと、思いやりに溢れていようと冷酷無残であろうと、また称讃に値しようと、破廉恥なことであろうと、一切そんなことを考慮に入れる必要はない。そんなことよりも、あらゆる思惑を捨て去って、祖国の運命を救い、その自由を維持する手段を徹底して追求しなければならない。」という有名な一節を引用したのである。[13]

バーリンは、マキアヴェッリを後年「国家理性」(*raison d'etat, Staatsräson, region di stato*) 論と呼ばれるようになった議論、すなわち例外状態において国家の利益のために不道徳な行為を行なうことを正当化する理論の発案者、少なくとも擁護者と見做す解釈にも反論した。すなわち彼が拒否したのは、通常の下では普通に通用している道徳——キリスト教的、ないし半キリスト教的倫理規定——が支配すべきであるが、非常事態——これ等の規定がその機能を果たすための唯一の条件である全社会秩序が危くなる場合——には、通常邪悪であるとか禁止するのが当然だと見做される行為が正当化されるという立場をマキアヴェッリに帰する議論であった。彼は、国家理性論者によれば、このような非常手段が正当化される唯一の根拠は、それが例外的であり、非常手段の必要性をなくす目的を持った制度を維持するために必要であるとされるが、「マキアヴェッリにとって、そのような方策自体、或る意味で全くノーマルなものであった。」と強調し、国家理性という概念には、道徳的に善良で敏感な人々を苦悶させる諸価値の対立が伴なうが、公的生活にはそれ自身の道徳があると信じたマキアヴェッリにとってはそのような対立はなかったと指摘した。[14]

マキアヴェッリ理解において長らく通説的な地位を占めてきた彼が道徳から政治の世界を分離して政治の自律性を主張したと見做す見解や、その一変種としての国家理性の要請に基づく非常手段を容認したという見解を批判したバーリンは、マキアヴェッリを「すべてを統一する一元的図式」(unifying monistic pattern) を打破する決定的な起爆装置に点火した思想家として位置付けた。[15] 彼がマキアヴェッリの中に見出した真理とは、「すべての究極的価値は必ずしも互いに両立し合うものではなく、それが実現したならば完全な社会が確立するであろうような唯一の究極的な解決という考え方そのものには実質的障碍のみならず、概念上障碍があるということ」であった。[16]

バーリンにとっては、マキアヴェッリの独創性は、政治を道徳から分離したことでも、国家理性論者として、非常事態における日常的道徳価値の否定を容認したことでもなかった。彼が繰り返し強調したのは、マキアヴェッリにはキリスト教的と異教的な二つの徳があり、それ等は実際上も原理上も両立し得ないという主張が西欧思想に極めて根元的であった万物を規定する或る単一の原理があるという伝統的合理主義を打破する第一歩となったことである。相互の間に合理的選択を可能とする共通の基準を何等持たない一つ以上の価値体系が可能であるというマキアヴェッリが示唆した立場は、すべての政治的、道徳的問題に甚大な変化を生み出さざるを得なかった。バーリンは、マキアヴェッリには西欧の伝統的な道徳と手を切ることに苦しんだ気配は全くなく、実際そのことをほとんど自覚していなかったように見えると前置きしながら、彼がその彼の世紀の人々に突き付けた問題の巨大さを指摘したのである。[17]

ジャハンベグローとの対話の中で平易に語られたように、「私は、マキアヴェッリを二元的な思想家と考えている。

しかし、力の対等な二つの可能性を認めれば、二つ以上の可能性も認めることになろう。――彼は、多元的思想家というよりも二元論者であったが、要点は、彼が一元論の伝統を打破したことである。[18]」ということ、すなわち西欧思想に一貫していた一元論（monism）に楔を打ち込んで多元論（pluralism）への途を切り開いたことが、バーリンがマキアヴェッリから読み取った重大な示唆であった。彼は、彼がマキアヴェッリの中に見出した多元論の核心を次のように要約している。

「複数の同じように究極的で、同じように神聖な目的が互いに対立し合い、価値の全体系は理性による調停の可能性を失って内部衝突に陥り、しかもそれは尋常でない事態や偶発事件、過失の結果としての例外的状況においてのみならず、人間の通常の状況の一部であることである。[19]」

このように、古来の一元論を打破する端緒となったことがマキアヴェッリの思想の消極的な帰結として指摘された点であるが、さらにバーリンは、「マキアヴェッリを驚かせ、恐らく不愉快にするかも知れない積極的帰結」にも言及している。それは、複数の究極的な価値の中から選択せざるを得ない多元的価値の世界においては、経験主義、多元主義、寛容、妥協への道が開かれるということである。バーリンは、「寛容は、歴史的に見て、同じような独断的信仰が和解し得ないこと、一方の他方に対する完全な勝利が実際上あり得ないことが意識された結果として生じた。生き延びようと欲する人々は誤りを寛容しなければならないことを知った。彼等は、徐々に多様性に価値を認めるようになり、人間の世界のことがらについて確定的な解決があるという立場に対して懐疑的となった。[20]」と述べている。

バーリンは、マキアヴェッリによって切り開かれた価値多元論が歴史の幸運な皮肉の結果、マキアヴェッリ自身全く予想していなかった自由主義の基礎を生み出したことを強調したのであるが、勿論これは極めて巨視的な展望であって、多元的諸価値の間の相互寛容による共存は人類永遠の課題であるに違いない。しかし、バーリンがマキアヴェッリの中に価値多元論の萌芽を読み取り、彼が、「公私の生活の中で相拮抗する選択肢の間で選択しなければならない必然性（the necessity of having to make agonising choices）[21]」を認識した最初の思想家であったと指摘したことは、彼が追求した価値多元論の系譜について、注目されなければならない重要な一ポイントであろう。

（1）Croce, *Element di politica*, 1925. Qnoted in Berlin, The Originality of Machiavelli, *AC*, p. 53. 選集4、佐々木毅訳四一―二頁。
（2）*AC*., p. 54. 邦訳四三頁。
（3）*Ibid*., pp. 45–6. 邦訳二七―八頁。
（4）永井三郎訳『政略論』『世界の名著』16、三六二―三頁。
（5）*AC*, p. 49 邦訳三三―四頁。
（6）*Ibid*., p. 50. 邦訳三五―六頁。
（7）*Ibid*., p. 54. 邦訳四三頁。
（8）*Ibid*., pp. 55–6. 邦訳四四―七頁。
（9）『政略論』二五一頁。
（10）*AC*, p. 58. 邦訳四九頁。
（11）*Ibid*., p. 59. 邦訳五二頁。
（12）*Ibid*., p. 60. 邦訳五三―四頁。
（13）*Ibid*., p. 62. 邦訳五六頁。『政略論』六一六頁。
（14）*Ibid*., pp. 65–6. 邦訳六一―二頁。
（15）*Ibid*., p. 68. 邦訳六六頁。
（16）*Ibid*., p. 71. 邦訳七〇頁。

(17) *Ibid.*, pp. 71-2. 邦訳七二頁。
(18) Jahanbegloo, *op. cit.*, pp. 53-4. 邦訳八四頁。
(19) *AC*, p. 74. 邦訳七七頁。
(20) *Ibid.*, p. 78. 邦訳八三頁。
(21) *Ibid.*, p. 79. 邦訳八三-四頁。

三　ヴィーコ

バーリンは、マキアヴェッリの価値二元論をさらに推し進めた価値多元論を、民族的文化の独自性、なかんずくそれ等の比較不可能性、それ等の理解、判断に際しての基準の差異を強調し称讃したドイツの詩人、批判家ヨハン・ゴットフリート・ヘルダーの文化史論に見出したが、このような文化史観を最初に捉え、このような方法を適用しようとした先駆者としてイタリアのジャンバティスタ・ヴィーコに注目した。バーリンは、しばしばヴィーコを論じたが、最も詳細な研究は、『ヴィーコとヘルダー』（*Vico and Herder : Two Studies in the History of Ideas*, 1976）に収められた二論文（The Philosophical Ideas of Giambattista Vico. Part One, General Theory. Part Two, Vico's Theory of Knowledge and Its Sources）である。

ヴィーコの大著『新しい学』（*La Scienza Nuova*, 1625）を忘却の渕から救い出して、一八二七年に『ヴィーコの歴史哲学の原理』（*Jean-Baptiste Vico, Principes de la Philosophie de l'Historie*）と題する自由訳を刊行したのは、フランスの歴史家ミシュレであり、以来ヴィーコは、ヨーロッパ諸国でさまざまな解釈の下に読まれるようになった。既に言及したように、バーリンは、クローチェのヴィーコ論を英訳したコリングウッドに勧められて『新しい学』を読んだのであるが、「然るべき時代より早く生まれ過ぎ、貧困と病いの中で苦闘を迫られ、生前は誤解されてほとんど無視され、死後は全く忘れ去られてしまった[1]」独創的な天才ヴィーコの中に、ミシュレ、クローチェ、コリングウッドが指摘したものとは異なった重要な遺産を見出した。彼は、先行研究者たちが、ヴィーコをロマン的ヒューマニストとして讃えたミシュレや疑似ヘーゲル派形而上学者として解釈したクローチェのように、「彼等自身の理念や態度をヴィーコの著作に帰した」と指摘し[2]、「センスとナンセンスの混合物[3]」ではあるが、「魅惑に富む数々の観念の半ば見捨てられた採鉱場の観を呈している[4]」『新しい学』の原文を独自に読み込むことによって、その歴史的意義を追求しようとしたのである。

ヴィーコは、一六六八年、ナポリの本屋の息子として生まれ、一七四四年に同じ町で死ぬまで、ほとんど同地を離れなかった。彼は、母校ナポリ大学の法学主席教授になることを切望したが、一六九九年から一七四一年まで、修辞学の不安定な教職に甘んじて、貧困と失意の生涯を送った。バーリンが重要な真理を読み取った『新しい学』は、一七二四年にグロティウス、セルデン、プーフェンドルフ、ホッブス、スピノザ、ロック、ベール等の著名な思想家を批判する大部の原稿として完成されたが、コルシーニ枢機卿、後の教皇クレメンス三世からかねて約束されていた出版費を与えることを拒否されたため、彼は、唯一の金目の持物であった指輪を売り払って必要な費用の四分の一をつくり、批判の部分をすべて削って自説の部分だけ出版した。初版は一七二五年、実質的に新しい作品となった改訂再版は一七三〇年、増補を加えた再版は一七四四年、彼の歿年に刊行された[5]。

バーリンは、「ヴィーコは、含蓄の多い、示唆に富む、独創的な思想家であるが、明晰で首尾一貫していることは稀れである。――ヴィーコの有神論と人文主義的歴史主義と、摂理の狡智という考え方と人間の独創的自己改革的営

み の強調との拮抗は、『新しい学』の中では解決されていない。[6]」と評している。彼は、ヴィーコの中に「透徹しまた錯綜した洞察、骨董じみた記憶と再三の脱線余談[7]」を見出しながら、『新しい学』三三一節の「この社会は、確実に人間によって造られたものであるから、その原理は、われわれの人間精神そのものの変化態様（modificazione）の中に求めることができ、またそうでなければならない。[8]」という主張を引用して、「人間性はそれ自体の中に具えた諸目的によって駆りたてられるという形而上学的観点に基礎を置く歴史理論と、無神論者たるキリスト教徒たると等しく支持し得るような活用説に基づく社会学（vitalistic sociology）とが合体したもの」がヴィーコの中心的な図式であったことを確認したのである。[9]

ヴィーコの生起と再帰（corsi e ricorsi）の説、すなわち諸文明継承の円環的パターンの説は最も有力であるが、バーリンは、「自説の中、面白さも説得力も独創性も最も稀薄なものによって後世に知られるとは、この際立って不運な著述家の不幸の中でも決して最小の不幸ではあるまい。[10]」と評した。彼が「人間精神の本質とその発展、文化、社会、歴史の本質と発展についてのヴィーコの理論は、大胆かつ深奥である。[11]」と称えたのは、ヴィーコを「近代的な文化概念、そして文化的多元論（cultural pluralism）と呼ぶべきもの、その両方の真の父[12]」と位置付けたからである。バーリンによれば、ヴィーコは相対主義者ではなかった。すなわち、彼は、ヴィーコは、人間が自己自身の時代や文化の内部に閉じ込められて、自分たちと異なる価値を持つ他の社会や時代を理解することができなくなっていると考えたのではなく、想像力（*fantasia*）の発揮によって、他の社会や時代の人間の心に「入り込む」或いは「降りて行く」ことができると信じていたと指摘した。[13] バーリンは、ヴィーコの思想家としての独創性を示し、「どの一つだけを取っても、一人の哲学者の名を成せしめるであろう」命題として、次の七項目を挙げている。

㈠人間の本性は、静止的、不可変なものではなく、外力によって変えられたことがなかったとさえ言えない。

(二)何ものかの単なる観察者は、そのものを理解することはできないが、何ものかをつくり或いは創造する人は、そのものを理解することができる。

(三)それ故に、われわれが観察する外部的世界についての人間の知識は、人間自身が創造した世界についての知識とは原理的に異なる。

(四)文化——或る社会での活動を特徴付ける普遍的なパターン——は単一ではなく、多数の文化が存在する。或る社会または民族の変転する文化の諸相に一つの連続があることを認識しなければならないが、文化の歴史的発展は、機械的な原因結果の関係ではなく、人々に理解され得るものである。

(五)人間が創造した法律、制度、宗教、言語、芸術などは、自己表現の形式であるから、彼等の世界を理解するためには、彼等の表現方法のルールと意義を知ることによって、彼等の精神に入っていく以外にはない。

(六)芸術は、すべての場所と人々に共通の原理を尺度としてではなく、その制作者たちの時代や場所、彼等に特有の象徴記号（特に言語）の把握によって評価されるべきである。

(七)先験的＝演繹的と帰納的＝経験的の知識の範疇以外に、過去を再構成する想像力（*fantasia*）を追加しなければならない(14)。

バーリンは、このような諸命題に沿って、特にデカルトの合理主義を批判したヴィーコの先駆的な知識論を検討すると共に、彼がこの独自の知識論を歴史に適用したことが独自の文化史観の基礎となったことを立証しようとした。以下においては、先ずバーリンによるヴィーコの知識論と方法論の位置付けを検討し、次に彼の文化史論を詳論したバーリンの分析に進みたいと思う。

（1）*Vico and Herder*, 1976, p. 3. 邦訳三五頁。
（2）*Ibid.*, p. 4. 邦訳三七頁。cf. *Ibid.*, p. 37. 邦訳九五–六頁。
（3）*Ibid.*, p. 67. 邦訳一四八頁。
（4）*Ibid.*, p. 3. 邦訳三六頁。
（5）*Ibid.*, pp. 6–7. 邦訳四一頁。
（6）*Ibid.*, p. 82. 邦訳一七二頁。
（7）*Ibid.*, p. 99. 邦訳二〇一頁。
（8）ヴィーコ・清水純一・米山喜晟訳『新しい学』『世界の名著』33、一五六頁。
（9）*VH*, p. 80. 邦訳一六九–七〇頁。
（10）*Ibid.*, p. 64. 邦訳一四二頁。
（11）*Ibid.*, p. 4. 邦訳三六頁。
（12）Vico and Cultural History, *CT*, p. p. 59. 選集4、四〇頁。
（13）*Ibid.*, pp. 60–63. 邦訳四四–八頁。
（14）*VH*, Introduction, pp. xvi–xix. 邦訳一三–八頁。

（一）知識論と方法論

バーリンは、「ヴィーコに名声を与える主な根拠は、歴史的知識の本質とその方法、およびそれが自然科学の方法と関係があるかないかということについての彼の見解にある。[1]」と指摘した。バーリンが独創的な思想家としてヴィーコに注目したのは、彼がナポリ王国に生まれてスコラ哲学で育てられながら、デカルトの合理主義の方法を受け入れ、次いでそれに反逆した、すなわち「近世初期哲学史における反対革命（Counter-Revolution）と称すべきものの最も独創的な立役者であった」と認めたからである。[2] 彼は、ヴィーコがデカルトに反抗し、明晰で截然たる観念という デカルトの基準は数学と自然科学の領域の外では適用しても利益がないという独自の知識論と方法を確立した時期として、一七〇八年から二〇年頃までの彼の生涯のいわゆる第二期に注目した。

ヴィーコが、デカルトの合理主義に疑惑を抱き始めたのは、真の知識が確実有効であるか否かは数学や論理学の場合でさえ、どのようにその知識が生まれて来たか、すなわちその発生的、歴史的発展を理解することによってのみ明らかになるのではないかと考えたからである。バーリンは、ヴィーコのデカルト批判の出発点を一七〇八年の『現代における研究法』(*De Nostri Temporis Studiorum Ratione*)と一七一〇年の『イタリア人最古の智恵』(*De Antiquissima Italorum Sapientia*)の中に見出した。彼は、前者において、外部からの傍観者としてしか観察し得ない非人間的自然についてよりも、自分自身の経験と他の人間の経験、すなわち単なる傍観者としてではなく、参加者或いは本人として行動した経験についてより多くを知り得ると主張して、「外部」知識と「内部」知識（'outer' and 'inner' knowledge）の間に境界を画した。[3] また彼は後者において、「真なるものと作られたものとは言い換えができる。」(*verum et factum convertuntur*) という有名な宣言によって、数学は、明晰、厳密で反駁の余地のないものであるが、それは数学がわれわれの精神の自由な所産であり、数学の命題が真実であるのは、われわれ自身で作ったからであると強調した。バーリンは、一七一〇年頃のヴィーコがまだ完全にはデカルトを棄てきれず、歴史を数学を頂点とする順位表の中で下位に置き、物理学も順位を下げられているものの、人文学はさらに下位にあったと指摘したが、[4] 一七一九–二〇年の『普遍法の原理』(*Dirritto Universale*) に到るまでの間に、彼のデカルトからの離反が完成したことに注目したのである。

バーリンは、一七〇八–二〇年頃のヴィーコの生涯の第二期に、デカルトが外的世界の知識こそすべての知識の模範であると力説したために哲学は偽りの脇道に走ってしまったと確信するに至った最も創造的な時期として注目した。彼は、「真に革命的な一歩は、真＝作られたもの（*verum* / *factum*）の原理を歴史研究に適用したことである。[5]」と指摘するに当って、既に言及した『新しい学』第三三一節の次の主張を引用した。

「遙か古えの原子古代を蔽っているある濃い夜の暗闇の中には、消えることのない永遠の光が輝いている。それは、何人も疑うことのできない心理の光である。すなわち、この社会は、確実に人間によって造られたものであるから、その原理はわれわれの人間精神そのものの変化様態（*modificazione*）の中に求めることができ、またそうでなければならないことである。……自然界を創ったのは神であるから、その学を持ち得るのは神のみであるが、これに対して、諸民族の世界すなわち文明社会を造ったのは人間なのであるから、この『学』を究めることができるのは人間なのである。[6]」

バーリンは、ヴィーコのいう「変化様態」とは、人間の思考、想像力、意志、感情の発展ないし範囲、指向の諸段階で、相当の想像力（*fantasia*）と理性的方法で獲得した知識をそなえた人なら誰でも参加できるものと考えてよいとコメントしているが、彼が注目したのは、ヴィーコの歴史観に底流していた知識論であった。彼によれば、ヴィーコのテーゼは、旧来の知識の三分法を覆すものであった。バーリンのいう旧来の三分法とは、第一論文では、形而上学的、神学的知識、演繹的知識および知覚的知識、第二論文では、学（*verum*）、識（*certum*）、および永久の真理についての知識（啓示）であるが、彼がヴィーコに帰した第四のタイプの知識とは自己知識（self-knowledge）、すなわち「内的な」或いは歴史的な知識（'inner' or historical knowledge）であった。ヴィーコが重視したこの第四の知識とは、「人間が自分自身の活動について、またそれ等を包含し、逆にそれ等を規定する諸制度について、単なる外側からの観察者としてではなく、みずから動く者として持っている『意図的な』感知（'intentional' awareness）であった。[7]」

バーリンは、ヴィーコのこのような「内的な」見方と「外的な」見方、機械的原因と意図的目標、理解と知識との区別を彼の知識論の画期的な特徴として捉えた。ヴィーコは、「人間精神は、自分自身をも感覚を開いて外から物を眺めるように眺めようとする本来的傾向を持っているので、内省によって自分自身を理解することは極めて困難である。[8]」と強調して、自然物を外から眺める受動的傍観者としてではなく、行為者としてのわれわれの活動、その際の動機や目的、その前後の連続した社会生活などを内側から理解することの難しさを指摘したのである。

バーリンによれば、ヴィーコの人間的なものとしからざるものとのこのような区別は、後年の自然科学（Naturwissenschaft）と精神科学（Geisteswissenschaft）の方法と目標――自然科学と人文学、「知る」（wissen）ことと「理解する」（verstehen）こととの対立を初めて定式化したものであった。一五、六世紀のルネッサンス時代に、この区別は既にあったが、ヴィーコは、さらに押し進めて、時間の中に拡がる集団的、社会的経験としての人間の歴史にまでこの区別を適用したのであった。[9] ヴィーコは、人間が他の人間を理解する方法――他人の心を知り、その目標、観点、思考法、感情、行動の動きを捉える方法――について十分に明確な説明をしていないが、バーリンは、ヴィーコが『新しい学』で未開人の心に「入り込む」或いは「降りて行く」（'entering' or 'descending to'）と述べた時、彼が「想像力」（*fantasia*）という用語を用いて、後のドイツの思想たちが「知る」（wissen）ことと対立させた「理解する」（verstehen）ことを表現していたと指摘した。[10]

このようにバーリンは、ヴィーコが、「多少の程度はあれ見透しが困難な自然過程とわれわれ自身が創造する人間的な意欲、思想、形象その他の表現形態とを同一視するどころか、両者を鋭く区別した」ことを高く評価した。そして彼が真＝作られたもの（*verum* ／ *factum*）の原理を大胆に人間の歴史に適用したのは、一七二〇年の『普通法の単一の原理と目的について』（*De uno universi juris principio et fine uno.*）『普通法の原理』（*Diritto universale*）の第一部が最初であり、これはやがて『新しい学』の最終決定版で完全に定式化されたと指摘した[11]。すなわち彼は、ヴィーコの成熟した思想の中に歴史が一七一〇年の『最古の知恵』では諸学の序列において比較的低い位置に置かれていたのに対して、終に自然学よりも上位に置かれ、歴史学の自律性が宣言されたことに注目したのである[12]。

バーリンは、ヴィーコが真＝作られたもの（*verum* ／ *factum*）の原理を人間が自己自身、制度および歴史に関する知識の可能性に大胆に適用し、この原理によって芸術、道徳、制度、経済などを含む人間のすべての創造物の「内的な」理解が可能となると主張したことを革命的な発見と見做し、ヴィーコが過去の人々を動機付けていた目的を想像力（*fantasia*）すなわち共感的な理解力によって把握することができると主張したことは、彼の知識論上の新軸を彼の独自の歴史観へと架橋することを可能としたと高く評価したのであった。そこで次にバーリンがヴィーコの最も先駆的な業績として重視した多元的な文化史観の検討に進まなければならない。

（1）*VH*, p. 123. 邦訳二四五頁。
（2）*Ibid.*, p. 9. 邦訳四五頁。
（3）*Ibid.*, p. 12. 邦訳五一頁。
（4）*Ibid.*, p. 17. 邦訳五九頁。
（5）*Ibid.*, p. 25. 邦訳七六頁。
（6）『新しい学』三三一節、一五六頁。
（7）*VH*, pp. 21–2, 105–6. 邦訳六七–八、二一三–四頁。
（8）『新しい学』三三六節、一三五頁。
（9）*VH*, pp. 24–5. 邦訳七二–四頁。

（10）Vico and Cultural History, *CT*, p. 62. 選集3、四七頁。
（11）Vico's Concept of Knowledge. *AC*, pp. 112, 118. 選集3、八四、九四頁。
（12）*VH*, p. 27. 邦訳七八頁。

（二）文化史論

バーリンは、「ヴィーコと文化史」の中で、「ヴィーコは、近代的な文化概念、そして文化的多元主義（cultural pluralism）と呼ばれるべきもの、それ等両方の父である。」と強調し、「文化的多元主義とは、本物の文化はそれぞれそれ自身に独自の物の見方、それ自身の価値尺度を持っており、これは発展過程の中で他の見方や価値によって凌駕されることはあるが、決して完全にそうなるのではない、すなわち、初期の価値体系が後の世代にとって全く理解不能になることはないという考え方である。」と指摘している。[1] 以下では、バーリンが『新しい学』の中に見出したヴィーコの文化史論の独自性に注目したい。

ヴィーコは、場所や時代にかかわらず万人に共通した一定不変の人間性の存在を想定することを拒否し、自然法や社会契約説の主張者たち、デカルト、スピノザのような理性論者たち、ホッブズ、ロックのような功利主義者たち、ガッサンディのようなエピクロス主義者たちをすべて批判した。彼は、グロティウス、セルデン、プーフェンドルフ等の大法学者たちの学恩に敬意を表したが、彼等の自然法理論を批判したのは、彼等が発展という理念、自然・本性（*natura*）の源であり、一世代、一文化が別のものに育ってゆく原動力である生成（*nascimento*）という理念に対して盲目的であったと考えたからである。バーリンによれば、ヴィーコの核心的な理念は、「個人においても社会においても同様に……次々の局面が人間が自己自身と彼の世界を理解し、その中に彼の能力を実現しようと努力する知的な目的の追求における諸段階であるということ」である。すなわち、彼にとっては、歴史とは、それぞれ先行のものから生まれ、それを乗り越えて行く世界を、さまざまな感じ方、行動の仕方、表現の仕方をより深く理解して行くことの秩序ある行列（それは、神の摂理によって導かれ、人間の能力を通じて実現するのであるが）なのであり、それぞれの理解様式すなわち文化は、他のものには見出されない或る特徴を持っているのである。[2]

ヴィーコは、「事象の本性とは、必ず一定の時に一定の在り方で具現して存在となる。[3]」「学説は、それが取り扱う素材が始まった時から始まるのでなければならない。[4]」と主張して、人間の実体について特定のモデルに固執する抽象的な思考のすべてを拒け、彼等は、生成（*nascimento*）の過程にある人間性の変転する必要性に指示された観点と動機の発展し変化する継続性を理解していないと主張した。彼にとっては、人間性は一定不変ではなく、その必要を満たそうと努力する過程において、自己自身を変化させざるを得ず、常に新しい特徴、新しい必要、思考と行動の新しい範疇を生み出すのである。バーリンは、ヴィーコのこのような主張の中に「萌芽的な歴史主義の全理論」（the whole doctrine of historicism in embryo）を見出し、「ヴィーコが当時の最高の権威者たちに対抗して、またアリストテレス、セネカ以来の西欧の主流の伝統に対抗して、その属性と目標とを先験的に知ることができる一定不変の人間性の存在を否定したことは、まさに天才の一撃であった。[5]」と指摘したのである。

ヴィーコの文化史観を高く評価し、「神話学、人類学、歴史考古学、文献学の比較研究のみならず、言語学、芸術の歴史的評価、特に諸文化の発展として見られた歴史を包含する広大な領域の創始者がいたとすれば、彼こそその人である。[6]」と称讃したバーリンは、ヴィーコが人間の歴史的知識に不可欠の源泉として学識と想像力と放胆さをもって追求した三分野として言語と神話と古代文物（antiquities）を挙げた。すなわち彼は、この三分野を手がかりとして、力を尽くして「大古の人々の広大な想像力に参入」（entrare nella vasta imaginativa di que' primi uomini）しようとしたのである。[7]

ヴィーコは、言語は人々が生活している具体的な環境によって規定される故に、歴史理解の最も信頼し得る史料であると考えて、極めて独創的で詳細な発生論的語源学を展開した。バーリンが「神々の」時代（'divine' period）、「英雄の」時代（'heroic' period）、「人間の」時代（'human' period）について詳論したヴィーコの語源学は、難解かつ奇抜であって今日から見れば大部分誤っているが、バーリンは、彼の語源学の個々の説明が正しいかどうかではなく、それによって彼がなし遂げたことが重要であると強調して、「言語形式が言葉を使う人々の精神への鍵であり、さまざまな社会の精神的、社会的、文化的な全生活への鍵であるという含みの多い革命的な真理を把握したのは、ヴィーコが最初であった。」と指摘した。すなわち彼は、ヴィーコの語源学の中に、言語――或る言い廻し、或る言語の用法と構造――が特定の型の政治、社会構造、宗教、法律、経済、道徳、神学、軍事などと有機的な関連を持っていることの認識を読み取ったのである。[8]

ヴィーコにとって、神話は歴史理解への第二の扉であった。神話とは、世界を体系的に見、理解し、それに反応した原始の人々によって創られたものである。ヴィーコは、「神話は、無理に歪曲されたものではなく、直接的で簡単自然なものであり、何れの地方にあっても生まれつきの詩人であった大古の人々の文化史であった。[9]」「伝説の中には、後に学者たちの特殊研究のおかげで推論や帰納を通じて明確な姿が与えられた諸学問の世界の起源が、諸民族の手で、人間の感覚を通して、簡略に素描されている。[10]」と述べている。すなわち彼は、神話を大古の人々の集団的想像力を表現する具体的様式として捉え、彼等の習性と社会生活を知るための史料として重視した。バーリンは、ヴィーコは神話の真意を捉えようとして、いかなる種類の社会がそのような伝説を生み出したかを問い質した、マルクス主義を予言するような大古の伝説の経済的解釈の父であったと指摘したのである。[11]

バーリンは、言語、神話、古代文物をわれわれの祖先の精神の中に当時の社会的、経済的、精神的問題や現実が屈折しつつ反映したものとして体系的に解明しようとした『新しい学』の中に、明らかに奇矯ではあるが、極めて含蓄の大きな営為を認めた。彼は、「社会経験の変遷する厖大な種々相の中に経験的方法を用いて秩序と意味とを発見しようとする考え方、また、現代と現始時代との間には、深渕、少なくとも非常な距離がある故に、悠遠の世界を解明しようとする人には、ほとんど不可能に近いほどの力強い想像力の飛躍が必要であるという考え方」を『新しい学』にみなぎっている「革新的な観念」と称え、このような営為に「過去への窓――『内側の』眺め（an 'inside' view）――」が不可欠であることを主張した最初の人としてのヴィーコの重要性を強調した[12]。

ヴィーコは、「人間の自由意志は、本質的に極めて動揺し易い。これが確かなものとして確定されるのは、人類にとって必要かつ有益なもの……は何かということについて人々が抱く共通感覚によるものである。共通感覚とは、或る一つの集団全体が住民のすべて、民族のすべて、人類のすべてが共通して感じる判断であって、反省の結果生じるものではない[13]。」と述べている。ヴィーコが社会の共通感覚と言ったのは、後にヘルダーが民族精神（Volksseele）と名付けた一時代の信条である。バーリンは、「ヴィーコの長所は、新しい事実の発見にあるのではなく、新しい質問を発し、新しい示唆を提出し、新しい範疇を樹立したことにある。」と前置きして、ヴィーコの歴史観の画期的な意味を次のように要説した。

「それぞれの型の社会毎に特定の神話（或いは言語、芸術創作、経済慣習）の構造があって、その社会に特有の物の見方を示しているという説は、第一級の重要性を持っている。……ヴィーコがヘルダー、ヘーゲル、マルクスに先んじて、社会変遷の各段階にはそれに応じた型の法、政府、宗教、芸術、神話、言語、風俗があると主張した時、説話、叙事詩、法典、歴史は、制度の過程と構造を示し、それ等自体『上部構造』（マルクス主義の用語でいう）ではなく、構造の一部であり、それ等は一体となって一つの型を形成し、その中で各要素は相互に他を規定し反映し合うと主張した時、そしてこの型こそ一社会の生命であると主張した時、彼は、革命的な真理を認識していたのである。[14]」

真＝作られたもの（*verum* ／ *factum*）の原理を歴史研究に適用して独自の文化史観を開拓したことにヴィーコの独創性を認めたバーリンが強調したのは、彼が真理、正義、自由、幸福などが完全な形態において合体している完全な社会という永遠の理念を否定して、文化的多元主義（cultural pluralism）——多様な文化のパノラマ、さまざまな、時には相対立する生活様式、理想、価値基準の追求——を提唱したことである。ヴィーコの文化史観の核心は、「それぞれの文化的様相とそこから出てくる創造物や生活形態および活動形態を比較したり段階付けることとは無益である。しかし、一文化の子は、他の文化の生活と活動の理解、われわれには不可能であっても、われわれの祖先が創造し得たものの理解に到達することはできる。われわれは、それ等の社会をわれわれ自身の社会に一体させなくても、単に記録することができるだけでなく、不完全ながら理解することができるからである。」ということである。[15] バーリンによれば、これこそ文化的多元主義の宣言であり、ヴィーコ以後、一元論と多元論（monism and pluralism）、すなわち超時間的価値と歴史主義との相克が中心的な争点となることは不可避であった。

バーリンは、ヴィーコから読み取った価値多元論を、「われわれは、生活を多元的であるが等しく真正で、等しく究極的で、なかんずく等しく客観的な価値——それ故、超時間的階序制の中に秩序付けられることも、何か一つの絶対的基準によって判定されることもできない価値——を供給するものとして見るように迫られている。[16]」と要約している。それは、単なる主観主義、相対主義ではなく、遠く離れた異質社会の心性を「降りて行き」（descend to）、「入り込む」（enter）歴史的想像力によって理解することができるという新たな知識論と表裏一体となすものであった。

バーリンがヴィーコから読み取った重要な教訓は、「過去の文化を理解するとは、われわれと同様の人間が、或る特定の自然的ないし人為的環境の中で、どのようにそれ等の価値を自分たちの活動の中に具体化したのか、またそれは何故かを理解することであり、十分な歴史的研究と想像的共感とによって、それ等の価値を追求しつつ、どのようにして人間的な（すなわち、理解可能な）生活が営まれることができたかを見ることである。」ということであった。(17)

先に言及したように、バーリンは、マキアヴェッリの二元論によって、人類が追求する最高価値は必ずしも両立しないことを認識したが、彼がヴィーコの難解な書物から読み取ったのは、マキアヴェッリの二元論をさらに押し進めた多元論、すなわち独自の型を有する複数の文化が存在するという文化的多元主義であった。彼は、ヴィーコを啓蒙思想に対する批判を先取りした人物と捉え、「自然科学の概念と方法とを人間に関することがらに適用しようとするあらゆる試み」に反撥したハーマン、ヘルダー、バーク等のロマン派運動の先駆者として重視した。そこで、次に彼が多元論の代表的な思想家として詳細な分析を加えたヘルダー論に進まなければならない。

（1）　Vico and Cultural History, *CT*, pp. 59–60. 選集4、四四頁。
（2）　*VH*, pp. 34–5. 邦訳九〇–九一頁。
（3）　『新しい学』一四七節、邦訳一一九頁。
（4）　同書三二四節、邦訳一五一頁。
（5）　*VH*, pp. 38–9. 邦訳九六–九八頁。
（6）　*Ibid*., pp. 88–9. 邦訳一八四頁。
（7）　*Ibid*., p. 44. 邦訳二〇七頁。『新しい学』三七八節、邦訳一八一頁。
（8）　*Ibid*., p. 51. 邦訳一一九–二〇頁。

（9）『新しい学』三五二節、邦訳一六七頁。
（10）同書七七九節、邦訳四〇八頁。
（11）*Ibid.*, p. 54. 邦訳一二四頁。
（12）*Ibid.*, pp. 56-7. 邦訳一二八-九頁。
（13）『新しい学』一四一、一四二節、邦訳一一八頁。
（14）*VH*, pp. 68-9. 邦訳一四九-五一頁。
（15）Vico and Enlightenment. *AC*, p. 128. 選集3、一一六-七頁。
（16）Alleged Relativismin Eighteenth Century European Thought *CT*, p. 79. 選集4、七一頁。
（17）*Ibid.*, p. 82. 邦訳七五-六頁。

四　ヘルダー

ヴィーコの中に価値多元論の近代における最初の発現を見出したバーリンは、一元論の最も革命的な拒否をヘルダーに認めた。彼は、「ヘルダーの名声は、三つの連関した観念――ナショナリズム、歴史主義、民族精神（Volkgeist）――の生みの親であり、古典主義、合理主義に抗し、化学的方法万能の信仰に対するロマン派の反抗の領袖の一人であること、要するにフランス啓蒙思想家やドイツにおけるその西流に対する最も恐るべき敵手であった事実に基づいている。(1)」と指摘した。

ヘルダーは、東プロイセンのケーニヒスベルクに近い寒村モールゲンに生まれ、十八歳でケーニヒスベルク大学に入学し、医学部から神学部に転じたが、ハーマン（Hamann, Johann Georg. 1730-88）を知ったことは、彼の一生にとって決定的な出来事であった。バーリンは、ハーマンを「普遍主義と化学的方法に対するロマン主義的反抗」「あらゆる分野における反合理主義」の先駆者として描くに当って、彼の反抗の対象となったフランス啓蒙思想の核心を次のように要約している。㈠世界と自然は原理的に人間の知性によって発見され得る単一の諸法則に従っているという確信。㈡自然を支配する諸法則は、原理上植物、動物、人間を支配する諸法則と同一であるという確信。㈢人間は進歩し得るという確信。㈣すべての人間が求める客観的に認識し得る人間の諸目標、すなわち幸福、知識、正義、自由、美徳などが存在するという確信。㈤これ等の諸目標は、すべての人間に共通であって、達成可能かつ比較可能であり、これ等の諸目標とそれへの手段に関する無知、すなわち自然の諸法則に関する不完全な知識に基づく無知が悪と愚昧の原因であるという確信。そしてバーリンは、これ等の確信を支える強力な柱として、㈠理性に対する信仰、㈡時代を超えた人間性の同一性と普遍的な諸目標の可能性に対する信仰、㈢理性によってこれを達成する可能性に対する信仰を指摘した(2)。

バーリンは、ヘルダー、ゲーテ、シラー等によって「疾風怒濤」(Sturm and Drang) の文学運動が捲き起こされた歴史的背景として、一八世紀ドイツにおける相対的後進性を挙げ、「圧倒的な民族的、文化的優越を意識しているフランス人の庇護ないし軽蔑の対象になっているという感覚は、集団的な屈辱感を生み出し、それは後には憤激と敵意に変っていった(3)。」と指摘した。さらに彼は、「いまだ半封建的で心底から伝統主義であった東プロイセンで、ドイツ人の自尊心は最も深い傷を負った。フリードリヒ大王がフランス人官吏を招致して断行した近代化政策が、東プロイセンほど深い怨恨をかき立てたところはなかった(4)。」と特記している。

バーリンがこのように指摘したドイツ・ロマン主義の土壌は、ケーニヒスベルクに生まれ、同地の大学の教授になったハーマンと大学でハーマンの強烈な影響を受けたヘルダーに最も典型的にあてはまる。すなわち、彼等が反啓蒙思想の旗手となった理由は、ドイツの後進地帯に特に著しかったフリードリヒ大王（在位一七四〇‐八六年）がフランス啓蒙思想への傾倒に基づいて推進した啓蒙専制体制に対する批判的な風潮に求められる。バーリンは、「ハーマンの新たな政治的理想に対する極端な憎悪は、ヘルダーに伝えられた。二人とも、その根はローマ以前からあった古来の身近なプロイセンの体制の伝統、すなわち曲った小路にはほとんど重きを置かない訓練され啓発された官僚によって運営される近代国家よりも、バルト海沿岸の原始的な原住民の慣習や詩歌に好意を感じた。[5]」と強調している。ヘルダーがケーニヒスベルク大学でハーマンの教えを受けたことの意味は絶大であった。時代と場所とを問わず、人間はそれぞれに神の創造の環をつないで行くのであり、民謡や民話はその声を伝え、詩歌は人間の母語であり、すぐれた芸術は神的なるものの啓示であるというハーマンの反啓蒙主義的理論は、ヘルダーの予言者的な思索の出発点となった。彼は、この文化的自意識を一般的原理にまで高め、価値は普遍的ではなく、人間社会、国民、さらには時代と文明はそれぞれ固有の理想、基準、生活と思想と行動の様式を有すると主張したのである。[6]

ヘルダーは、一七六四年から五年間、バーリンの生地リガの寺院の付属学校の教師となり、説教師も勤めた。この時代は、新たなドイツ文化創造を目覚す彼の思想の形式期であった。彼は、一七六九年五月からフランスを訪れ、ベルギー、オランダを経てドイツに帰ったが、シュトラスブルクで五歳下のゲーテとめぐり会ったことは、ドイツ文学にとって運命的であった。彼は、一七七一年から五年間、主任牧師としてビュッケブルグに住み、一七七四年『人間性形成のための異説歴史哲学』（*Anch eine Philosophie der Geschichte zur Bilding der Menscheit*）を刊行した。本書は後に大きく展開されて主著『人類歴史哲学考』（*Ideen zur Philosophie der Geschichte der menschheit*, 1784–91）となった。彼は、一七七六年から、ゲーテの推挙によってヴァイマールの教会監督長兼説教者となり、一七八八年から一年間、イタリアに旅行し、帰国後宗務局副局長に任命された。フランス革命が勃発した時、彼は全面的に支持したが、やがて恐怖政治の進展は、彼を煩悶させた。彼は、晩年にはゲーテやシラーと疎遠になり、失意の中に一八〇三年に歿した。[7]

バーリンは、『ヴィーコとヘルダー』の第三論文「ヘルダーと一八世紀啓蒙思想」において、ヘルダーが思索し始めたのは、合理的、科学的原理を適用して知識と社会を再編成しようとする動きに対する反動の最盛期であったが、彼に独自の地位を与えたのは、さまざまな態度や教説を綜合して、自国の文学や思想に決定的な影響を与える脈絡のある世界観を樹立したことであったと指摘し、啓蒙思想の中心となる精神的、歴史的、美的理論と相容れない彼の思想の核心として次の三点を挙げている。

1民衆帰属説（Populism）　或る集団或いは文化に帰属することの価値に対する信念。それは、ヘルダーにとって、政治的ではなく、実際或る程度まで反政治的である。

2表現主義（Expressionism）　人間の活動一般、特に芸術は、個人或いは集団の全人格を表現し、全人格を表現している程度までしか理解され得ないという説。

3多元論（Pluralism）　異なった文化と社会の価値は、多様であるだけでなく、一つの尺度では測れないこと、それに加えて、等しく妥当する理想は両立し得ないことに対する信念。このことには、理想的人間、理想的社会という古典的な観念は基本的に矛盾し無意味であるという革命的な推論が含意されている。[8]

バーリンは、ヘルダーがハーマンから学んで多彩な分野で発揮した思想傾向を次のように要説している。

「ハーマンは、個々の歴史、文化現象に対して敏感な感受性を持ち続け、小綺麗な概念の網目が求める分類や一般化への情熱に馴れて無感覚にならないように教えた。ハーマンは、このような傾向を自然科学と科学的方法の適用によってすべてを変えようとする自然科学の奴隷であるフランス人に帰した。ハーマンと同様にヘルダーは、子供のような感受性を終生持ち続けた。刈り込まれていない不規則なもの、感覚、想像力、宗教的啓示、歴史、芸術によって提供される常に必ずしも敍述可能でないデータに対して自発的に反応する能力である。彼は、それ等のデータを概念の博物館にある該当の類型に当てはめようとはしなかった。新しい経験主義の精神、諸事実の神聖性が徹頭徹尾彼に浸み透っていたのである。[9]」

以下では、バーリンがヘルダーの最大の功績として高く評価した文化的ナショナリズムと価値多元論とについて検討を進めたい。

（1）*VH*, p. 145. 邦訳二八一頁。
（2）*The Magnus of the Morth*, pp. 27–9.
（3）The Apotheosis of the Romantic Will, *CT*, p. 218. 選集4、二六一頁。
（4）*Ibid.*, p. 223. 邦訳二六七頁。
（5）*MN*, p. 111.
（6）The Decline of Utopian Ideas in the West, *CT*, p. 37. 選集3、二七頁。
（7）『世界の名著 38』（ヘルダー、ゲーテ）解説（登張正実、小栗浩）七–二〇頁。
（8）*VH*, p. 153. 邦訳二九四–五頁。
（9）*Ibid.*, p. 155. 邦訳二九八頁。

（一）文化的ナショナリズム

バーリンは、彼がヘルダーの思想の核心の一つとして挙げた民衆帰属主義（Populism）について、次のように要約している。

「人間、ドイツ人は、自己自身の本性と記憶と生活様式とは無縁の外国人を模倣――猿真似――するのではなく、自分自身であることを求めなければならない。人間の創造力は、自己自身の故郷で、肉体的にも精神的にも自分に近い人々、同じ言葉を話し、くつろぎを感じ、同じ仲間に属していると感じられる人々の中に生きる時に、初めて全面的に発揮される。それぞれ独自で、人間文明に固有の貢献をし、それぞれの仕方でそれ自身の価値を追究し、すべての土着の文化からそれぞれに固有の実質と色彩、それぞれの国民精神と天分を奪い去る一般的なコスモポリタンの大海に没してしまうことがない。国民精神と天分は、それ自身の土壌の上で、共通の過去にまで遠く拡がるそれ自身の根によって初めて花開くことができる。[1]」

バーリンが強調したのは、啓蒙思想の普遍主義に反逆して各国民の個性と多様性を主張したヘルダーのナショナリズムが、文化的、文学的、理想主義的であって、非政治的、或いは反政治的でさえあったことである。ヘルダーのナショナリズムは、彼の生涯を通じて不変であった。彼は、血縁関係、連帯性、民族（Volkstum, nationhood）を深く信じていたが、国家による中央集権、強制、服従に対しては、いかなる形でも非難弾劾を続けた。彼は、歴史哲学についての最初の試論『異説歴史哲学』（一七七四年）において、ローマの征服者たちを「血の痕をひいた、流血、肉欲、悪徳の合成物」と述べたが、最晩年にも、「異邦の人々は、ローマ人によって、彼等の知らない慣行により処断され、」このやり方は、「被征服者の性格を歪め、」遂に「ローマの鷲は、彼等の眼を啄み、内蔵を貪り、喰い荒らした死骸を萎えた翼で蔽った。」と、植民地支配の非人道性を弾劾し続けたのである。[2]

ヘルダーは、書簡体の詩「ドイツ国民の栄光」（一七九二年作）において、ドイツの使命と栄光は、征服することではなく、思想家と教育家から成る国民となることであると主張した。彼にとって、人間の正しい生き方とは、「自然的なまとまり、すなわち共通の文化によって結合された社会に生きること（live in natural units, that is, in societies united by a common culture）」である。彼が強調したのは、自然が創るものは国民であって国家ではないこと、或る国民が本質的に他国民より優れていることはないことである。[3] バーリンは、ヘルダーが「神の恩寵を受けた民族」（Favilitvolk）」の存在を否定したことに注目して、「ヘルダーの臆断するところはただ、十分に人間的、すなわち十分に創造的であるためには、どこかに、伝統、環境、文化という言葉でしか定義できない或る集団或いは歴史の流れに属さなければならないということであった。」とコメントしている。彼は、ヘルダーから、一つの環境、集団、生き方が他のものより必然的に優っていることはないが、それぞれそれなりの姿を持っているから、フランス啓蒙思想家が提唱するように、それ等を単一の普遍的パターンに同化していたならば、人生と芸術における最も価値あるものを破壊するものになるであろうという強烈な文化的ナショナリズムを読み取ったのである。[4]

ヘルダーは、『異説歴史哲学』の中で「古代の一民族を発見してこれを寵愛し、これに見とれたあげく、この民族を足がかりとして称讃と非難の言葉を有無を言わせず世界中に撒きちらす――そんな権利が誰にあるのだ。」と主張し、「どの球体にも重心があるように、どの国民も幸福の中心を自分の中に持っている。」と宣言した。[5] バーリンは、「諸文化は、対比することはできるが、同一尺度では測ることはできず、それぞれがあるがままにある。その社会の中では、文字通り計り知れない価値を持ち、それ故、人類全体にとっても価値がある。」とコメントして、ヘルダーのナショナリズムは、純粋に文化的自決（cultural self-determination）を意味し、彼にとって国民であること（natinality）は厳密に文化的属性であったと指摘した。[6] 彼は、ジャハンベグローとの対談で、「攻撃的なナショナリズムの根源である『私の国はあなたの国よりも優れている』という命題は、ヘルダーにとって誤りである。すべての国民は、それぞれ個性的な発展を遂げる完全な権利を持っている。ヘルダーは、楽天的に、人類の庭に咲くすべての花は、調和的に育つことができ、文化は互いに刺激し合って、創造的な調和に貢献することができると信じていた。」と語っている。[7]

ヘルダーの文化的ナショナリズムの基礎には、言語と理念とは一つであるという彼がハーマンから受け継いだ信念があった。バーリンは、ヘルダーの民衆帰属主義（Populism）の核心を「大小の人間集団は、風土、地理、物理的、生物的必要の、その他類似の因子の所産であり、それ等の因子は共同の伝統と共同の記憶によって一つにされているが、その主要な結び目、伝達手段――否伝達手段以上のもの、伝統の化身――は言語である。」と要説している。[8] ヘルダーの『言語起源論』(*Über den Ursprung der Sprache*, 1772) は、ジュースミルヒ (Süssmilch, Johann Peter, 1707–67) の「最初の言語は、人間からではなく、創造主に起源を有する」とする言語神授説に反論して、言語も民謡を含めた文学作品も、時代と民族（Volk）の統一的全体の所産であり、歴史的考察が必要であることを主張した。それは、「言語のみがすべての理解、すべての目的ある行為の中心機関である。他者（他の人々、神、または自分自身）に語りかけることは、人間の基本的活動である。ただ、言語を通してのみ、個人や集団、そして彼等が詩歌や祭祀や人間の諸制度の網目や生活様式の中にこめた意味を理解することができる。」というハーマンの言語論を体系的に発展させたものであった。[9] ヘルダーの言語論は、哲史哲学に直結し、「言語は、集団の経験総体を表現する。」という彼の主張は、「真摯な歴史研究、話し手の目的に対する共感的な洞察、人間にそれによって直接的にせよ数世紀を隔てるにせよ、相互に理解させる伝達機関の把握は、異なってはいるが全く断絶しているのではない諸文明間の間隙を乗り越えることができる。」という歴史理解へと発展したのである。[10]

ヘルダーは、「魂の全体性は、すべてを支配し、他のあらゆる性情や精神力を自分に似せて象り、ごくつまらない行動をさえ自分の色合で染める。これをわが身で感じとるためには、字面を見て答えてはならない。時代の中に、風土の中に、歴史全体の中に、一切の中に感情移入（Einfühlen）しなければならない。そうしてのみ、あなたは言葉を理解できるようになる。だがまた、そうしてのみ、個々であれ全体であれ、すべては自分だという思い上りも消え失せるであろう。[11]」と述べている。Einfühlen とは、リップス、ディルタイ、クローチェよりも百年も前のヘルダーの造語であり、彼は、いろいろの人々が、それぞれ周囲の情況に規制された独自の方法で生き、目標を設定し、行動し、反応し、考え、想像するのはどのようなものであったかを、すなわちそれぞれの生活のパターンを把握することができると主張した。[12]バーリンは、ヘルダーの *Einfühlen* にヴィーコの *fantasia* と共通する洞察力を見出し、「文化的自己中心主義や時代錯誤に対して二人が警告を発し、歴史家に、理解し（「入り込み」‘entering into’）ながらも、われわれ自身のものとは異なると認知する世界観の中に、困難さはどうであれ、入り込むことを可能とする特殊な想像力を使用するよう訴えた姿勢」に注目したのである。[13]

バーリンは、「或る集団、或る文化に所属するのは価値あることだという信念」としての民衆帰属説（Populism）をヘルダーの文化的ナショナリズムの中に見出し、特に「ヘルダーのナショナリズムが一度として政治的であったことがない点」を強調した。[14]彼の社会ヴィジョンは、政府、権力、支配を白眼視する。政治的中央集権に対する彼の攻撃と知的中心が集中する傾向に対する攻撃は、同一の源泉から発するものであった。バーリンは、ヘルダーのナショナリズムを継承したのは、列強のパワー・ポリティックスではなく、ロシアのスラブ主義者やナロードニキ、キリスト教社会主義者や民俗芸術や民間伝統の讃美者たちであったこと、彼等は、ゆるやかな連帯、自発的な連合、自然的な絆を信条とし、軍隊や官僚制やあらゆる種類の「閉された」社会に激しく反対したと指摘したのである。[15]

（1）The Apotheosis of the Romantic Will, CT, p. 223. 選集4、二六八頁。

（2）*VH*, pp. 159–61. 邦訳三〇三–七頁。
（3）*Ibid*., p. 163. 邦訳三一一–二頁。
（4）*Ibid*., pp. 197–8. 邦訳三七二–三頁。
（5）『異説歴史哲学』前掲邦訳一〇三–五頁。
（6）*VH*, pp. 182. 邦訳三四五–六頁。
（7）Jahanbegloo, *op. cit*., p. 99. 邦訳一四九–五〇頁。
（8）*VH*, p. 165. 邦訳三一六頁。
（9）*Ibid*., p. 167. 邦訳三二一頁。
（10）*Ibid*., p. 169. 邦訳三二三頁。
（11）『異説歴史哲学』前掲邦訳一〇〇頁。
（12）*VH*, p. 173. 邦訳三三〇頁。
（13）Alleged Relativism in Eighteenth Century European Thought, *CT*., p. 76. 選集4、六六頁。
（14）*VH*, p. 181. 邦訳三四三頁。
（15）*Ibid*., pp. 183–4. 邦訳三四八–九頁。

（二）多元論

バーリンは、或る集団或いは文化に帰属することの価値を強調したヘルダーの文化的ナショナリズムの論理的帰結として、異なった文化と社会の価値は多様であるだけでなく、一つの尺度では測れないという多元論（pluralism）に注目した。マキアヴェッリに古来の一元論を打破する価値二元論を見出し、ヴィーコに多元主義的な文化史の構想を見出した彼は、ヘルダーからすべての国と時代の文化には単一尺度を超えたそれ自体の重心があるというさらに徹底した多元論を読み取ったのである。

バーリンは、ヘルダーの思想の核心の一つとして、「それぞれの文明は、固有の物の見方、考え方、感じ方、行動様式を持ち、それぞれ固有の思想と行動の規制によってのみ正しく理解され判断されることができる。決してどこか他の文化の尺度によって判断されるべきではなく、いわんや普遍的、非人格的、絶対的な尺度で判断されてはならない。」という理念を挙げて、絶対的諸価値を否定するヘルダーの多元論こそ彼の思想の諸特徴のうち、最も革命的なものであったと指摘した。(1)

先に言及したように、バーリンは、ヘルダーが、「神の恩寵を受けた民族」(Favolitvolk)の存在を否定したことに注目したが、ヘルダーは、「どの球体にも重心があるように、どの国民も幸福の中心を自分の中に持っている。」という有名な一句で結んだ一節で、次のように述べている。

「人間の本性が哲学者の定義するような、絶対で独自で不変な幸福をいれる器でないとしても、それは、到る所で及ぶ限り幸福を引き寄せる。それは、極めて多様な状態や必要に応じ、さまざまの圧迫を受けながら、極めて多様な形を取る柔かな粘土のようなものである。幸福のイメージそのものが、状態や風土と共に変る。……結局比較することがすべて疑わしいのだ。幸福を求める内面の心、つまり心の向き方がかわってしまい、別の機会や必要が別の心を形成し、固めるや否や、別々に満足させられるのを、誰に比較することができるであろうか。(2)」

バーリンは、「もし人類に関するヘルダーの見解が正しかったとすれば、……そして彼が感情移入(*Einfühlen*)によって多大の生気を吹き込んだ諸文明のそれぞれが相互に大きく異なっていて実際に結合不可能であるとすれば、あらゆる人々、あらゆる時代、あらゆる場所に妥当する一つの普遍的な理想は、原理上だけでさえどうして存在し得るであろうか。」と問い、ヘルダーの一撃の下に、価値の諸問題は解決可能であり、しかも終局的に解決し得るという西欧思想の主流的理論の要め石は崩壊し始めたと指摘した[3]。すなわち、ヘルダーは、各文明をより高い文明に至る踏み台、或いは初期の低度の文明への憐むべき退行として捉える啓蒙思想の中心命題を拒否して、各文明はすべて独自の人間精神の現われであり、それ自身の価値を持つことを主張した。各文明の独自性、個性、なかんずく相互に共通尺度で測れないことを示し祝福した彼の歴史哲学は、バーリンにとってラディカルな価値多元論の思想史上最初の明白な表白であった。彼は、ヘルダーの多元論を、「一つの文化を他の文化の基準で判断してはならない。異なった文明は、異なった成長をし、異なった目標を追究し、異なった生き方を具視し、人生に対する異なった態度に支配されている。それ故に、異なった諸文明を理解するためには、それ等の本質に『感情移入』(empathy) という想像的態度によって参入し、できる限り『内側から』('from within') 理解し、彼等の目を通じて世界を見なければならない。」と要説したのである[4]。

バーリンがヴィーコとヘルダーから読み取った多元論は、主観主義或いは相対主義と次元を異にするものであった。彼は、「多くの客観的目的、究極的な価値があり、そのいくつかは他のものと両立し得ず、さまざまな時代に異なった社会によって、或いは同じ社会の中で異なった集団によって、全体としての階級や教会や人種によって、またそれ等の内部の個々人にとて追求される。」とする多元論の核心を次のように理解した。

「われわれは、生活を多元的であるが等しく真正で、等しく究極的で、なかんずく等しく客観的な価値、それ故、長時間的な階序制の中に秩序付けられることも何か一つの絶対的基準によって判断されることもできない価値を提示するものとして見るように迫られている。有限の多様性を持つ価値や態度があって、そのいくつかを或る社会が、またいくつかを別の社会が自分自身のものとしている。それ等の態度や価値は、他の社会の成員が（自分たち自身の価値体系に照らして、）感嘆したり非難したりするかも知れないが、彼等が十分に想像力に富み、十分熱心に試みるならば、常に何とか理解しようとすることができる、すなわち、そのような状況に置かれた人々の理解し得る目的であることを知ることができるのである。[5]」

このような多元論は、主観主義ではない。バーリンは、ヘルダーは主観主義者ではないと強調して、「彼は、個々の社会の生き方と自分とを理解することから引き出され、それを学ぶ者に共感的な想像力と同様に広範で細心な勉学を要求する客観的な判断基準を信じている。彼が拒否するのは、それによってすべての文化、性格、行為が評価されるような単一に被いかぶさる価値基準である。探求されるべきそれぞれの現象は、それぞれの尺度、すなわち、その光に照らして初めて『事実』が真に理解され得るような諸価値の星座を示している。……ここに意味されているのは、人間が正当にも努力し時には生命を落した最高の諸目的は相互に全く両立し得ないということである。[6]」と述べている。すなわち、多元論は、価値主観主義ではなく、多元的で、等しく真正で、等しく究極的で、等しく客観的な価値が、それぞれの時代と社会、さらに一個人の中にさえ存在している事実に立脚するものなのである。

バーリンは、「『私はコーヒーが好き、あなたはシャンペーンが好き。二人の好みが違うだけだ。』これが相対主義である。しかし、ヘルダーとヴィーコの見解はそうではない。それは、私が多元論と呼びたいもの、すなわち、人々が求める目的は数多く多様であるが、人々は十分に合理的、十分に人間的であって、相互に理解し合い、同感し合って、相互に学び合うことができるという考え方である。[7]」と述べている。すなわち、多元論と峻別される相対主義とは、「或る人間や集団の判断は、趣味や感情的態度や見解の表現或いは陳述であり、単にそうあるがままのものであって、その真偽を決定するいかなる客観的な対応物も持たないということである。」しかし、ヴィーコやヘルダーにとって、各文化或いは或る文化の各側面の諸価値は、単なる心理的な事実ではなく、客観的な事実である。客観的価値の存在を否定する相対主義は、人間の見解は自然的ないし文化的要因に制約されているから、他の社会や時代の価値を自分たち自身の価値と同様に追及に値すると考えられないという立場に陥り易いが、これは、不可避的に客観的基準についての懐疑主義をもたらす。[8] バーリンは、このような相対主義とは異なる多元論の特徴を明らかにするために、ヴィーコの *fantasia*、ヘルダーの *Einfühlen* すなわち歴史的想像力の効用を強調した。

既にヴィーコとヘルダーについて言及したように、バーリンは、二人の思想家が、われわれに遠隔の社会の心性に『降りて行き』（'descend to'）、『入り込み』（'enter'）、或いは『感情移入する』（'feel oneself into'）ことを可能にさせる歴史的想像力を弁護したことに注目した。それは、過去の或いは別個の人間社会を理解することは不可能であるとして突き放す相対主義とは全く次元を異にする構想である。それは極めて困難な課題であり、ヴィーコもヘルダーも十分に成功したとは到底言えないが、バーリンは、「もし探究に成功するなら、われわれは、遠隔の人々の諸価値が、われわれ自身と同様の人間――意識的な知的、道徳的識別能力をそなえた被造物――がそれによって生きることができた諸価値であったことを知るであろう。」という彼等の見解に全面的に共感したのである。[9]

「多くの種類の幸福（或いは美、善、人生観など）があり、それ等は、時には比較不可能である。しかし、すべては通常の人間の現実的な必要や志向に対応しており、それぞれがその環境、郷土、民衆に適応している」という多元論は、少数の選ばれた文化――アテナイ、ローマ、フィレンツェ、パリ――を持つ文明社会の価値だけが真実であるとするヴォルテールの独断的な推定と鋭く対立する。ヴィーコとヘルダーは、このような仮説を批判して、西洋、東洋の多くの文化を啓蒙の目的や見解と対比させたが、その際に、単に事実としての多様性そのものを対比させたのではなく、われわれ自身の生活様式といかにかけ離れているとしても、それを追究するのが自然だと普通の人々が考えることができるような生活様式として対比したのである。[10]」

「どの球体にも重心があるように、どの国民も幸福の中心を自分の中に持っている。」と宣言したヘルダーにとって、発展の各段階は、次の段階への単なる手段ではなく、それ自体の価値を持っている。ヘルダーは、「どの年齢も、その中心を自分の中に持っている。青年は、無垢で満ち足りた幼児よりも幸福なのではないし、安息を楽しむ老人は、奮闘する壮年よりも不幸なのではない。[11]」と主張した。バーリンは、これを受けて、「そこには秩序と成長と各段階、各人間集団の相互依存関係はあるが、最善へ向けての進歩はない。しかし、ヘルダーにとっては、必要と環境との相違に基づく人間の努力のさまざまな頂点は、等しく客観的で知り得るのである。これは、相対主義ではない。」と指摘したのである。[12]

バーリンは、ヘルダーの特に初期の著作に見られる絶対的、普遍的な価値観の否定の中に、「さまざまな人間文化によって追及される諸目標や諸価値は、相異なるだけでなく、相互に両立し得ないこともあるのではないか、多様性そして恐らくその間の対立は、人間の条件の偶然的で除去し得る属性ではなく、人間そのものの内在的な特性ではあるまいか。」という問いかけに、西欧の思想的伝統を崩壊させる極めて重大な指摘を読み取った。[13]彼に大きな衝撃を与えたマキアヴェッリの価値二元論を超えて、古来の一元論の対局としての多元論の構想を抱くに至ったのは、彼が独自の問題意識をもってヴィーコとヘルダーを読みこなして行った真摯な知的営為の成果であったに違いない。

（1）　*VH*, p. xxii. 邦訳二三頁。*Ibid.*, p. 206. 邦訳三八七頁。
（2）　『異説歴史哲学』一〇五頁。
（3）　*VH*, p. 207. 邦訳三九〇頁。
（4）　*Ibid.*, p. 210. 邦訳三九五頁。
（5）　Alleged Relativism in Eighteenth Century European Thought, *CT.*, p. 79. 選集4、七一頁。
（6）　*VH*, pp. 211–2. 邦訳三九七頁。

（7）The Pursuit of the Ideal, *CT*., p. 11. 選集4、一五頁。
（8）Alleged Relativism, *op. cit*., pp. 80–82. 邦訳七二–四頁。
（9）*Ibid*., pp. 82–3. 邦訳七五–六頁。
（10）*Ibid*., p. 84. 邦訳七七頁。
（11）『異説歴史哲学』二〇八頁。
（12）Alleged Relativism, *op. cit*., pp. 83–4. 邦訳七六–七頁。
（13）*VH*, p. xxiii. 邦訳二四頁。

第二章　自由論と価値多元論

一　二つの自由概念

バーリンの極めて著名な論文「二つの自由概念」（Two Concepts of Liberty）は、一九五八年十月三十一日に行なわれたオックスフォード大学のチチリ社会・政治理論講座の教授就任演説である。この演説は、「人生の目的について人々の間に何の不一致もなく、またわれわれの祖先たちが何の思いもなしにエデンの園に留まっていられたとすれば、このチチリ社会・政治理論講座が捧げられているような諸研究が考えつかれることはほとんどなかったであろう。……もし目的が同意されているならば、残る問題はただ手段の問題だけであり、手段は政治の問題ではなく技術の問題であって、技術者や医師の間での議論と同様に、専門家や機械によって解決することができる問題なのである。」と語り始められている。(1)この軽妙なプロローグは、価値観の相剋の焦点となっている自由の問題に独自の視点からポレミークな分析を加えようとするバーリンの意図を明快に示している。彼がこの講演で比較論評した「消極的」と「積極的」の二つの自由概念は、多岐にわたる論争の的となり、バーリンは、十一年後にこの論説を『自由に関する四論文』（*Four Essays on Liberty*, 1969）に収録するに当たって、長文の序論を付して、批判に答え、かつ自説を敷衍した。本章では、「二つの自由概念」の本文を序論と共に検討し、特に彼の自由概念に底流する価値多元論の意味を追求したい。

バーリンが、自由（彼は、liberty と freedom とを同一の意味で使用する）の極めて多数の意味の中から「背後に大きな人類の歴史を負い、敢えて言えば将来もそうである」中心的な意味として、消極的自由（negative freedom）と積極的自由（positive freedom）の二つの自由概念を取り上げる。消極的自由概念とは、「主体——或る人または人々の集団——が他の人々からの干渉を受けずに、自分のしたいことをし、自分のそうありたい状態に放任されている、或いは放任されているべき範囲はどのようなものであるか。」という問いに答えるものであり、積極的自由概念とは、「或る人があれよりもこれをすること、あれよりもこれであることを決定することができる統制或いは干渉の源泉は何であるか、または誰であるか。」という問いに答えるものである。[2] 以上は本文の叙述であるが、序論においては、前者の問いが「私はどれだけ統治されるべきか。」「私はいかなる領域について主人であるか。」後者の問いが「私は誰によって統治されるか。」「誰が主人であるか。」と簡潔に表現されている。[3]

「私はいかなる領域において主人であるか。」という問いに答える消極的自由について、バーリンは、「通常、他人または他の人々の集団が私の行動に干渉しない程度に応じて私は自由だと言われる。この意味での政治的自由は、ただ或る人が他人に妨害されずに行動することができる領域に過ぎない。もし私がそうでなければなし得ることを他の人々によって妨害されているならば、私はその程度まで自由ではない。そしてもしこの領域が他の人々によって或る最低限度以上に狭められるならば、私は強制されている、或いは恐らく隷属させられていると言うことができる。」と述べている。[4] もとより、強制とはすることのできない状態のすべてにあてはまる言葉ではなく、消極的自由を侵害する抑圧の基準は、或る人の希望を挫折させるために直接的或いは間接的に、また意図のあるなしを問わず他の人々から行使されると信じられる役割である。このような強制の欠如としての消極的自由概念は、近代自由主義の基本的な原理として主張されてきたものであり、決して侵犯されてはならない最小限の個人的自由の範囲が存在しなければならないという消極的自由の要請により、私生活の領域と公的権威の領域との間に境界線が引かれなければならないという帰結に到達する。基本的に消極的自由概念を信奉する思想家たちの間に、自由の領域についてさまざまの見解の対立があった。バーリンは、ロックやスミス——またなにほどかはミルも——大きな私的領域を保持することと社会の調和や進歩とは両立し得ると信じていたのに反して、ホッブズなどの保守的ないし反動的な思想家たちは、社会生活をジャングルにしないために、中央集権的な統制を増大し、個人の領域を縮小することを要請したが、何れも「人間生活の或る部分は社会的統制の領域から独立していなければならないとする点では一致していた。」と指摘した。それを放棄するならば人間本性の本質に背くような個人の自由の最小限の範囲について、さらに人間本性の本質は何かということについて、果てしない論争が行なわれ、永遠に決着することはないであろう。しかし、さまざまな思想家が基本的に消極的自由概念を信奉してきたことは明白であり、自然法、自然権の原理、功利の原理、定言命法の宣言、社会契約説と論拠は多数であっても、彼等は、「移動はするけれども常に認識できる境界線を超えて干渉を受けない」という「からの自由」(liberty *from*) を認めてきたのである。[5]

　バーリンは、このような消極的自由の要請がデモクラシーないし自治の要請と論理的な連関をもっていないことに注意を喚起した。デモクラシーは、他の体制よりも全般的に自由をよりよく保証するとして自由主義者たちによって擁護されてきたが、バーリンは、「誰が私を統治するか」という問いと「政府がどれほど私に干渉するか」という問いとを論理的に峻別し、前者の問いに答えるのは消極的自由概念ではなく、積極的自由概念、すなわち「への自由」(freedom *to*) であると指摘した。[6]

「『自由』という言葉の『積極的な』意味は、自分自身の主人でありたいという願望に由来する。私は、私の生活やさまざまな決定を、いかなる外的な力ではなく、私自身に依存させたいと願う。私は、他人のではなく、自分自身の意志行使の手段でありたいと願う。私は、客体ではなく、主体でありたいと願い、言わば外部から私に働きかける原因ではなく、自分自身のものである理由や意識的な目的によって動かされることを願う。私は、なにものかであろうとし、なにものでもないものではありたくない。私は、決定されるのではなくて、みずから決定を下したいと願い、人間的な役割を果たすことができない、すなわち私自身の目標や方策を考えてそれを実現することができない物や動物であるかのように、外的自然や他の人々によって働きかけられたくない。……私は、考え、意志し、行為する存在、私の選択に対して責任を負い、私自身の理念と目的に関連づけて説明することができる存在として私自身を意識したいと願う。私は、このことが真実であると信じる程度において自由であると感じ、それが真実でないと自覚させられる程度において隷属させられていると感じる。[7]」

すなわち、積極的自由とは、外部の力によって動かされることなく、自分自身の目的によって自己を支配すること(Self-mastery)にほかならないが、それは、個人にかかわる行為の自律性を要請するのみならず、政治の領域にかかわる統治権力の正統性の問題にも直結している。このように簡潔に提示されたバーリンの二つの自由概念には、慎重に検討されなければならないいくつかの問題がある。ここでは、次の三点に注目したい。

第一に指摘すべきことは、バーリンはしばしば積極的自由概念を否定して消極的自由概念を無条件に弁護したように理解されてきたが、彼が批判したのは、積極的自由概念が本来の意味を歪曲されて恣意的に乱用され易かったからであって、彼は、二つの自由概念が共に別個のそして「まともな生存のために本質的に必要なもの[8]」であると認めていたのである。バーリンは、一九八八年のインターヴューにおいて、自由な選択と自由意志を行使する能力（カントの Willkür）を意味する「基本的な自由」（basic liberty）こそ消極的自由と積極的自由とに共通する基礎であると述べたと言う。[9] グレイは、この点をさらに敷衍するために、バーリンの序論の中の「自由の基本的な意味は、鎖からの、投獄からの、他人への隷属からの自由であり、これ以外の意味は、この意味の拡張か、さもなければ比喩である。[10]」という一節を引用して、バーリンは他の人間によって選択が制限されることが最も基本的な自由の否定であると主張したと指摘し、「バーリンにとっては、自由は、たとえ積極的自由であっても、常に選択することを意味し、決して必然性を承認することを意味したのではなかった。」と強調している。[11]

消極的自由と積極的自由とに共通して底流する主体的な選択という契機は、バーリンの自由論を理解するための重要な鍵であろう。後に第三節で詳細に検討しなければならないが、バーリンの価値多元論は、別個で対立的であるだけでなく、時には共通尺度で測ることができないものの中から主体的に選択しなければならないのが人間の宿命であるという帰結に導くものであった。この点について、グレイがバーリンの「自己変革的な存在としての人間の概念」を指摘し、「人間性は、バーリンにとって、われわれすべての内部にあって発見と実現を待っているものではない。それは、選択によって創造され、絶えず創り直され、内在的に共通或いは普遍的なものではなく、多元的で多様なものである。」と強調していることは注目に値する。[12] 消極的、積極的の二つの自由概念がバーリンによってこのような価値多元論と両立するか否かを基準として検討されたことは、常に留意されなければならないであろう。

第二に、バーリンが『自由に関する四論文』の序論で一九五八年に刊行された「二つの自由概念」の初版の誤りを訂正した箇所を指摘したい。彼は、「この誤りは、本論で展開した議論を弱めることも、またそれと矛盾することもない（むしろ強化すると思われる）が、それでも、その立場は誤っていると思うからである。私は、初版で、人間の欲求の充足に対して障害がないことを自由と考えて論を進めた。これは、自由という言葉を使う場合、普通の、恐らく最も普通の意味であるが、私の立場をよく表現しているとは言えない。」と弁明している。[13]論文集に収録するに当たって、初版を訂正した箇所中特に注目すべきは次の部分である（下線部は訂正後のもの、カッコの中は初版）。[14]それは、一二二頁、小見出し「消極的自由の概念」以下の最初の五行、初版七頁、小見出し以下の五行の次の箇所である。

I am normally said to be free to the degree to which no man or body of men interferes with my activity. Political liberty in this sense is simply the area within which a man can act unobstructed by others. (do what he wants) If I am prevented by others from doing what I could otherwise do, (from doing what I want), I am to that degree unfree;

バーリンが訂正を加えたのは、初版のように、政治的自由を「その人の欲することをすることができる範囲」と言い、「もし私が自分のしたいと欲することを他人に妨げられるならば、私は、その程度まで自由ではない。」と言うならば、バーリンが第三節「内なる砦への退却」(The retreat to the inner citadel) で強調した意図に反して、自分の欲望を削減或いは消滅させることも消極的自由に達する方法の一つになってしまうからである。彼は、序論において、「私は、本文の中でこのような自由の定義やこの定義から出てくる考え方をすべて批判したが、その時は、これが私が出発点とした定式と矛盾することに気付かなかった。」と記して、この点を指摘した「『タイムズ・リテラリ・サップルメント』の寛容で鋭い匿名の書評家」に感謝した。[15]「内なる砦――自己の理性、魂、『本体』的自我――への戦術的退却 (a strategic retreat into an inner citadel――my reason, my soul, my 'noumenal' self――)」すなわち自己の欲望を削減ないし絶滅することによって内面的自由を確保しようとする禁欲主義者、静寂主義者、ストア派の賢人、仏教の賢者等の伝統的解放がバーリンが語りたかった意味での自由ではないことは、第三節に明確に述べられているが、彼は、初版の記述を訂正することによって、消極的自由と「内なる砦への退却」との連動を切断しようとしたのである。序論にこのような訂正を加えた後に述べられた次の一節は、彼の自由論の真意を示しているであろう。「私が使う意味における自由は、単に欲求不満がないこと（それは、欲望を抹殺することによっても得られよう、）だけではなく、可能な選択や活動に障害がないこと――人が歩もうと決意することができる路に障害が存在しないこと――をも含んでいる。このような自由は、究極的に、私が少しでも歩こうと欲するかどうか、どれ位歩こうとするかによるものではなく、どれ位多くのドアが開かれているか、どれ位広く開かれているか、またそれが私の生活にどれ位相対的な重要性――この重要性を何等か量的に測定することは文字通り不可能であるかも知れないとはいえ――を持っているかによるのである。私の社会的或いは政治的自由の範囲は、単に私が現になしている選択だけでなく、私の潜在的な選択――私が選んだならば行動する仕方――に障害がない範囲である。[16]」

バーリンが自由とは欲望の充足に対して外部的障害がないことであるという表現を誤解の恐れがあると考えて訂正し、「他人によって妨害されずに行動することができる範囲」と書き直したのは、些細な語句上の修正ではなく、自由の意味を現実の行動のみならず、絶えず行なわれる選択行為によって無限に多様な方向に活動する能動的で主体的な人間の問題として把握しようとする意図を明らかにしたものと言えよう。バーリンの二つの自由概念に共通して底流していたのは、人間の主体的な選択こそが本源的な自由であるという信念であった。

第三に、バーリンが二つの自由概念が歴史的に同時代に生まれたのではなく、西洋古代においては政治的理想としての個人の自由という消極的自由概念はなく、この自由概念は、いかに宗教に深く根ざしているとしても、ルネッサンス或いは宗教改革以前にはほとんど溯らないと指摘したことに注目したい。[17] バーリンは、このような認識について、コンスタンの「近代の自由と比較した古代の自由について」(Benjamin Constant, De la liberté des anciens comparée á celle des modernes）と題する一八一九年の講演から示唆を受けていた。

バーリンは、集団的自己支配という積極的自由への欲求が爆発したフランス革命の体験によって二つの自由概念の対立を誰よりもよく見抜き、「主要な問題は、誰が権威を行使するかということではなく、どれほど大きな権威が或る人々の手中に置かれるかということである。」と強調したのはコンスタンであったと指摘した。[13] フランス革命を鼓舞したルソーの自由の理念は、或る一定の領域内で干渉を受けないという近代的な消極的自由ではなく、一社会の全成員が公権力を分け持つ古代的な積極的自由であった。コンスタンは、ルソーを批判して、「この崇高な天才は、自由への最も純粋な愛に鼓舞されて、他の諸世紀に属していた社会的権力と集団的主権の範囲を現代に持ち込み、一種類だけではない専制に致命的な口実を与えた。」と指摘した。[19] 彼は、ルソーの自由概念は、政治的自由と個人的自由との区別がなかったアテナイやローマの古代共和国の理念であり、個人的自由とその制度的保障としての立憲制度を骨子とする近代商工業社会における自由のあり方とは全く異なっていると強調して、古代的自由の概念を現代に持ち込むことの危険性を警告したのであった。

コンスタンによれば、古代共和国の市民たちは、集団的かつ直接的に主権に参与し、公共広場で宣戦講話、同盟、立法、司法、役人の監督などの国事を担うことができたが、その反面において、私的領域での個人の独立性は全く認められていなかった。彼は、特に「われわれが最も貴重なものと考えている自分の信仰を選ぶ権利は、古代人によって犯罪であり冒瀆であると思われたであろう。」と指摘して、「古代人の間では、個人はほとんど常に公的には主権者であったが、あらゆる私的関係においては奴隷であった。」と結論を下した。[20] バーリンは、ジャハンベグローとの対話において、古代的自由と近代的自由の対立をめぐるコンスタンとルソーとの間の論争について、コンスタンを支持すると明言し、[21]「二つの自由概念」の序論において、古代ギリシアの自由概念について、「個人の自由の問題、公権力さえ通常踏み込むことが許されない境界の問題は、この段階では明確に生まれてはいなかった。この問題が重要視されるようになったのは、資本主義文明の新しい産物であり、個人の権利、市民的自由、個人の人格の尊厳、プライヴァシーや対人関係の重視というような観念を含む一連の価値体系の一環としてであろう。」と指摘している。[22]

コンスタンは、「古代人の目的は、同一の祖国の市民の間で社会的権力に参与することであり、これこそ彼等が自由と呼んだものである。近代人の目的は、私的な楽しみの保障を享受することであり、彼等は、このような楽しみに対して制度によって与えられる保障を自由と呼ぶ。」と要約し、「このような相違を認識しなかったために、善良な意図を持つ人々がわが国の長く嵐のようであった革命を通じて無限の害悪をもたらした。」と指摘した。[23] 彼によれば、近代商工業国の国民は、古代人のポリスの統治に参与する誇りも、主権者としての実感も持っていないが、彼等の私的自由を保障する立憲体制を持っている。彼は、近代的自由に対する制度的保障としての代議政治を重視し、身体の自由、言論の自由、職業選択の自由、財産権などの個人的権利の制度的保障が古代人の自由に全く欠落していたと強調した。[24] このような制度的保障がなければ、「平穏な享受と私的独立性[25]」を特徴とする近代的自由は存続することはできない。彼は、古代的自由と近代的自由とを峻別する観点から次のように指摘した。

「古代の記憶を讃仰することを信じないようにしよう。われわれは現代に生きているのであるから、われわれは現代にふさわしい自由を望む。そしてわれわれは君主制の下に生きているのであるから、君主にわれわれを抑圧するための手段を古代の共和国から借りてこないように謙虚に嘆願する。私は、個人的自由こそ真の近代的自由であると繰り返したい。政治的自由はその保障であるから、政治的自由は不可欠である。しかし、現代の人々に過去の人々のように彼等の個人的な自由のすべてを政治的自由のために犠牲にするように要求することは、彼等を個人的な自由から引き離す最も有効な手段であり、もしもこのような結果が実現されたならば、彼等から政治的自由を奪うことは極めて容易なことであろう。[26]」。

バーリンは、コンスタンが古代的な自由理念を十八世紀に復活させようとしたルソーの危険性を批判したことを高く評価し、古代的自由と近代的自由の比較論評についてコンスタンの示唆を強く受けていた。また彼は、「どうしても侵犯されてはならない最小限の個人的自由が存在すべきである。」と主張した近代の代表的な思想家として、ロック、ミル、トクヴィルと共にコンスタンを挙げ、特に「自由とプライヴァシーの擁護者たちの中で最も雄弁な思想家バンジャマン・コンスタンが、ジャコバン党の独裁を忘れず、最小限の宗教、意見、表現、財産の自由は恣意的な侵害に対して保証されなければならないと言明した」ことを高く評価したのである。[27]

（1）Two Concepts of Liberty, *FE*, p. 118. 生松敬三訳「二つの自由概念」『自由論』2（みすず書房）、二九七頁。
（2）*Ibid.*, pp. 121–2. 邦訳三〇三–四頁。
（3）*Ibid.*, p. xliii. 邦訳『自由論』1、六四–五頁。
（4）*Ibid.*, p. 122. 邦訳『自由論』2、三〇四頁。この部分の邦訳は、一九五八年の初版によっているので、*FE* によって訳出した本論文の引用とは異なっている。註（14）参照。
（5）*Ibid.*, p. 126–7. 邦訳『自由論』2、三一〇–一一頁。
（6）*Ibid.*, pp. 130–31. 邦訳三一六–七頁。
（7）*Ibid.*, p. 131. 邦訳三一九–二〇頁。
（8）Jahanbegloo, *op. cit.*, p. 41. 邦訳六七頁。
（9）Claude J. Galipeau, *Isaiah Berlin's Liberalism*, 1994, P. 86.
（10）*FE*, p. xvi. 邦訳『自由論』1、八五頁。
（11）John Gray, *Berlin*, Modern Masters, 1995, pp. 18–9.

（12）*Ibid*., pp. 23–4.
（13）*FE*, p. xxxviii. 邦訳『自由論』1、五六頁。
（14）註（4）で指摘したように、この部分の邦訳は初版によっている。
（15）*FF*, p. xxxviii. 邦訳五六–七頁。
（16）*Ibid*., pp. xxxix-xl. 邦訳五八頁。
（17）*Ibid*., p. 129. 邦訳『自由論』2、三一五頁。
（18）*Ibid*., p. 163. 邦訳三七五頁。
（19）Banjaman Constant, The liberty of the ancients compared with that of the moderns. Translated by Biancamaria Fontana, *Political Writings*, Cambridge Texts in the History of Political Thought, 1988, p. 318.
（20）*Ibid*., p. 311.
（21）Jahanbeloo, *op. cit*., p. 40. 邦訳六八–九頁。
（22）*FE*, p. xli. 邦訳『自由論』1、六一–二頁。
（23）Constant, *op. cit*., p. 317.
（24）*Ibid*., pp. 310–11.
（25）*Ibid*., pp. 316.
（26）*Ibid*., pp. 323.
（27）*FE*., pp. 124, 126. 邦訳『自由論』2、三〇七、三一一頁。

二　積極的自由概念とその変容

バーリンは、「二つの自由概念」において、ひたすら消極的自由を擁護したとしばしば理解されるほど、積極的自由概念の概念が歴史的に極めてしばしば歪曲され、自由とは全く異なった概念に転化されてきたことに詳細かつ峻厳な批判を加えた。しかし、既に言及したように、彼は、積極的自由概念が基本的に消極的自由概念と同一の基礎を持ち、歪曲を受けなければ独自の正当な価値を担うことを認めていた。先ずこの点について、バーリンのミルとグリーンに対する言及を検討して見たい。

バーリンは、国家や他のいかなる権威も踏み込むことを許されない私生活の広大な範囲を保持することと社会的調和や進歩は両立すると信じていた「人間本性について楽観的な見解を抱き、人間の利益の調和を信じていた哲学者」としてロックとスミスと共に「なにほどか（in some mood）ミルも」挙げている。(1) 彼は、消極的自由についてコメントするに当たって、ミルの『自由論』から有名な「自由の名に値する唯一の自由は、われわれ自身の仕方でわれわれ自身の善を追求することである。」という一節を初め、いくつかの引用をした後、「市民的自由や……慣習や組織的な宣伝による大量催眠に対するすべての抗議は、すべてこの議論の多い個人主義的な人間観から発したものである。」と述べている。(2)

しかし、ミルの自由論に対するバーリンの評価が必ずしも全面的な賛同ではなく、かなりアンビヴァレントなものであったことは、ミルの引用のすぐ後に、「ミルは二つの別個の観念を混同している。」と指摘していることで分かる。二つの別個の観念とは、「すべての強制は、たとえそれが他のより大きな害悪を防止するかも知れないとはいえ、人間の希望を挫折させる限り、それ自体として悪であり、他方強制の反対である不干渉は、それが唯一の善でないとはいえ、それ自体として善である。」ということと、「人間は真理を発見する、或いはミルが賛同する一定の型の性格——批判的で、独創的で、想像力に富み、独立で奇矯なまでに不一致である性格等々——を発展させるように努めるべきであり、自由な条件の下においてのみ真理は発見され得るし、このような性格は涵養され得る。」ということである。バーリンは、前者を「古典的形態の自由の消極的概念」と言い、後者については、明言していないが、すぐ後出「真理と自己表現」と述べているから、積極的自由概念の一種と見做してよいであろう。バーリンは、ここでミルが消極的自由概念と積極的自由概念とを混同していると言っているのであろうか。この点については、彼が『自由論』の刊行百年を記念して行なった講演「ジョン・ステュアート・ミルと生の目的」(John Stuart Mill and Ends of Life, 1959) を参照しなければならない。

バーリンは、この講演で、『自由論』を「開かれた寛容な社会を求める人々の立場を述べた、最も明確で、最も大胆で、説得力に富む感動的な表白」として称讃した。[3] 彼は、ミルの理想を、ゲーテやフンボルトの目標であった「合理主義とロマン主義とを融合させようとする試み」と捉え、その特徴として、「豊かで、自発的で、多面的で、恐れを知らず、自由で、しかも合理的な自律的性格」を挙げた。[4] 彼は、ミルの精神と行動の中にベンサムの冷徹なアイロニーも父ミルの尊大で頑固な合理主義とは全く無縁な「自発的で計算ずくでない理想主義」(spontaneous and uncalculaing idealism) を見出し、[5] またミルの人間観の中に「人間の生活はどこまでも不完全であり、自己変革し、新鮮であるという認識」すなわち、「人間は自発的なものであり、選択の自由を持ち、自分自身の性格を創るものである」という認識を見出した。[6] 彼はさらに、「自己改善の能力の系としての過ち得ること (fallibility) すなわち過ちを犯す権利 (the right to error)、自由の敵としての斉合性と終極性 (symmetry and finality) に対する不信」こそミルが決して放棄することがなかった原理であったことを指摘した。[7] この講演は、全般にミルの『自由論』に対する共鳴と讃美に満ちており、先に引用した「二つの自由概念」の一節で言及されたミルの概念的混乱に関する指摘は全く見出すことはできない。

しかし、バーリンがミルの思想の中に消極的自由と積極的自由との完全な両立ないし融合を見出したと考えることは早計であろう。既に第一章第一節で言及しておいたように、彼は、「二つの自由概念」に対する論評への反論の一つとして、彼が諸価値の相対性を処理しようと試みた際にミルの見解に立ち帰っていると主張したスピッツに対して、彼の命題はミルの場合と全く異なっていると言明した。次の一節は、全文を引用する価値があるであろう。

—ミルは、価値判断の領域にも到達と伝達が可能な真理が存在しているが、それを発見するための条件は、十分な個人の自由、特に探求と対論の自由がある社会でなければ存在しないと確信しているように思われる。このような考え方は、まさに古来の客観主義的命題を経験論の形で表現したものであり、このような最終目的に達するためには、個人の自由が必要条件であるという追加条項が加えられている。私の命題は、全くそうではなく、いくつかの価値は本質的に相拮抗しているのであるから、すべてが調和しているようなパターンを原則的に発見し得るに違いないという考え方そのものは、世界の実情についての誤った先験的な見解に立脚しているということである。もしこの点で私が正しく、人間の条件として人々は常に選択を避けることができないのであるならば、選択を避けることができない理由は、哲学者たちがめったに無視することのない明白な理由、すなわち多くの可能な行動の経路や多くの生きるに値する生活形態があるから、それ等の中から選択することは合理的であること、すなわち道徳的判断ができることの一部であるということのためだけでなく、諸目的は互いに衝突するものであり、人はすべてを手に入れることはできないという一つの核心的な理由のためでもある。このことから、理想的な生活、すなわち価値があるどんなものでも失なったり犠牲にしたりすることがない生活、すべての合理的な（或いは有徳な、そうでなければ正当な）欲求を真に満足させることができる生活——このような古典的な理想像は、ユートピア的であるだけでなく矛盾しているのである。選択して、他の究極的な価値のために或る究極的な価値を犠牲にする必要性は、人間の境遇の永遠の特徴である。もしそうであるならば、そのことは、自由な選択の価値は、自由な選択なしには完全な生活に到達することができないという事実に由来するとしても、一度完全な状態に到達すれば、二者択一の必要性はなくなってしまうという含みを持つすべての理論を侵蝕してしまう。[8]」

ここで強調されているバーリンの価値多元論については、次の第三節において詳細に検討しなければならないが、この一節によって、彼がミルの自由論の中に消極的、積極的な二つの自由概念を統合し両立させようとした試みを見出そうとし、ミルが思想と言論の自由によって、社会のすべての成員の個性と多様性を最大限に発揮させようとしたことに多大の共鳴を感じながらも、ミルが徹底した価値多元論とは次元を異にする「経験論の形をとった古来の客観主義的命題」に止まっていたと指摘して、ミルとの相違を明らかにしようとしたことを知ることができる。バーリンは、ミルが人間の本質を「選択し得る存在、手段として選択されるのではなく選択する存在[9]」として認識したことを高く評価したが、ミルとバーリンとは、価値多元論について、基本的に相容れなかったのである。

次にグリーンの一八八一年の講演「自由主義立法と契約の自由」（Thomas Hill Green, Liberal Legislation and Freedom of Contract, 1881）に対するバーリンの言及に注目したい。十九世紀後半のオックスフォード大学で抬頭したイギリス理想主義哲学の代表的思想家であったグリーンは、経験論的認識論と功利主義的道徳論を批判して、人格主義的理想主義の思想体系の樹立に努めたが、レスターの自由党支部大会で行なわれたこの講演は、最高善を人格の完成と諸能力の実現に求める道徳哲学に立脚して、自由とは単なる強制のない状態ではなく、人格成長の条件に妨害のない状態であると主張することによって、契約の自由を標榜する自由放任主義政策のために反対され勝ちであった労働者保護立法や小作農保護のための土地制度改革を促進しようとしたものであって、転換期にあった自由党の政策に大きな影響を与えた。バーリンは、「二つの自由概念」の本文と序論の簡潔ではあるが示唆的な各一箇所の註で、グリーンの自由概念に言及している。

バーリンは、序論の中の註で、「ただ強制を取り去るだけで人々に自分の好きなように行動させることは、それだけでは真の自由に対する貢献にはならない。……真の自由という理想は、人間社会のあらゆる構成員が等しく自己自身を完成する力を最大にすることにある（The ideal of true freedom is the maximum of power for all members of human society alike to make the best of themselves.）」というグリーンの一節を「積極的自由の古典的な叙述」として引用している。[10] グリーンは、この引用部分のすぐ前に、「なすに値し、享受するに値するもの、またわれわれが他人と共同してなし、または教授する何かのことをなし、或いは享受する積極的な力または能力」（a positive power or capacity of doing or enjoying something worth doing or enjoying, and that, too something that we do or enjoy in common with others）という有名な定義を提唱し、次のパラグラフの冒頭で、「契約の自由や自分の好きなことをする種々の自由は、一つの目的のための価値しか持たないことは明らかであろう。その目的とは、私が積極的意味での自由（freedom in the positive sense）と呼ぶものである。」と述べている。[11]

バーリンは、グリーンがこのような積極的自由概念を駆使して、無産労働者に雇用者との間の契約の自由を要求することは無意味であると主張し、労働者保護立法の緊急性を警告したことの意味を高く評価したが、「私にはグリーンの推奨に対しては異論はないが、ただ二つの自我についての形而上学的な教説には同意することはできない。」と述べて、「真の自由」（true freedom）や「自己自身を完成する」（make the best of themselves）という言葉が致命的に曖昧であることを指摘した。[12] また彼は、本文の註でグリーンの講演の同じ箇所の後半部分を引用して、「この一節は、自由と平等とを混同しているだけでなく、もしも或る人が或る直接的な快楽を選択したならば——そのことは（誰の見方によって?）、彼に彼自身（いかなる自我か?）が自己を完成することができないようにしてしまうであろう

――彼が行使したのは『真の』自由ではなく、もしその自由を奪われても、彼は問題となる何ものも失なわないという帰結となる。グリーンは、真正の自由主義であった。しかし、多くの専制主義者は、このような公式を最も悪質な抑圧を正当化するために利用したのである。」とコメントしている。[13]

バーリンのミルに対する不満が彼が価値の多様性と多様な価値の相互補完のために思想と行動の多様性に対する寛容を強調したにもかかわらず、徹底した価値多元論には到達しなかったことにあった一方で、彼がグリーンがイギリスにおける自由主義的立法の上で果たした役割に全面的に共鳴しながらも、敢えて彼の消極的自由概念の曖昧性を批判したのは、グリーン以外の多くの論者によって積極的自由概念が全く自由の対極にまで歪曲されたことを指摘した文脈の中においてであった。彼は、消極的自由概念と積極的自由概念との間には、大した論理的な違いはなく、同じことを消極的或いは積極的に表現する上での違いがあるに過ぎないかも知れないと一応認めながらも、「自由の『積極的』概念と『消極的』概念とは、必ずしもいつでも論理的に正当な段階によってではなく、歴史的にそれぞれ異なった方向に展開され、最後には両者が直接に衝突するところに行き着いてしまう。[14]」と強調した。引用文中の傍線部は、初版にはなく、論文集に収録された時に書き加えられたものであるが、バーリンが積極的自由概念の意味変容を論理的必然性によるものではなく、歴史上の恣意的な転換として捉えていたことを明らかにしている。

積極的自由概念は、「誰が主人であるか」という問いに答えるものであり、本来の概念は「自己支配」(self-mastery)であったはずである。しかし、バーリンが強調したのは、自我の観念が分裂して、一方では「高次の」或いは「真正の」或いは「理想的な」自我（a 'higher,' or a 'real,' or an 'ideal,' self）と他方では「低次の」「経験的な」「心理的な」自我（'lower,' 'empirical,' 'psychological,' self）を考え、前者が後者を統御すべきであるとか、最良の自我が劣った日常的な自我を支配すべきであるとか主張される時、自由概念の恐るべき変容、歪曲が行なわれる場合が余りにも多かったことである。彼はさらに、このように経験的、日常的な自我を超越するものとして聖化された「高次の」自我が、制度、教会、国民、人権、国家、階級、政党などと同一視され、或いは一般意志、公共の福祉、社会の革新的勢力、最も進歩的な階級の前衛、「自明の使命」などの理念と同一視される時、凡そ自由とは対極の権威主義と抑圧の理念に変容して専制政治の好みの武器とされてしまう危険性であった。[15] バーリンは、イギリス自由主義の伝統を継承するグリーンの自由論がこのような歪曲を全く含んでいなかったことを知悉しながら、グリーンの「真の自由」「自己完成」などの用語が、その曖昧性の故に、彼自身の意に反した歪曲をもたらす可能性を秘めていることを鋭く嗅ぎつけたのである。

バーリンが「二つの自由概念」の本文で強調したのは、積極的自由概念が「魔術的な変換或いは奇術」（ウィリアム・ジェイムズ）によって自由の対極のものに転化することの危険性であって、消極的自由概念の乱用ないし歪曲による弊害についてはほとんど言及されなかった。彼は、序論において、この点を衝いた批判者たちに答えて、「無制限の自由放任（*laissez-faire*）とそれを許容し鼓舞する社会的、法的制度が『消極的』自由——すなわち表現と結社の自由を含む基本的人権……の野蛮な侵害をもたらすことをもっと明らかにすべきであった。」と弁明し、「（『社会ダーウィン主義』のような）不干渉の弁護論が、強力で野蛮で無法な者を人間的で弱い人々に対して、また有能で情容赦ない人々を恵まれない不幸な人々に対して武装させる政治的、社会的に破壊的な政策を支持するために使われてきたことは言うまでもない。」と指摘した。[16] しかし彼は、乱用ないし変容による害悪が消極的自由概念よりも積極的自由概念について遥かに著しかったことを強調する点については変わることがなく、「現在では、自由主義的なウルトラ個人主義が優勢であるとはほとんど言えないのに対し、『積極的自由』のレトリックは、少なくともその歪曲された形態では遥かに目立ち、より広い自由の名によって専制主義のかくれみのとして、（資本主義社会の中でも、反資本主義社会の中でも、）その歴史的役割を演じ続けている。」と指摘したのである。[17] 彼の積極的自由概念の変容、転化、「真の自由」の民族、国家、階級、政党への同一化のプロセスに関する執拗なまでの追求が、ナティズム、ファシズム、コミュニズムの現代史的体験に根ざしていたことは言うまでもない。

バーリンによれば、「自己支配ないし自己統御の概念」（the notion of self-direction or self-control）としての積極的自由概念がまさにその対極である自由の全面的否定に変容して行くプロセスの第一歩は、それが「理性的な人間は、すべての時代と国において、常に同一不変の基礎的要求の同一不変の満足を求めるのであるから、賢明な立法者は、原理上、何時でも適切な教育と立法によって、完全に調和的な社会を創ることができるという考え方」と結びつくことである。[18]「理性的な自己支配としての自由」（freedom as rational self-direction）を信じる人々は、自分の理性的意志、すなわち「自分の『真の自我』」（my 'real self'）の命じるままに自由に生きたいと願う。しかし、理性的人間が常に同一の要求の満足を求めているのであるならば、或る人にとって正しいことは、同様に理性的存在である他の人々にとっても正しいに違いない。バーリンの基本的な信条は、第一章の思想史的検討の際に指摘したように、西欧思想の主流的傾向を「もしも道徳的、政治的問題が真正なものであるならば、それ等は、原理上解決可能であるに違いない。すなわち、いかなる問題についても真の解決は唯一つしかないのでなければならない。」という一元論として把握することであった。そこで彼は、「すべての真理は、原理的に、或る理性的な思想家によって発見されることができる。……このような想定に基づいて、政治的自由の問題は、各人に理性的存在が当然持つべきすべての自由を与えるような正しい秩序を樹立することによって解決することができるとされた。」と指摘したのである。[19]

バーリンがさらに言及したのは、自己支配、すなわち自己の意志に対する障害がないことを意味する積極的自由概念があらゆる真正な問題に対するすべての真の解決は矛盾しないものでなければならないとする一元論的合理主義が結びつく時、或る人が他の人々に自分の意志を押しつける場合であっても、「私の計画が十分に理性的であるならば、彼等の『真の』本性の十分な発展、すなわち「自己自身を完成するために（for making the best of themselves）彼等の理性的な決定の能力を実現すること——私自身の『真の』自我の実現の一部として許容するであろう。」という帰結である。[20]この引用の傍線部は、初版にはなく、論文集で書き加えられたのであるが、これは先に二箇所で引用されていたグリーンの文章から取ったものであり、バーリンは、グリーンの用語が彼の意図に反して積極的自由の反対物への転化に利用され易いことを示そうとしたのであろう。彼は、すべての問題にはただ一つの答えしかあり得ないという合理主義の帰結として、「宇宙が理性によって支配されているならば、強制の必要は全くないであろうし、万人に対して正しく計画された生活は、万人のための完全な自由——理性的な自己支配の自由——に一致するであろう。その計画が真正の計画——それだけが理性の要請を満たすような唯一の独特のパターンである——である時に初めてそうなるのである。」と指摘した。[21]このような思考様式によれば、法は強制ではなく、自己の真の自我を実現するための条件となり、政治に伴なう強制力の契機は消滅してしまうであろう。バーリンは、このような理論を典型的に形成したヘーゲルやマルクスによって人間に対する支配欲、すなわち権力の契機が全く無視されてしまったことを強調すると共に、「ただ一人ベンサムだけが、法律の仕事は解放することではなく拘束することであり、『いかなる法律も自由の侵犯である。』と頑張に主張し続けた」と示唆的なコメントを加えたのである。[22]

ここでバーリンのホッブズとベンサムへの言及を紹介しておきたい。彼は、この二人を消極的自由概念の信奉者と考えたが、社会生活をジャングルにしないために中央集権的な統制の広大な範囲を要請したホッブズはもとより、急進的政治革命論に転化する以前のベンサムも民主主義者であったとは考えなかった。しかし、彼は、ホッブズとベンサムが人間存在の或る部分が社会的統制の領域から独立を維持していなければならないという消極的自由概念に終始忠実であったことに注目した。彼は、消極的自由概念の節に付した註に、「ホッブズは、『自由な人間とは、それをしたいという意志を持つことをすることを妨げられない人間のことである』と言った。法律は、たとえそれがあなたを法律の鎖よりも重い鎖——例えばもっと抑圧的な法律や慣習、或いは恣意的な専制や混沌状態——につながれていることから守る場合でさえ、常に『足かせ』であると言った。ベンサムも、全く同じことを言っている。」と記している。[23] ホッブズとベンサムに関するバーリンの言及は多くはないが、彼は、「ホッブズは、もっと正直であった。彼は、君主が人を隷従させないなどとは言わなかった。彼は、この隷従を正当化したが、少なくともそれを自由と名付けるほどの厚かましさは持っていなかった。」[24] と指摘し、また「悪をなす自由は自由ではないのか。そうだとすれば、それは何なのか。われわれは、愚者や悪人はそれを悪用するから、彼等から自由を奪う必要があると言わないであろうか。」というベンサムの言葉を引用している。[25] バーリンは、積極的自由概念が多くの論者によって歪曲し変容を受けて大きな害悪をもたらしたのに反して、ホッブズやベンサムにおいては、消極的自由概念が終始一貫して適用され、自由概念の変容は全くなかったことに注意を喚起したのである。

積極的自由概念の変容過程に関するバーリンの考察は、自我の分裂——支配する「真の自我」と服従する「経験的な自我」——に始まる「真の」自我のより大きな存在への同一化の過程を追求して展開されたが、次に彼が第六節の「地位の追求」(The search for status) で取り上げたのは、「自由の対概念である平等と博愛を自由と混同することによって、自由主義的でない結論に到達する」プロセスである。彼によれば、「地位と承認への渇望 (hankering after status and recogntion) とは、一個人としての取扱いを受けないこと、自己の独自性が十分に認められないこと、或る何の特徴も持たない混合体の一員として、際立った人間的特徴も独自の目的も持たない統計上の一単位として類別されることに反抗し、一個の行為者として取り扱われることによって自己の存在を感知したいという熱望である。人々が理解され認められることを求めるのは、「歴史的、道徳的、経済的、また恐らく民族的に自分が属していると知っている社会の成員」に対してである。バーリンは、「抑圧された階級や民族が要求することは、……（彼等の階級や民族や皮膚の色や人種が）人間の行動の独立の源泉として、それ自身の意志を持ち、その意志に従って行動し、十分に人間的でなく、従って十分に自由でない存在として統治され、教育され、指導されるのではない一つの実在として承認されることだけである。」とコメントしている。すなわち、「地位の追求」とは、自分が承認されていない、或いは十分に顧慮されていない集団の一員であると感じている人々の切実な要求にほかならない。[26]

バーリンは、このような「地位の追求」が「自分の人格が余りに低く価値付けられ、自分の人格が自律的、独創的な『真正の』行動のできないものと見做されたくないという欲求」と大いに関わっているために、それは、「誰が統治すべきか」という積極的自由概念と緊密な関係を持っていると指摘し、正確に名付けることは困難であるが「自由の雑種的一形態」（a hybrid from of freedom）と呼ぶことができると述べている。[27]彼が「地位の承認」への要求を積極的自由概念そのものではなくても、それに近いものとして認めたのは、自分が属する人々に自分の存在を認めてもらうために、消極的自由を放棄しても集団に一体化しようとする傾向が顕著であるからである。彼は、このような心理過程について、「たとえ自分の社会の諸成員の手によって、消極的自由を獲得することができないとしても、彼等は、私自身の集団の成員であり、彼等は、私が彼等を理解しているように、私を理解しているから、このような理解は、私の中にこの世界において何者かであるという感覚を生み出す。」と説明している。[28]すなわち、「地位の承認」への要求は、経験的な自我を特定の集団に同一化させることによって自由を求める積極的自由概念の変容ないし歪曲の場合と酷似した心理過程を生み出し、何れの場合にも人々の消極的自由の抹殺を生み出すのである。

バーリンは、積極的自由概念が「魔笛」によって専制主義へ、「サラストロの神殿」（Sarastoro's Temple）へと恐るべき変容、転化を遂げていくプロセスを追求した後、「この議論に何か間違いがあるのではないか。基礎となっている想定そのものがどこか誤っているのではないか。」と問いかけて、古来の一言論的な思考の基本的な想定を次の四項目に整理した。

「第一点は、すべての人間はただ一つの正しい目的、すなわち理性的自己支配（rational self-direction）という目的だけを持っているということである。第二点は、あらゆる理性的存在の目的は、必然的に一つの普遍的な型にはめ込まれなければならず、そして或る人は他の人よりも明晰にこのことを識別することができるということである。第三点は、すべての葛藤、従ってすべての悲劇は、ただ単に理性と非理性的なもの、或いは十分に理性的でないもの——生活における未成熟、未発展の要素で、個人的なものと公的なものとを問わない——との衝突のみに由来する、そして、この衝突は、原理的に避けることができるものであって、完全に理性的な存在にとっては起こり得ないということである。最後の点は、すべての人間が理性的になってしまえば、彼等は彼等すべてに同一である彼等自身の本性の理性的な法（rational laws）に服するであろうし、そして、彼等は、完全に遵法的で、同時に自由な存在となるであろう。」

そして、含蓄の多い「サラストロの神殿」の節は、「ソクラテスと彼に続いて二千年余りにわたって西欧の倫理と政治の伝統を創ってきた人々は、徳は知ではなく、自由はその何れとも同一ではないという点について間違いを犯してきたのではあるまいか。その長い歴史において、これまで以上に多くの人々の生活を支配しているという事実にもかかわらず、この有名な見解の基本的な想定は一つとして証明し得ない、否恐らく真理でさえないのではなかろうか。」と結ばれている。[29]

ここで先に引用した序論の註を想起しなければならない。バーリンは、本文が積極的自由概念に対して消極的自由概念を無条件に弁護したものであると指摘されたことに答えて、「この文章は、確かに弁護であるが、一元論（monism）に対して多元論（pluralism）を弁護する意図で書かれたものである。すなわち、同じように究極的な目的の主張が互に両立しないことを認めた上での多元論を、競合する主張の中、一つを除いてすべて抹殺してしまうことによって問題を解決しようとする性急な一元論に対して弁護しようとしたものである。」と強調した。[30] 本章で検討してきたように、バーリンが積極的自由概念が凡そ自由の対極に変容され歪曲されて行く契機として指摘したのは、合理的存在としての人間には、個人についても社会全体としても相矛盾しない調和的な状態こそ望ましいものであり、またそれは人間理性の行使によって可能であるという一元論との結合であった。彼は、積極的自由概念そのものを否定したのではなく、それが一元論と結び付き易く、変容され歪曲され易い危険性をきびしく警告したのであった。

（1）*EF*, p. 126. 邦訳『自由論』2、三一〇頁。
（2）*Ibid.*, pp. 127–8. 邦訳三一一–三頁。
（3）John Stuart Mill and the Ends of Life. *EF*, 201. 小川晃一・小池銈訳「ジョン・ステュアート・ミルと生の目的」『自由論』2、四四一頁。
（4）*Ibid.*, p. 199. 邦訳四三八頁。
（5）*Ibid.*, p. 182. 邦訳四〇八頁。
（6）*Ibid.*, p. 189. 邦訳四二〇頁。
（7）*Ibid.*, p. 192. 邦訳四二六頁。
（8）*EF*, introduction, pp. l-li. 邦訳『自由論』1、七七–八頁。
（9）*EF*, p. 178. 邦訳『自由論』2、四〇一頁。

(10) T. H. Green, Lecture on 'Liberal Legislation and Freedom of Contract', *Works*, III, 1888, pp. 371–2. Quoted, *EF*, p. xlix, n. 1, 邦訳七六頁。
(11) *Ibid*., pp. 371–2.
(12) *EF*, p. xlix. n. 1. 邦訳七六頁。
(13) *Ibid*., p. 133. n. 1. 邦訳は初版を底本にしているので、この註は訳出されていない。
(14) *Ibid*., p. 132. 邦訳『自由論』2、三三〇頁。
(15) *Ibid*., p. xliv. 邦訳『自由論』1、六六頁。*Ibid*., p. 132–3. 邦訳2、三三一–三頁。
(16) *Ibid*., p. xlv. 邦訳『自由論』1、六八–九頁。
(17) *Ibid*., pp. xlvi-xlvii. 邦訳1、七〇頁。
(18) *Ibid*., pp. 143–4. 邦訳『自由論』2、三三九–四一頁。
(19) *Ibid*., p. 145. 邦訳三四二–三頁。
(20) *Ibid*., pp. 146–7. 邦訳三四五頁。
(21) *Ibid*., p. 147. 邦訳三四六頁。
(22) *Ibid*., p. 148. 邦訳三四八頁。
(23) *Ibid*., p. 123. n. 1. 邦訳三〇八頁。
(24) *Ibid*., p. 164. 邦訳三七七頁。
(25) *Ibid*., p. 148. n. 1. 邦訳三四八–九頁。
(26) *Ibid*., pp. 155–7. 邦訳三六一–四頁。
(27) *Ibid*., p. 160. 邦訳三六九–七〇頁。
(28) *Ibid*., p. 157. 邦訳三六四–五頁。
(29) *Ibid*., p. 154. 邦訳三五九頁。
(30) *Ibid*., p. lviii, n. 1. 邦訳『自由論』1、八九頁。

三　消極的自由概念と価値多元論

既に指摘したように、バーリンは、積極的自由概念の歪曲に対してきびしい批判を加えたが、決してこの概念を否定して消極的自由概念のみを擁護したのではなかった。彼は、消極的、積極的の二つの自由概念が共に絶対的な要求であり、共に歴史的にも道徳的にも人類の最も深遠な利益の間に平等の権利を持つ究極的な価値であることを強調すると同時に、消極的自由の信奉者は権威そのものを抑制しようとし、積極的自由の信奉者は権威を彼等の手中に置こうとする点で対照的であり、「これ等は、単一の概念に関する二つの異なった解釈ではなく、人生の目的に対する二つの全く異なる、和解し難い態度である。」と主張したのである。[1]

バーリンは、消極的自由概念の核心を、十九世紀の自由主義思想家たちの「もし自由が誰か或る人の権力によって、私がしたいと望まないことをするように強制される制約を含むのであるならば、その名において私が強制される理想がどのようなものであっても、私は自由ではない。」という主張の中に見出した。この自由の境界線を決定する諸規則につけられた名称は、自然権、神の言葉、自然法、功利性の要求、或いは「人間の永久的な関心」などさまざまであったが、バーリンは、「これ等の規則や命令に共通していることは、その歴史的展開の中に示されているように、極めて広く受け入れられ、また人々の現実の本性の中に極めて深く根ざしていて、今日に至るまで、われわれが正常な人間ということによって意味することの本質的な部分となっていることである。」と指摘した。[2]

バーリンは、ミル、コンスタン、トクヴィル等によって担われた自由主義的伝統の中で自由の核心とされてきた二つの相関的な原理を次のように要約している。

「その一つの原理は、権力ではなく、ただ権利のみが絶対的であると見做されることができる、従って、いかなる権力が統治していようとも、すべての人々は、非人間的に行為することを拒否する絶対的な権利を持つということである。第二の原理は、その内部において人々には不可侵でなければならない人為的に引かれたのではない境界線があるということである。このような境界線は、長い間にわたって広く受け入れられてきた諸規則として定められている故に、それを守ることは、正常な人間であること、従ってまた非人間的或いは正気でなく行為することとはどのようなことであるかという考え方そのものの中に入り込んでいるのであって、その諸規則が例えば或る宮廷または主権者の側での形式的な手続きによって廃棄されることができるなどというのは途方もないことである。(3)」

このように、バーリンは、西欧自由主義の長い歴史の中で戦い取られ確率してきた「或る人の意志を他の人に押し付けることに対する或る絶対的な障壁の——法律とは関係のない——道徳的妥当性の承認」を消極的自由の核心として捉え、「或る社会、或る階級、或る集団のこの意味における自由は、その防壁の強さによって、またその社会なり階級なり集団なりがその成員に対して開いておく通路の数と重要性とによって測定される。」と強調したのである。(4)

バーリンは、序論において、「或る人の消極的自由の範囲は、いわばどのドアーが、いくつ開かれているか、各ドアーの彼方にどんな見晴らしが開けているか、どの位広く開かれているかの函数である。」と述べている。(5) 彼が自由とは統合された全人格の自発的で合理的な活動をすることであるとするフロムやクリックに反論して、「私が述べている自由は、行動それ自体というよりは行動のための機会である。」と指摘し、「自由とは行動する機会であって、行動それ自体ではなく、行動の可能性であって、行動のダイナミックな表現では必ずしもない。」と述べているのは注目すべきことである。(6)「開いたドアーを通って歩く権利を持っていても、そうせずにじっと坐っていたいと思うならば、じっとしていたとしてもそれだけ自由でなくなるということはない。」という発言は、奇異に感じられるかも知れないが、不作為をも含めて無限に多様で、時には相対立する行動を選択する機会を最大限に要求するのが消極的自由概念であるというバーリンの基本的主張の一端を示しているように思われる。

前節で検討したように、バーリンが積極的自由概念が論理必然的にではなく歴史的に歪曲されて自由の対極に変容し易い契機として指摘したのは、「一元論と唯一の基準への信仰」(monism and faith in a single criterion) であった。彼は、一元論の典型的な表現を、「自然は、真理、幸福、徳を絶ち難い鎖で互いに結びつけている。」と主張し、自由、平等、正義についても同様の断定を下した「今までに生まれた最善の人物」コンドルセの言葉の中に見出した。(7) プラトンからヘーゲルの最近の弟子たち、さらにマルクスに至るすべての合理主義的形而上学者によって、もしそうでなければ宇宙はコスモスではなく、調和ではないとして信奉されてきた究極的、最終的調和という概念に対して、バーリンは、「経験的観察と通常の人間的知識というごく普通の方法」によって挑もうとした。彼の価値多元論の核心は、「われわれが日常的経験において遭遇する世界は、何れも等しく究極的な諸目的、何れも等しく絶対的である諸要素であって、その中の何かを実現することは必然的に他のものを犠牲にすることを含むような諸目的、諸要求の間での選択に迫られている世界である。」ということである。(8) 選択の自由は、絶対的な諸目的、諸要求の間での選択を余儀なくされている人間の状態にとって不可欠であり、自己の選択を放棄したり他人の選択に委ねることは、人間存在の不可避的な状態を否定することにほかならない。

バーリンは、最終の第八節の終りから二つ目のパラグラフの冒頭を、初版の The 'negative' liberty that they strive to realise……から Pluralism, with the measure of 'negative' liberty that it entail, ……と書き直し、さらに文中の一部も訂正して、次のように述べている。

「それに『消極的自由』が必然的に伴なう多元論は、大きな訓練の行き届いた権威主義的な構造の中に階級、民衆、全人類による『積極的な』自己支配の理想を追求している人々の目標よりも、私にはより真実で、より人間味のある理想のように思われる。より真実であるというのは、それが人間の目標は多数であり、そのすべてが同一尺度で測り得る（commensurable）のではなく、相互に絶えず競い合っているという事実を認めているからである。一切の価値が一つの尺度の上の目盛として表わされる、従ってただ最高の価値を決定するための検査だけが問題であると想定するのは、自由な行為者としての人間に関するわれわれの知識を誤謬に導き、道徳的判断を原理的には計算尺でできるような運算と考えることである。……それがより人間味のあるものであるのは、それが（体系家たちのするように）、或る高遠な、とりとめない理想の名において、人間から予測し得ないほど自己変革的な存在としての人間の生活に不可欠なものの多くを奪うことはないからである。[9]」

引用文中の傍線部は、初版の much that they have found to be indispensable to their life as human beings. から much that they have found to be indispensable to their life as unpredictably self-transforming human life. と訂正されている。このパラグラフの冒頭の主語を the 'negative' liberty から Pluralism に改め、奪い去られてはならない「人間としての生活に不可欠なもの」を「予測し得ないほど自己変革的な存在としての人間の生活に不可欠なもの」と改めたこと、さらにこの論説の最後のパラグラフの冒頭の ideal of freedom to live as one wish を ideal of freedom to choose ends without claiming eternal vaidity for them, と書き改めたことは、バーリンの自由概念に底流する価値多元論の意味をさらに明らかにするためにあったと思われる。

バーリンは、一九八八年の「理想の追求」と題する講演で、彼がマキァヴェッリ、ヴィーコ、ヘルダーの研究を通じて価値多元論の認識を深めてきたプロセスを語った後、彼の価値多元論を平明に解説している。かなり長くなるが、その要点を引用しよう。

「明らかなのは、価値が互いに衝突することもあるということである。それが諸文明が両立不可能になる理由である。価値は、諸文化の間で、同じ文化に属する諸集団の間で、さらにあなたと私の間で両立不可能になることがあり得る。……価値は、一個人の胸中においてさえ、簡単に衝突する。そして、衝突したからといって、一方が真で他方が誤りということには必ずしもならない。公正さ、厳格な公正さは、或る人にとって絶対的な価値である。しかし、それは、慈悲、憐れみなど具体的な事件として生じてくる彼等にとって公正さと同様に究極的な価値とは両立しない。

自由と平等とは共に、何世紀にもわたって人間が求めてきた主要な目標である。しかし、狼にとっての絶対的な自由は、子羊にとっての死であり、強い人々や才能のある人々にとっての全面的な自由は、弱い人々、余り才能のない人々がまともに生きて行く権利とは両立しない。……何れの態度も、或る人々にとっては究極の価値を体現しているのであるが、われわれに人間に対する何等かの共感と想像力と理解力があるならば、その価値は、われわれすべてに理解できるであろう。平等は、王位を占めたいと思っている人の自由を制約することを必要とするかも知れない。自由がなければ選択の余地はなく、従って、われわれが理解する意味で人間的である可能性もなくなってしまう。しかし、社会福祉の余地を残し、飢えた者に食を与え、裸の者に衣服を着せ、家のないものに住居を与え、他人の自由に余地を残し、正義や公正が行なわれるようにするために、自由を削減しなければならない。……このような価値の衝突は、彼等が何であり、われわれが何であるかの本質である。このような矛盾は、一切のよいことが原則的に調和することができるような完全な世界においては解決されるであろうと告げられたならば、われわれは、このように言う人々に対して、われわれが衝突する価値と呼ぶものについて、彼等が付している意味はわれわれが付している意味ではないと言わなければならない。……よいことがすべて共存している完全な全体、究極的な解決という観念は、私にとって、単に到達不可能――それは当然のことであるが――であるだけでなく、概念的に首尾一貫していないと思われる。私には、このような調和が何を意味しているか分からない。偉大の善の間のいくつかは、共存することができない。このことは、概念上の真理なのである。われわれは、選択するように運命付けられているのであり、すべての選択は取り返しのつかない損失を招くかも知れない。規律を疑いなしに受け入れてその下で暮らしている人々、精神的指導者と世俗的指導者とを問わず、指導者の命令に進んで服従し、その言葉を破り難い法として全面的に認めている人々、或いは自分自身の方法によって何をなすべきか、何であるべきかということについて何の疑いも容れない明確で揺るぎない確信に到達した人々、このような人々は幸いである。私が言うことができるのは、このような独断の心地よいベッドに安らっている人々は、自分で近視眼にかかって、目隠しをした犠牲者であって、自己満足はできても、人間的であるとはどのようなことであるかについては理解することができないであろうということだけである。[10]」

この引用文の最初の部分に見られるように、バーリンの価値多元論が主張する価値の対立は、個人のレベルにも、個人間にも、社会内部にも、異文化相互間にも見出される。グレイは、バーリンの価値多元論の三つのレベルにおける適用を巧みに整理している。

第一に、バーリンは、いかなる道徳や行為基準の内部にも、理論的にも実践的にも解決することができない対立が生じるであろうと確認する。例えば、自由主義的道徳の内部には、平等や公正や福祉が内在的な善として認められているが、バーリンは、これ等の善はしばしば実際上で対立し、内在的に抗争的な性質であり、それ等の対立は、いかなる上位の基準によっても調整されることはできないと主張する。

第二に、これ等の善或いは価値のおのおのは、内在的に複数かつ多元的なものであって、相対立する諸要素を含み、そのいくつかは、構成的に共通尺度を持たないもの（constitutive incommensurables）である。バーリンの見解によれば、消極的自由でさえも相対立して共通尺度がない多くの自由を含んでいる。例えば、情報の自由とプライヴァシーの自由とは、しばしば競合し、共通尺度のない価値を含んでいるし、機会の平等と結果の平等に分解することができる平等についても同様である。

第三に、異なった文化は、異なった道徳と価値を生み出すであろう。それ等は、疑いもなく多くの点で重複しているが、同時に異なっていて共通尺度のない卓越性、徳および善の概念をも示している。それ等は、結合し得ない社会構造を母胎とする善であり、共通尺度で計ることはできない。このことを認めるのが文化的多元論である。[11]

そして、グレイが強調したことは、バーリンの価値多元論は、懐疑主義でも主観主義でも相対主義でもなく、また単一の中心的価値の存在と諸価値の必然的な調和を前提とする一元論を論理的に否定しても、善のすべての多様性はその重要度と順位について合理的な判断に付すことができるという弱い形体の多元論ではなく、客観的な多元論であり、強い形体の多元論であることである。[12]

バーリンの徹底的な多元論については、検討すべき多くの論点があろうが、ここには、彼が自由概念にとって決定的に不可欠な要件と考えた選択行為に関する点と、彼が個人相互間から異質文化相互間に至るまで共存関係の不可欠の条件と考えた相互理解と協調に関する点の二点について考察を進めたい。

既に指摘したように、バーリンは、或る人の消極的な自由の範囲は、「どのドアーが、いくつ開かれているか、各ドアーの彼方にどんな見晴らしが開けているか、どの位広く開かれているかの函数である。」と述べたことは、広い選択肢の中から、共通した尺度のない多くの可能性の間に、他の価値を犠牲としながら主体的に選択を下すことが宿命であるという人間観に基づいている。彼が、「二つの自由概念」の終りから二つ目のパラグラフの一部を「予測し得ないほど自己変革的な存在としての人間」と書き直したことは、選択をすることによって自己変革をする人間という彼の基本的理念を明らかにしている。彼は、消極的自由を論じた部分の註において、個人の自由の程度を決定する諸要素として、(a)どれほど多くの可能性が自分に開かれているか、(b)これ等の可能性のそれぞれを現実化することがどれほど容易か、或いは困難であるか、(c)性格や環境を所与のものとする個人の人生設計において、これ等の可能性が相互に比較された時、どれほど重要な意義を持つか、(d)人間の行為によって、これ等の可能性がどれほど閉じたり、開かれたりするか、(e)行為者だけでなく、彼が生活している社会の一般的感情が、そのさまざまな可能性にどのような価値を置くかの五点を挙げ、「以上のすべての諸点が『統合』されなければならない。従って、その統合の過程から引き出されてくる結論は、必然的に正確なもの、異論のないものではあり得ない。恐らく、数え切れないほど多数の自由の段階があり、どんなに頭をひねってもこれを一つの尺度で測ることはできないであろう。」と述べている。この註について、グレイは、バーリンの消極的自由概念は、価値中立的な判断ではなく、価値評価的な判断を予想するものであるが、彼が指摘したのは、たとえ同一の善或いは価値を選択した人々であっても、同一尺度では測れない自由について異なった判断を下すことがあるということであったとコメントしている。[13] バーリン自身、「自由だけが行動を決定すべき唯一の価値ではない。」と指摘し、さらに、「或る一つの自由が他の自由を挫折させるかも知れないし、他の自由或いはより大きな程度の自由やより多くの人々のための自由を可能にする条件を妨げたり、その条件をつくり出すのに失敗するかも知れない。積極的自由と消極的自由とは衝突するかも知れない。個人や集団の自由は、公共生活への十分な参与や公共生活の協力、連帯、友愛への要請と十分に両立しないかも知れない。しかし、これ等すべてのこと以上に、さらに緊要な問題がある。それは、自由に劣らず究極的な他の価値、すなわち、正義、幸福、愛、新しいものや新しい経験や新しい観念を創り出す能力や真理の発見などの要請を満足させる永久的な必要性である。」と強調している。(14)彼にとっては、自由は、唯一の価値ではなく、相互に両立しないこともある多数の価値の中の一つであり、しかも自由そのものの中に、時には決定的に対立する諸価値が含まれているのである。このような宿命的な対立をはらむ諸価値の中から他の価値を犠牲として選択を下す場合に必然的に要請されるのが選択の機会を最大限に保障するための消極的自由なのである。

第二の問題は、個人と社会と異文化間のすべての場合に、追求された諸価値は常に相互に調和しているとは限らず、しばしば決定的に対立し、その間に選択が下されなければならないという価値多元論の立場から、各個人間、各文化間の相互理解と共存の可能性をどのようにして説明することができるかということである。ここで第一章で検討を加えたヴィーコとヘルダーの歴史観に関するバーリンの共感的な見解を想起しなければならない。彼は、ヴィーコは、人間は自己自身の時代や文化の内部に閉じ込められて、自分たちと異なる価値を持った社会や時代を理解し得ないと考えたのではなく、自然科学の知識とは異なる「想像力」(*fantasia*)を発揮することによって、彼等の心に「入り込む」或いは「降りて行く」ことができると信じていたと指摘した。(15)また彼は、ヘルダーについて、「彼には好みがあり、ローマ人、古代エジプト人、一七、八世紀フランス人よりも、ギリシア人、ゲルマン人、ヘブライ人を好んだ。しかし、少なくとも理論上は、そのすべてを擁護する用意がある。彼は、それぞれに貫入浸透する――「わが身に沁みて感じる」(感情移入する *Einführen*)――ことを願い、またそれができると考えている。彼は、いろいろの人々が、おのおの周囲の状況に規制された独自の仕方で、生き、目標を設定し、行動し、反応し、考え、想像するのはどのようなものであったかを把握した上で、各集団の生のパターンを捉えることが可能だと考える。」と強調している。[16]

バーリンは、ヘルダーの文化的ナショナリズムが政治的ナショナリズムを全く伴なっていなかったことに注目し、すべての国民はそれぞれ個性的な発展を遂げる完全な権利を持っていると主張したヘルダーが「楽観的に人類の庭に咲くすべての花は調和的に育つことができ、諸文化は互いに刺激し合って、創造的な調和に貢献することができると信じていた」が、歴史的には完全に裏切られたことを指摘した。彼によれば、ヘルダーは、「手がつけられないほどの楽観主義者、理想主義者」であった。[17] ヘルダーによって切り開かれた価値多元論は、啓蒙的合理主義に反抗した強烈なロマン主義によって支えられていたのであるが、人間意志の主体性を至上としたロマン主義は、主体的な自己決定としての積極的自由概念の変容、歪曲によって、凡そその対極である民族、国家、階級との同一化の道を辿ることが余りにも多かった。すなわち、ヘルダーの文化的ナショナリズムと調和的に共存していた「感情移入」による異文化理解と相互承認の契機が、極めてしばしば忘却されてしまったのである。バーリンは、この相互理解の契機を回復させることによって、価値多元論に基づく自己決定と諸価値の衝突による破滅の防止ないし緩和とを結合する道を探究したのである。

バーリンは、さまざまな偉大な善の間に衝突が起こり得ること、善の中には必ずしも共存し得ないものもあること、さらに人間の創造性が多くの互いに両立しない選択の上に成りたっていることを人間の宿命と認める価値多元論に立つならば、いくつもの可能性の中から、どのように選択すればいいのか、何のために、何を、どれだけ犠牲にしなければならないのかという問いに対して、明確な答えはないと断言しつつも、「しかし、衝突は、たとえ避けることはできないとしても、緩和することはできるであろう。さまざまの主張の間にバランスを取り、妥協に到達することはできる。」と言う。彼が主張するのは、協定（trade-offs）、すなわち、特定の状況下にさまざまな程度に相互に常歩し合うことであり、「一般的な規則としてなし得る最善のことは、絶望的な状態や堪えられない選択を避けるような不安定な均衡（precarious equilibrium）を維持することである」ということが普通の社会のための第一の要求である。このような答えは、彼自身認めるように、理想主義的な若者たちを鼓舞するようなものではないに違いない。しかし、彼は、「絶えず危険に瀕し、常に修理を必要とする不安定な均衡を促進し維持して行くことによって、対立を極小化することができる。」と信じ、それだけがまともな社会と承認し得る行動のための前提条件であると強調したのである。(18)

このような極めてコモン・センスに富むモダレートな提言は、一九八八年の講演「理想の追求」の末尾で行われたものであるが、バーリンが「二つの自由概念」について述べたその三十年前にも基本的に同一の主張をしていたことは、一九五九年の講演「ヨーロッパの統一とその変遷」によって確認することができる。

「われわれは、選ぶから選ぶのであり、それ以上言えることはない。そしてもしそれが対立や破壊をもたらすとすれば、それは、世界がそうなっているからであり、万有引力を認めるのと同じように、認めなければならない。それは、異なった人、民族、文化のそれぞれに異なった性質に内在している性質である。(19)」このような無制約の選択の破壊的な帰結は、体制の枠内にはめ込む全体主義権力に対して選択を放棄することと結果的に同一となるであろう。バーリンは、われわれが基本的な道徳的、政治的決断を下す際に、「少なくとも記録された歴史の大部分を通じて、人々の大多数によって受け入れられてきた、」「人間であること、他人と共に一つの共通の世界で生きること、他人を人間と認め、他人から人間と認められることの前提諸条件」に依存することを強調し、このような考え方を「一種の古来の自然法への回帰」と指摘している。それは、神学的、形而上学的な外から押し付けられた規範ではなく、「人間であるが故に承認せざるを得ない」普遍的な倫理的法則であり、さらにそれは、超歴史的なものではなく、「西欧世界の習慣と世界観」に基づくものである。[20]

ここで先に見たように、バーリンが消極的自由概念の核心として、非人間的に行為することを拒否する権利と、人間の内面における不可侵の領域の承認を指摘した際に、ミル、コンスタン、トクヴィル等によって担われた西欧自由主義の伝統に訴えたことを想起しなければならない。彼はジャハンベグローとの対話の際に、多元主義と民主主義との関係を問われて、「民主主義が少数派や個々人に対して抑圧的になることがある。民主主義には多元主義である必然性はなく、一元主義的にもなり得る。……私は、明白に多元主義的な民主主義（pluralist democracy）を信奉している。それは、協議と妥協を前提とする民主主義、さまざまな集団や個人の主張——権利——を認め、集団や個人は、極めて緊急の事態を別とすれば、民主的決定を拒否することができないような民主主義である。」と強調している。[21]このようにバーリンが、積極的自由がその対極的なものに変容し易いことを強調し、消極的自由を基礎付けるものとして価値多元論の意義を繰り返し指摘した際に、政治権力に対する普遍的な制約と政治に対する国民の能動的参与を骨子とする西欧のリベラル・デモクラシーの伝統に対する全面的な支持を強固な拠りどころとしていたことは明らかである。彼は、多元主義的民主主義体制の詳細については説くことはなかったが、彼が西欧、特にイギリスの伝統的政治体制を基本的に信頼していたことは否定することができないであろう。

ここで、バーリンの価値多元論から派生する政治思想を「抗争的自由主義」（agonistic liberalism）と名付け、「内在的に対立する諸価値の間の不可避的な抗争を伴なうストイックで悲劇的な自由主義。[22]」と理解してその帰結を追求したグレーの行論を追うことには意味があるであろう。グレイは、共通の尺度を持たない諸価値の間の本源的な選択を人間の宿命と認めるバーリンの「抗争的自由主義」が、あらゆる種類の自由主義思想の伝統を否定する挑戦的なものであることを強調すると共に、バーリンが諸価値の間の無制約の選択が破局を生み出さないために、制度的および理念的に妥協と協定による「不安定な均衡」を維持しなければならないし、またこのことが可能であると信じていたことは、彼の徹底した価値多元論の直接的な帰結ではなく、彼の西欧的価値観と社会制度を重視する歴史主義的な見解の反映であったと指摘した。グレイは、バーリンの立場を「多元論的見解はむしろ、すべての場合ではなくても多くの場合に、価値の対立が起こる文化的伝統の文脈そのものが、そのような対立を解決する或る方法を示唆するであろう。多元論の真理から決定的に主観主義的な結果が出てくるのでは決してなく、それは――バーリンの場合――対立し合う善の間に共通の尺度がないことがわれわれが取り結ぶ協定の独特かつ普遍的な合理性を示す原理や尺度がないことを意味する場合でさえ、可能な場合には何時でも相対立する善の間に妥当な協定を結ぶことを認める。」と説明している。そして、彼が強調したのは、「多元論の真理から導き出されることは、自由主義的諸制度は、普遍的な権威を持つことはできない」ことであった[23]。彼の次のような指摘は、特に注目されなければならない。

「現在と過去の大部分の人間は、非自由主義的な生活形態の実践者としての性格を新たにするために、彼等の自己創造の力を用いている。このような理由によって、哲学的な内省は、生活形態の中に究極的で還元し得ない多様性を認めるであろうし、その間の著しい相違は、われわれの状況の基本的な事実として原理上知ることができないものである。哲学は、これ等の生活様式がしばしば理性的に共通尺度では測り得ない価値――徳、卓越性、善等々――を体現していることを認める故に、その生活様式の中のどの一つにも特権を認めようとはしないであろう。もしも価値多元論を押し進めて、選択すること自体にも適用するならば、これこそバーリンの議論の論理である[24]。

バーリンが徹底した価値多元論――グレイのいう客観的多元論――を主張することによって消極的自由概念を擁護したことを高く評価しながら、バーリンが暗々裡に西欧リベラル・デモクラシーの理念と制度とを前提としたと指摘したグレイの立論は確かに妥当である。特にグレイが相対立する諸価値の中から個人が主体的に選択し、選択によって自己変革を遂げて行くことを重視すること自体が近代西欧に特有の行動様式であって、人類に普遍的なものでないこと、世界各地の文化と社会は極めて多様であって、選択の主体が個人でなく、さまざまな集団であり、集団間の対立が絶えないような場合が多いことを指摘したことは、バーリンの政治思想の限界を極めて鋭く衝くものであろう。発表以来さまざまな論争の対象とされてきた「二つの自由概念」は、グレイによってさらに新たな探究の方向性を与えられたと言えよう。

（1）*FE*, p. 166. 邦訳『自由論』2、三八一頁。
（2）*Ibid.*, p. 164–5. 邦訳三七七–八頁。
（3）*Ibid.*, p. 165. 邦訳三七九頁。
（4）*Ibid.*, p. 166. 邦訳三八〇頁。
（5）*Ibid.*, p. xlviii. 邦訳1、七三頁。
（6）*Ibid.*, pp. xlii-xliii. 邦訳六三頁。
（7）*Ibid.*, p. 167. 邦訳2、三八二頁。
（8）*Ibid.*, p. 168. 邦訳三八三頁。
（9）*Ibid.*, p. 171. 邦訳三八八–九頁。
（10）The Pursuit of the ideal, *CT*, pp. 12–4. 選集4、一七–九頁。
（11）Gray, *op. cit.*, pp. 43–4.
（12）*FE*, p. 130. n. 1. 邦訳2、三一八頁。
（13）Gray, *op. cit.*, p. 26.

(14) *FE*, p. lvi. 邦訳1、八五―六頁。
(15) Vico and Cultural History, *CT*, pp. 60–63. 選集4、四四―八頁。
(16) *VH*, p. 173. 邦訳三二九―三〇頁。
(17) Jahanbegloo, *op. cit.*, p. 99. 邦訳一五〇頁。
(18) *CT*, pp. 17–9. 選集4、二四―八頁。
(19) European Unity and its Vicissitudes, *CT*, pp. 202–3. 選集4、二三八―九頁。
(20) *Ibid.*, pp. 204–5. 邦訳二四一―二頁。
(21) Jahanbegloo, *op. cit.*, p. 143–4. 邦訳二一一頁。
(22) Gray, *op. cit.*, p. 1.
(23) *Ibid.*, p. 155.
(24) *Ibid.*, p. 164. グレイのバーリン論については、しばしば引用した *Berlin*, Fontana Press, 1995 のほか、Berlin's agonistic liberalism, *Post Liberalism*, Routedge, 1993, pp. 64–9, Agonistic Liberalism, *Enlightenment's Wake*, Routedge, 1995, pp.64–96. を参照。

むすび

バーリンは、稀に見る視野の広さを持つ思想家であって、ロシア領のラトヴィアのユダヤ人の家系に生まれ、イギリスに移住して終生オックスフォード大学で研究に専念した彼は、ロシア革命、第二次大戦、戦後の冷戦とめまぐるしく変転した世界情勢に直面して、思想史研究を通じて現代の緊急な問題を思索し続けた。彼が残した研究成果は、フランスを中心とする啓蒙思想、これに反逆したドイツに始まるロマン主義思想、独自の発展を遂げてきたイギリス自由主義思想、時代の矛盾に対決して多彩に展開してきたロシアの革命思想、さらにボルシェビズム、ファシズム、ナティズムの思想と運動など、驚くべき広範囲にわたっている。本稿は、到底バーリンの知的営為の全領域に及ぶものではなく、彼が価値多元論に到達した思想史研究の経過と、彼の思想の中最も注目すべき自由論と価値多元論との関連に絞って検討してきた一試論に過ぎない。

バーリンがソクラテス以来の西欧思想の主流であった一元論に一大衝撃を加えたのがマキャヴェッリの二元論であったと指摘したことは既に炯眼であり、彼が続いて、ヴィーコの文化史論に先駆的な多元論的見解を見出し、さらにヘルダーにより徹底した文化的多元論を発見したことは、本稿第一章で詳しく検討した。それは、彼の卓抜した思想史研究の注目すべき成果であった。本稿第二章では、バーリンの自由概念を彼の価値多元論との関連において検討した。彼が積極的自由概念がしばしば論理必然的にではなく、歴史的に自由の対極に歪曲されてきたことを指摘し、その歪曲が多くの場合価値一元論との結合に基づいていたことを論証したことは説得的であり、彼の自由論の基礎に諸価値は必然的に矛盾対立するものであり、諸価値を主体的に選択し決断することが人間の宿命であるという価値多元論があったことは明らかである。彼の自由論は、彼の豊かな思想史研究の成果であった。

バーリンの自由主義が究極的に彼の西欧的――或いはイギリス的――自由主義の伝統に基づいていたというグレイの指摘は、個々人の主体的な価値選択に自由の根拠を求めることが普遍的な命題ではなく、西欧近現代という特定の歴史的条件に基づいていたことを明らかにするものとして注目に値する。この意味において、バーリンの自由論は、政治思想の永遠の課題に全面的、最終的に答えたものではなく、さらに追求されなければならない困難な課題を残していると言えよう。それにもかかわらず、安易に価値観の多様性が叫ばれながら、画一化と個性の喪失の傾向が著しい現代において、バーリンの自由論がさらに深く追求されなければならない極めて重要な問題提起であったことは明らかである。

第三部　解　説

泉谷周三郎
（横浜国立大学名誉教授）

「解説」は、一般には、掲載した論文に関して、最近の研究動向をふまえて考察し、著者の意図、その内容、解釈の妥当性、論旨の展開、論文の意義等について分かりやすく説明するものである。だが、本書は、山下重一先生の遺稿集としてまとめたものであるから、もっと広い意味に解釈して、山下先生と私との出会いから始めて、ミルの人物像と複雑な思想の魅力を指摘しながら、とりわけトロント大学のロブスン教授との交流を重視して、山下先生の多角的でゆるぎない研究姿勢、卓越した研究業績を紹介することに努めたい。

〔別れのとき〕

山下重一先生は、二〇一六年四月一日、胃ガンで亡くなられた。享年九〇歳。

熊本大学で長年政治思想史を担当し、イギリス・ロマン派（コールリッジ、ワーズワス、シェリー）の政治思想のすぐれた研究者であり、さらに著名な俳人でもある岩岡中正熊本大学名誉教授は、有力な俳誌『阿蘇』の六月号の「俳句管見　もの思う四月」の冒頭で、ミル研究の恩師・山下重一先生が亡くなられたことを述べている。三鷹の先生宅の書斎を訪れたとき先生が一人静かに机に向かわれていたのを思い出しながら「清廉であたたかで真に豊かな研究者であった」と惜しまれている。そして先生が遺された短歌をいくつかあげられている。

（中村敬宇訳、Ｊ・Ｓ・ミル『自由之理』を読む）

新しき時代の糧とひたすらに訳しし人を偲びつつ読む

洋書読む日課は今も変わらねど同じ単語をいくたびも引く

山下先生は、二〇一五年一二月一二日付の私への手紙で、次のように述べられている。

「私は、思わぬ脳梗塞で倒れ、生まれて始めての入院生活を送り、リハビリによってようやく回復の見込みが立ち、退院、帰宅してからはや一年になり、早くもまた新年を迎えようとしています。退院後、息子と娘の看護を受け、近くのタンポポという療養所から通ってくれるリハビリの方の努力の甲斐もあって、車イスの生活から今は杖で何とか歩けるまで回復し、大学は退職、名誉教授となりましたが、今後は学部の機関誌に書くことを通じて学会に存在だけは示すこととし、今は「小泉八雲とスペンサー」の執筆を続けております。病後のマヒが左半身に残っていますが、幸い右半身は正常、執筆には事欠くことないのは有り難い次第です。とにかくしぶとく生きてやろうと念じております。学会の通知が届くにつけても、すっかり縁遠くなってしまった感があります。恐縮ながら明年にでもご来宅いただければ誠に嬉しく存じます。」

私は、二〇一六年一月四日の午後、三鷹市の山下先生宅を訪れた。娘さんに「久しぶりのお客さんですので無理をしないようにお願いします」と言われ、先生と向かいあって坐った。それから約二時間半、先生は、左半身マヒのせいか声が少し聞き取りにくかったけれども、私にほとんど質問の機会を与えず、学生時代に東大の文学部、法学部、経済学部の学生が群馬県の中島飛行機小泉工場に動員され、零戦の組み立て作業に従事したこと、東京大空襲の際、自宅周辺では現在の国際基督教大学が目標となったこと、現在はラフカディオ・ハーンとハーバート・スペンサーとの関係を調べていることなどについて、夢中になって話された。私は、先生が汗をかき、かなり疲れた様子だったので話を打ち切り、「暖かくなったらまた参ります」と述べて退去した。これが、山下先生と交わした最後の言葉である。山下重一先生は脳梗塞から回復して「しぶとく生きよう」と主張していただけに、三ヵ月後に届いたご家族からの訃報には驚かされた。清廉で温厚な人柄で、後輩や院生や学生をやさしく指導しながら、ジェレミイ・ベンサム、ジェイムズ・ミル、ジョン・ステュアート・ミルという三人の偉大な思想家を中心に、イギリスの近代の政治思想と日本におけるそれらの受容を、可能な限り深く理解しようと努めてきた先生が亡くなられたという事実に、私は、大きな喪失感に陥っている。

〔出会い〕

私は、一九六八年五月、東京教育大学文学部倫理学の助手に採用された。ところが、六月二六日に大学の筑波移転に反対して文学部の学生がストに突入し、大学本部が占拠された。採用されてすぐに異常な状態に入り、助手の仕事などが把握できず困惑した。助手という立場は、通常の時でも学生や院生との関係が微妙であるが、移転問題では教員の間の対立が深刻化し、いっそう難しい立場に置かれた。また修士論文では「『人間の学としての倫理学』研究序説」を研究したが、和辻倫理学の中に倫理学研究の一つの手がかり見出すと共に、彼の倫理学説には社会の現状を追認する発想法と個人よりも全体に優位をおく傾向があることに気づき、それらを克服するにはどうすればよいか迷い続けていた。大学紛争が続く中で、私は、二人のJ・S・ミル研究者の画期的な研究書を読むことができた。一つは、慶應義塾大学の小泉仰教授の世界思想家全書『ミル』（牧書店、一九六四）であった。小泉仰先生は、ミシガン大学でのW・フランケナやC・L・スチーヴンソンらの講義を通じて功利主義の強靱さを認識し、『自伝』を中心に、J・S・ミルの生涯と思想を説明した上で、ミルの倫理学体系を提示していた。そしてその骨組み、原理と結論の仕組み、原理の適用などをメタ倫理学の立場から明らかにしていた。私は、英米の倫理学研究の動向をふまえて「倫理的判断の分析的基礎づけ」（『倫理学年報』第一六集、一九六七）「J・S・ミルにおける『功利の原理』の証明について」（『倫理学研究』第一九号、一九七一）を発表した。もう一つは、國學院大學の山下重一教授からいただいた抜刷「ミル『自由論』に関する最近の研究」（『國學院法学』第七巻第四号、一九七〇）であった。この論文は、最近十年間の英米における「自由論」に関する研究の中から一〇篇の著書ないし論文を選んで、その内容を紹介し論評を加えたものである。著者名は、Ｉ・バーリン、Ａ・Ｗ・レヴィ、Ｗ・ケンダル、Ｊ・Ｃ・リーズ、Ｍ・コーリング、ギルディン、レトウィン、ウェスト、ヒンメルファーブ、Ｒ・Ｂ・フリードマンである。なかでもバーリン、リーズ、フリードマンの見解が重要視されていた。この論文を読んだとき、ミルの代表作であり、彼の広範な思想体系の縮図とみなされている『自由論』がさまざまに解釈され、また批判の対象となっていることを知って驚かされた。この時期に山下先生が所属する國學院大学でも、大学紛争の波が特有な姿で荒れ狂っていた。『随想――思ひ草』（山下重一先生が米寿の際にまとめられた小冊子）によれば、山下先生は、学生部の副部長として、革マルと体連、革マルと右翼の衝突などを見守りながら、「自由の意味」を問い続けておられたらしい。また一九六八年に『明治文化全集』の新版に収録された小野梓の『国憲汎論』を初めて読んで、彼の遺著の中にベンサムの『憲法典』とミルの『代議政治論』が見事に消化されていることを読み取って『國學院法学』に「小野梓とベンサム」、『國學院大學栃木女子短期大学紀要』に「小野梓とミル父子」を発表している。これを機に山下先生は、研究テーマに「イギリス思想のわが国への受容を加えることになった。私は、先生の「ミル『自由論』に関する最近の研究」を手がかりにして、ミル研究を開始すると同時にこの論文を手がかりにしてバーリンの『自由論』（「二十世紀の政治思想」、「歴史の必然性」、「二つの自由概念」、「Ｊ・Ｓ・ミルと生の目的」）や『ロマン主義講義』などを読んでバーリンの思想にも親しむようになった。そして「Ｊ・Ｓ・ミルの『自由論』における諸問題」（『東京教育大学文学部紀要』一九七三）を発表した。

〔山下重一先生の主要な研究業績　二〕

山下先生は、一九六〇年代にベンサム『道徳および立法の諸原理序説』やＪ・Ｓ・ミル『代議政治論』の翻訳を

『世界の名著38』（中央公論社、一九六七）で公刊された。また「功利主義思想の系譜」「ジェレミイ・ベンサムの政治思想」などの論文を『國學院法学』に掲載した。一九七一年には『J・S・ミルの思想形成』（小森書店）を刊行された。この研究書の目次は、次の通りである。

序説

第一部　初期のミル（一八〇六～二六年）

第一章　父ジェイムズ・ミルの生涯と思想　第二章　ミルの生い立ち　第三章　初期のミルの論説

第二部「精神の危機」と思想的模索（一八二六～三四年）

第一章「精神の危機」とその後、　第二章　一八三〇年代初期の論説

第三部「ロンドン・ウェストミンスター評論」時代（一八三五～四〇年）

第一章「ロンドン評論」と「ロンドン・ウェストミンスター評論」　第二章　ミルの政治評論　第三章　政治原理の探究　第四章　ミルの文芸評論　第五章　画期的三論文

むすび

さらに山下重一先生は、一九七四年に飯坂良明、小松春雄、関嘉彦と共著で『イギリス政治思想史』（木鐸社）を出版された。この教科書で、山下先生の担当された箇所が、その後の先生のイギリス政治思想史における研究分野をほぼ示しているので、次にその目次を紹介したい。

第九章　功利主義の政治思想

第一節　工業化と民主化　第二節　ベンサム　第三節　ベンサムと哲学的急進派

第四節　J・S・ミル（一）　第五節　J・S・ミル（二）

第十章　進化論と政治思想
　第一節　スペンサー　第二節　バジョット　第三節　社会ダーウィン主義
第十一章　イギリス理想主義哲学
　第一節　オックスフォード哲学派の形成　第二節　グリーン　第三節　国家論の変容

〔ミル父子記念学会に出席して〕

山下重一先生は、『随想――思ひ草』の中で、先生自身のミル研究の画期を、次のように述べている。
「私のミル研究の一つの画期は、一九七三年五月三日から三日間、カナダのトロント大学ヴィクトリア・カレッジで『ミル著作集』（一九六三―九一年、三三巻）の主宰者であるロブスン教授を中心として開催された「ミル父子記念学会」に甲南大学の杉原四郎教授と共に出席したことであった。九人のミル研究者による報告と討論は、ジェイムズ・ミル生誕二百年、J・S・ミル没後百年を記念して開かれた充実したもので、私は、報告から大きな刺激を受けると共に、後に心尽しのご配慮を受けたロブスン教授とエール大学のハンバーガー教授とお話しすることができた。学会が終了した日の夜、杉原教授は、日本でもこのような学際的なミル研究の場がほしいとしみじみ語られたが、この夜の語らいが実って、二年後の一九七五年から毎年二回、『ミルの会』が杉原教授を中心として開かれるようになり、二〇年ほど続いた。」（二五頁）
この「ミル父子記念学会」について、山下先生は、『ミル記念論集』の「訳者解説」では、次のように述べている。
「学会は、五月三日午後六時、ヴィクトリア・カレッジ図書館でのレセプションで始まった。……私たちが出品した日本のミル関係資料は、一つのガラス・ケースにまとめられていた。杉原教授が出品した、関西大学『経済論叢』第六巻第七号のJ・S・ミル生誕百五十年記念号、私が出品した中村敬宇訳『自由之理』は、予想外に外国の学者に注目され、私たちは日本でのミル研究についていろいろな質問を受けた。出席者名簿によれば、カナダ四八人、アメリカ二一人、イギリス二人、日本二人、計七三人で、専攻は、経済学、政治学、文学、哲学、歴史学の各分野にわたっていた。」（二九九－三〇〇頁）

「学会は、数々の思い出と共に五月五日夕刻に終了した。ロブスン教授の最後の報告の後、シュニーウィンド教授が起立して、学会を成功させたロブスン教授に感謝しようと発言し、万場の拍手が起こった。次にレーン準教授がしめくくりの挨拶を述べたが、終わりに遠来の杉原、山下教授に感謝しようと発言して再び拍手が起こり、私たちは突然のことに驚いて、無言で起立して一礼した。その夜、杉原教授と二人マッシー・カレッジのコモン・ルームで乾杯し、学会の感想を語り合った。……この夜、杉原教授と語り合った数々の話題の中に、日本のミル研究者の交流のために定期的な研究会を開くこと、『ミル父子記念学会』の報告が本になったら邦訳したいということがあった。」（三〇二頁）

この学会での語り合いから、わが国の「ミルの会」は、一九七五年に生まれた。この会は、杉原四郎先生が司会し、報告者が発表し質疑を交わしたのち、山下先生が『ミル著作集』の進行状況などを話され、きわめて有意義な研究会であった。杉原四郎先生と山下重一先生（幹事、事務局担当）は、「ミルの会」の充実をはかりながら、この「ミル父子記念学会」の報告を翻訳して『ミル記念論集』（木鐸社）を刊行することになった。

〔『ミル記念論集』をめぐって〕

私は、山下先生からシュニーウィンドの「ミルの『功利主義論』に関する一八六一から七六年にかけての諸批判」

とL・S・フォイヤーの「社会学者としてのJ・S・ミル――書かれざる性格学――」の翻訳を依頼された。前者の論文で、シュニーウィンドは、『功利主義論』に関する哲学的議論が最初の一五年間はほとんど『功利主義論』への攻撃であったとし、ミルの議論の四つの要点に対して提出された反対意見を検討している。第二の「功利の証明について」では、一八六四年の匿名の論文では「見える」(visible) と「望ましい」(desirable) との間に類似性がないことが指摘されている。翌年の短い批評では、その証明は「各人が自分自身の幸福を望むということ以上になにも示しておらず、全体の幸福が望ましいと言うためのいかなる理由も与えていないと述べられている。第三の「快楽の質の区別について」では、ジョージ・グロートは、『功利主義哲学の検討』の公刊に先立って、快楽の質の区別は功利主義に基本的矛盾をもたらすことを指摘している。シジウィックは、「快楽のすべての質的比較は実際には量的比較に還元されなければならない」と主張した。後者の論文では、フォイヤーは、『論理学体系』を出版した一八三四年にミルの仕事は、社会学の基礎となるべき性格学 (Ethology) を書くことであったが断念せざるを得なかったとし、次のように述べている。

「一九世紀の偉大な社会思想家の中で、ミルは人間性の発展を目指す一つの体系書を書かずに終わった唯一の人物であった。ヘーゲル、コント、マルクス、スペンサーは、社会進歩の法則を明示し誘導できると考えていた。ミルもまた進歩の経験的法則が精神の基本的法則から導かれることを証明しようと大いに張りきっていた。しかし、ミルはかつて書かれた社会科学の方法に関する最も不朽の論文「人倫科学の論理学」(この論文は『論理学体系VI』のことである) の著者であったので、彼らの単純な「誘導」が科学的検討のもとで崩壊することに気づいていた。」(一六五―一六六頁)

ミルにとって、性格学が何をなし得るかについてのモデルとして父の『英領インド史』があった。ジェイムズ・ミルは、ヒンズー教徒の国民性の諸要因を彼らの政治制度に帰しており、「おそらく他のどんな人種でもヒンズー教徒ほどお互いに非友好的で無慈悲なものはないだろう」と考えていた。またミルの中には、一九世紀の明白な楽天主義と根元的悲観主義が混在していた。彼は楽天主義者としてコントの三段階の法則―神学的段階から形而上学的段階へ、さらに実証的段階へと進化するという法則―を妥当な経験的一般化として承認していた。他方で「世界中で事物の一般的傾向は人類の間で凡庸者に優勢な力を与えるだろう」と推測していた。ここには進歩（progress）と凡庸化（mediocritization）という相互に矛盾する二つの経験法則がある。ミルの性格学の法則におけるこの矛盾は、彼が社会学のために準備した心理学の基礎もひきさくことになった。フォイヤーによれば、ミルの社会学的ペシミズムは、非常に個人的由来を持っていたとし、父による厳しい英才教育とハリエットに対する性欲を抑制した二〇年間の緊張を指摘している。ミルは、進歩そのものの可能性は、性欲の征服に依存すること、人間生活におけるいかなる進歩も「性という動物的本能がそこで不均衡な地位を占めているかぎり」期待できないと宣言している。フォイヤーは、社会学の発展におけるミルの位置について「彼の不朽の偉大さは学問の良心として存在している。実際に彼だけが社会学をイデオロギーから免れさせようと着実に努力した」と評価している。

『ミル記念論集』が完成したとき、山下重一先生と会い、話し合うことができた。先生は翻訳をまとめる際の苦労を語られた後で、私がアレクサンダー氏の「J・S・ミルの思想における永続と進歩」にはフォイヤー氏の報告と重なる箇所があると指摘したところ、「ミルが一九三一年一〇月にスターリングにだした手紙のことでしょう」と答えられた。

ミルは、一八三〇年八月初旬に初めてハリエットに会い、すぐに七月革命勃発直後のパリに向かった。七月二五日、シャルル一〇世は、憲章の緊急大権条項を根拠にして出版の自由の停止、議会解散などを骨子とする王令を出した。七月二七日から二九日までの三日間（栄光の三日間）パリは蜂起した。蜂起側の死者は約八百人、負傷者は約四千人と言われている。ドラクロワの『民衆を率いる自由の女神』はこの革命を描いたものである（谷川稔・渡辺和行編著『近代フランスの歴史』（ミネルヴァ書房、参照）。アレクサンダーは、ミルの革命観における科学的原理と道徳的原理との対立は、急進主義者としてのミルと保守主義者としてのミルとの対立であった以上に、歴史家としてのミルと文学批評家としてのミルとの対立であったことを指摘した上で、ミルのスターリング宛の手紙を紹介している。「もしも人類の一人一人あるいは全体にとっての唯一の善である偉大な真理の伝道者としてほんの何十人かの人々を安全に残す（それが何人であるかは，あなたと私で選ぶことができる）ことができるならば、革命がイギリスとアイルランドの年収五百ポンド以上の人々を全部抹殺してしまっても私は意に介さない。多くの非常に愛すべき人々が滅び去ってしまうであろうが、そのような愛すべき人々は世界のために何の貢献をしたであろうか。しかし、私が残したい伝道者の多くの部分は，思弁的トーリ主義者から構成されているであろう。」（山下重一訳、二四五頁）

ミルは、トーリ党が改革を認めようとしないことに断乎として対決する姿勢を堅持しながら、ワーズワスやコールリッジ等のロマン主義思想を「思弁的トーリ主義」として高く評価し、彼らから多くの教訓を汲み取ろうとした。アレクサンダーは、ワーズワスがミルの革命に対する傾向を減退させる二つのことを教えたことを次のように述べている。「その一つは、闘争や紛争とは全く関係がなく、すべての人間に開かれた幸福の永遠の源泉が存在するということであり、もう一つは、『幸福は，静かにしていることと共存でき、われわれが動くことを要求しない』ということである。」（二四二頁）山下先生は、この後で、ロブスン教授の報告「理性的動物としからざるもの」において、冒頭の部分で「人類の改善」（improvement of mankind）という言葉（ロブスン教授のミル研究書の書名と同じ）を使用していることを指摘し、最後に「人間性が何を意味するかを理解することはほとんで不可能である」と結論していることに共感を示された。

〔山下重一先生の主要な研究業績　二〕

一九七六年には主著『J・S・ミルの政治思想』（木鐸社）が刊行された。この研究書の目次は，次の通りである。

第一部　『自由論』の再検討

第一章　『自由論』の源流、第二章　『自由論』の成立とその課題　第三章　思想と言論の自由　第四章　行為の自由　第五章　自由論の実際的適用

むすび

第二部　ミルの議会政治論と議員活動

第六章　ミルの議会政治論　第七章　ミルの議員活動　終章　ミルの晩年と死

付論一　明治初期におけるミルの受容

一　中村敬宇訳『自由之理』　二　西周訳『利学』　三　明治初期におけるミル受容の特色

付論二　J・S・ミルに関する資料と研究動向

一九九七年には、研究社出版のイギリス思想叢書の一冊として『ジェイムズ・ミル』が出版された。この研究書の目次は、次の通りである。

緒論

第一章　初期のジェイムズ・ミル

一．生い立ち　二．エディンバラ大学時代　三．ロンドン上京　四．『リテラリ・ジャーナル』の四年間
五．政治関係論説　六．経済関係論説　七．歴史関係論説　八．哲学関係論説
第二章　過渡期におけるジェイムズ・ミル
一．ベンサムとジェイムズ・ミル　二．『商業擁護論』　三．政治関係論説　四．教育改革運動　五．哲学関係論説　六．インド関係論説
第三章　成熟期のジェイムズ・ミル
一．哲学的急進派の形成　二．「教育論」「統治論」「出版の自由」　三．『ウェストミンスター・レヴュー』の論説　四．『議会の歴史と評論』の論説　五．『人間精神現象の分析』と『マッキントッシュ断章』　六．ジェイムズ・　ミルの晩年
ジェイムズ・ミル関連年譜

さらに山下重一先生は、一九八〇年から日本イギリス哲学会の常任理事として企画委員や編集委員などを担当され、学会の研究大会では司会や報告者として活躍された。またこの時期に先生は、杉原四郎先生と編者として『J・S・ミル初期著作集』（四巻、御茶の水書房、一九七九〜一九九七）を計画し、刊行された。

『J・S・ミル初期著作集　1』（一八〇九〜一八二九）

山下先生の担当箇所

父の英才教育（一八〇〇–二〇年）

フランス留学（一八二〇–二一年）

ベンサム主義への傾倒

『エディンバラ・レビュー』批判（一八二四）

「精神の危機」
スターリングとの親交
サン・シモン派との交流

『J・S・ミル初期著作集　2』（一八三〇～一八三四）
山下先生の担当箇所
フランス七月革命論（一八三〇）
時代の精神（一八三一年）
カーライルあて書簡（一八三三～三四）

『J・S・ミル初期著作集　3』（一八三四～一八三八）
山下先生の担当箇所
トクヴィル氏のアメリカ民主主義論Ⅰ（一八三五）文明論（一八三六）

『J・S・ミル初期著作集　4』（一八四〇～一八四四）
山下先生の担当箇所
トクヴィル氏のアメリカ民主主義論Ⅱ（一八四〇）
バークリ・フォックス宛書簡（一八四四）

〔トロントにて―ロブスン教授の授業と日系人の補償問題〕

私は、一九八五年七月から一一月末までロンドンに滞在した。ここではWest-Hampstedの北西四キロほどのCricklewoodにあるフックス夫人宅に下宿して大英図書館に通い、大英図書館の円形の大きな閲覧室（Reading Room）で、主としてミル研究に従事した。七月八日、午前一一時、館員のブラウンさん（Mrs.Yu-ying Brown）に会い、入館証を作ってもらった後、職員宿堂で昼食をご馳走になった。ロンドンでの生活に慣れ、ミルの思想形成においてワーズワスの影響の大きさを知るようになると、ワーズワスの故郷である湖水地方（Lake District）を訪れたいと思うようになった。一九八五年九月二四日朝、ロンドンの下宿をでてユーストン駅を一〇時一五分に出発、一三時三九分オクスンホルム駅で乗り換え、一四時一五分ウィンダミア駅に到着した。バスを待つ間、犬を連れたおばあさんと知り合い、宿泊予定のスワン・ホテルがグラスミア湖から五〇〇メートルほど西にあることやバスの停留所などを知ることができた。ここに二泊し、翌日ヒューズ夫妻の案内でワーズワスの生家、ライダル・マウント、ダヴ・コテッジなどを訪れた。三日目はグラスミアから山の方に向かい、ホークスヘッドでワーズワスが学んだグラマー・スクールなどを見物した。湖水地方の自然は、なだらかな山と美しい湖水に恵まれており、山々の姿にしろ草木の色にしろ人間の心を暖かく包み込むようなものをもっていた。私は、一一月二五日ベルリンに向かい、ベルリンの壁を見たのち、フランクフルトに向い、ハイデルブルク、ミュンヘン、フィレンツェ、ローマ、ナポリ、パリ、ミルの墓のあるアヴィニョン、アムステルダムなどを旅した。約一ヵ月、ヨーロッパ諸国を見て歩いたことは、それぞれの国の歴史や国民性を留意するようになり、その後の文化論研究を深めることになった。一二月二〇日、アムステルダムを発ち、カナダのトロント空港に着いた。山下重一先生は、私の在外研究に際して、トロント大学のロブスン教授に推薦状を書いて下さると共に、冬の厳しさを考慮してトロント在住の宮本幸一・たえ夫妻を紹介して下さった。

一九八六年一月七日に、私はトロント大学のヴィクトリア・カレッジのカーネギー図書館の二階にある「ミル・プロジェクト」を訪れた。ここではロブスン教授（John M.Robson）を中心にして研究員であるマリオンさん（Ms. Marion Filipink）、ジーンさん（Dr. Jean O'Grady.）と研究助手であるレアさん（Ms. Rea Wilmshurst）と他の大学の研究者たちが協力して二〇年前から『ミル著作集』（*Collected Works of John Stuart Mill*' 厚い著書は七六〇頁、薄い著書でも約三六〇頁であり、全部で三三巻になる予定）を刊行中であった。『ミル著作集』は七冊を残すだけとなり、

Newspaper Writings,Vol.XXII・XXIIIを刊行するための作業が黙々と慎重に行われていた。午前一〇時私は暖かく迎えられた。ロブスン教授と三〇分ほど歓談し、火曜日、夜七時から九時までのロブスン教授とタッカー教授による大学院のゼミナールを聴講することにした。その後マリオンさんの案内で大学の構内を案内してもらい、中央図書館でトロント大学の教職員並みの入館証を作ってもらった。大学院の授業は、ヴィクトリア時代の政治・社会・文学をテーマにしており、二〇名ほどの院生が所属していた。院生は、彼らが希望する人物やテーマを提示して、二人で同一のテーマをめぐって発表し、十分間の休憩後、質疑をかわすものであった。一月二八日のゼミにはロブスン夫人が参加し、報告者に対して鋭く質問し、報告者に「分かりません」を連発させた。また休憩の時に、ロブスン教授が真っ先に紅茶を入れて夫人のもとに運んだのに驚かされた。後にロブスン夫人（Ann P.Robson）は，トロント大学の歴史学の教授であることを知った。夜九時にゼミが終わり、外に出ると天空には多くの星が輝いており、「きれいだ」と思ったとたん、防寒コートにブーツという服装でも、頬がこわばり、目から涙がぼろぼろと流れた。まもなくマイナス一〇度C以下に下がったり、マイナス六度Cぐらいでも風が強いときには風よけのあるバス停留所に急いで駆け込むようになった。ロブスン教授は、ミル著作集の次の巻（*Journals and Debating Speeches*）の資料収集のために三週間大英図書館に通うために四月九日に出発するとのことで、四月八日午後四時にお会いし、夜のゼミ終了後、お世話になったお礼を述べて別れた。トロントの冬は、秋田の横手という雪国に育った私にとっても予想以上に厳しかった。一月と二月には気温がマイナス一〇度C前後の日が多かった。マイナス三度Cとテレビで聞くと今日はあまり寒くないなと思うようになった。山下重一先生が紹介された宮本幸一・たえ夫妻には、最初にお宅に伺ったときに、寒い日に長時間歩くと鼻と喉を痛めるので一五分ぐらい歩いたら商店に入って身体を温めるようにと注意してくれた。三月二三日にはご主人が自動車でナイアガラの滝へ案内してくれた。その帰り道、ご主人は、戦後強制収容所から解放さ

れ、仕事がなくて困ったときにユダヤ人が仕事を与えて助けてくれたことを淡々と話された。またトロントの日本学校の成人クラスの授業を聴講して、北村高明さん、水藪幸治さんと知り合い、戦時中の日系カナダ人に対する人種差別やその補償問題などについて資料をいただき、日系カナダ人の歩んだ苦闘の歴史の一端を知ることができた。この問題については帰国後「日系カナダ人の強制移動に対する補償について」（横浜国立大学人文紀要」第一類、第三四輯）に発表することができた。私は、四月二七日にトロントからニューヨークに向かい、そこで巨大都市を見て回り、その背後にアメリカ人のエネルギーの強力さを痛感した。七月二日、ケネディ空港を出発し、翌日、成田空港に着いて私の在外研究は終わった。

〔山下重一先生の主要な研究業績　三〕

一八四九年夏、ハリエットの夫ジョン・テイラーが癌のために死去し、それから二年近い一八五一年四月にミルとハリエットは結婚した。宗教的な儀式は一切行わず登記所で婚姻届に署名しただけであった。二人の間にきわめて純粋な友情以上のものは全く存在していなかった。ミルの結婚は、彼の家族との間に疎隔をもたらし、ロウバックやハリエット・マーティノーらの友人との交際を断つことになった。結婚後一年もたたないうちに、二人は共に結核にかかっていることを知った。そこで絶えず相談し合って共同作品（『自伝』や『自由論』など）の構想を練り続けた。一八五四年一二月、ミルは単身フランス、イタリア、シチリア、ギリシア旅行に出発し、翌年六月に帰国した。この間に彼は『自由論』をハリエットとの共同作品として仕上げる構想を練った。一八五八年東インド会社の廃止と共に、ミルは退職し、研究に専念した。同年一〇月、ミル夫妻は、『自由論』の原稿をニースで仕上げるためにロンドンを出発したが、アヴィニョンでハリエットは、一一月一日に死去した。ミルは『評註ミル自伝』の中で「七年半の間、私は至福そのものであった。わずか七年半！彼女を喪ったことがどのような損失であったか、また今でもそうであるかを私には記すすべもない」（山下重一訳、三三八頁）と述べている。

ミルは、一八六五年三月にウェストミンスター選挙区の急進派の代表者から七月の総選挙の候補者として推薦したいという要請を受けた。ミルは、自分は議員になりたいという個人的希望は全く持っていないこと、候補者は選挙運動も資金の負担もすべきではなく、もし当選しても選挙民たちの地方的な利益のために働かないという趣旨の回答の手紙を新聞に公表して、受諾の意向を表明した。これを受けて支持者の集会でミルを候補者に推すことが決議された。そこでミルは一〇箇条の公約を明らかにして、正式に承諾し、当選した。この一〇箇条の公約は『評註ミル自伝』の四一四頁に記されている。このときミルは市民に対する政見発表会に二回出席した。ところが選挙権をもたない労働者のための集会にでたとき、彼が以前に『議会改革に関する考察』と題するパンフレットの中で「労働者階級は嘘をつくことを恥じるという点では他の国の労働者とは異なっているとはいえ、一般的に嘘つきである」と書いた。或る反対者は、この一節をプラカードに書いてその集会で彼に手渡し、「あなたはこんなことを書いたか」と問い質した。ミルは直ちに「その通り」と答えた。ミルがこのように言うや否や、猛烈な拍手と歓声が集会の席全体に鳴り響いた。このエピソードは、ミルの誠実な人柄を示すものとして知られている。

ミルが下院議員として初登場した一八六六年の会期の最大の争点は、選挙法改正法案であった。ミルは、自由党案による労働者階級への選挙権の付与を支持し、「ハイド・パークの騒乱」に際しても労働者たちを説得して会場を他の場所に移して平穏に集会を開かさせることに成功した。一八六七年五月二日、ミルは選挙法改正法案を審議する全院委員会で、原案の man を person に変える修正案を提出し、男女平等の選挙権を主張する演説を行った。その演説の中で、ミルは、次のように述べている。「女性を単に女性であるというだけの理由のために選挙への参与から排除することは、正義の一般的諸原理を侵害するのみならず、イギリス憲政の特定の諸原理にも反している。それは、課税と代表とは共存しなければならないという、われわれの憲政上の諸原理の最古のものの一つを侵害している」（山下重一著『J・S・ミルの政治思想』、二四〇頁）と批判している。この修正案は、七三票対一九六票で否決されたが、予想以上の賛成票を得たことは、ミルと彼の支持者を大いに満足させた。」

山下先生は、國學院大學法学部教員としての生活が定年まであと二年余りとなったとき、在職中の最後の論文のテーマとして選んだのが「J・S・ミルとジャマイカ事件」であった。『随想——思ひ草』によると、「一八六五年一〇月に起こったジャマイカの叛乱をイギリスのエア総督が無差別に鎮圧し、軍法会議によって五百人余りの黒人を死刑に処したことに対して、非人道的な行為として追求するために『ジャマイカ委員会』が作られ、後にミルがその委員長になってエア総督を告発することに尽力したことは、『自伝』の叙述によって以前から関心をそそられていたがその資料を原史料によって糾明することがかねてからの計画であった。」（三五－三六頁）山下先生は、基本史料としてイギリスの議会文書に収録されている事件前後の本国政府とエア総督との往復文書を中大図書館に通ってマイクロ・フィルムからコピーし、またジャマイカ委員会のパンフレット『ジャマイカ・ペイパーズ』をジャマイカの国立図書館から取り寄せたりして、貴重な文献を手に入れて研究を進めた。『随想——思ひ草』によると、「当時イギリスの植民地であった南米の島国ジャマイカで叛乱が起こり、一八六五年一〇月一一日にモラント・ベイの公会堂を襲撃したボーグルが指揮した黒人たちが治安判事ケッテルホット等一八人を殺し、近くの農園を襲撃したとき、エア総督は戒厳令を発して叛乱を鎮圧した後、軍法会議で四百人以上の黒人を処刑しただけでなく黒人と見れば将兵が無差別に射殺し、その後の政府の調査団も大きな行き過ぎを指摘したほどの不法行為が行われた。」（五五頁）この事件に対して、エア総督を殺人罪として告訴しようとしたのがミルを委員長とする「ジャマイカ委員会」であった。A・V・

ダイシィ、T・H・グリーン、ダーウィン、スペンサーは、ジャマイカ委員会に加入した。「エア擁護・援助基金委員会」に加入したのは、カーライル、ラスキン、ディケンズ、テニスンであった。

山下重一先生は、一九九八年に『J・S・ミルとジャマイカ事件』を御茶の水書房から出版した。この研究書の目次は、次の通りである。

山下先生は、この著書の「むすび」において、「ミルがエアとその部下を刑事裁判にかけようとして度重なる告訴を行ったことは、ジャマイカ事件がイギリス人の権利と自由を軍事的権力によって蹂躙した許し難い不法行為を伴っていたと信じるからである。告訴はすべて却下され、正式の裁判に持ち込むことは遂にできなかったとはいえ、ねばり強く訴追運動をくり返したジャマイカ委員会の委員長としてのミルの行動は、彼の思想を誠実に実践した注目すべき軌跡であった」と高く評価している。

山下重一先生が定年後実現しようとしたのは、『ミル自伝』の翻訳であった。しかし、先生が目指したのは単なる翻訳ではなく、トロント版の『ミル著作集』に収録された『自伝』の初期草稿と刊本を比較し、その間の相違をできるだけ詳細に注記し、さらに訳註をつけてミルの生涯と言動を立体的に再現することであった。先生は、初期草稿と刊本を比較して何が削除されたか、どの部分が書き換えられているかを考察することによってミルの生涯と思想を再検討したいという構想を抱いていた。『評註ミル自伝』の「解説」と「訳註」には先生の長年にわたるミル研究の成果が凝縮されている。

『評註ミル自伝』は、二〇〇三年に御茶の水書房から刊行された。その目次は次の通りである。

この研究書は、四百ページを越える大著であり、最初に「解説」を読まれることを切望したい。この「解説」には長年ミル研究に従事してきた山下先生にしか書くことのできない見解が至るところで展開されている。先生は、一九六二年に東京都の海外研究員として六ヵ月間ロンドンに滞在したときに、スティリンガー教授が編集した『ミル自伝初期草稿』を発見し、それには刊本とかなり異なった叙述があることに気づいた。この初期草稿の存在を知ったことは「私のミル研究の画期的な一段階となった」（『随想――思ひ草』と述べられている。また『英学史の旅』（御茶の水書房）の第一部　海外留学記断片における『ミル自伝』の草稿では、山下先生がイリノイ大学を訪れて、英文学のスティリンガーに会って『ミル自伝』の初期草稿を読んだときのことが詳しく述べられている。

次に山下重一先生の研究業績としては、ミルの古典的邦訳書の研究が画期的なものと高く評価されている。次に中村敬宇訳『自由之理』――ミル『自由論』の本邦初訳――（一）（二）（三）（『國學院法学』第四七巻第四号、第四八巻第一、二号収録）の目次は、次の通りである。

四　巻之四　仲間会社即チ政府ニテ人民各箇ノ上ニ施コシ行フ権勢ノ限界ヲ論ズ

五　巻之五　施用ヲ論ズ

結語

山下先生は、西周訳『利学』、永峰秀樹訳『代議政体』、深間内基訳『男女同権論』などの論文がある。これらについては、『英学史の旅』（御茶の水書房）の第二部「ミルの古典的邦訳書」を参照してほしい。さらに一九七一年以来研究を続けている沖縄史の研究があげられる。沖縄史研究の成果としては、次の二冊の研究書があげられる。

山下重一著『琉球・沖縄史研究序説』（御茶の水書房）

『続琉球・沖縄史研究序説』（御茶の水書房）

最後に山下重一先生の遺稿集をまとめることになった経緯について説明しなければならない。

〔**遺稿集について**〕

二〇〇八年八月二二日午後二時、私が三鷹の山下重一先生宅を訪ねたときのことだった。最初に『國學院法学』の「J・S・ミルの一八三〇年代における思想形成と政治的ジャーナリズム」を送っていただいたことにお礼を述べると同時に、この論文で「政治的ジャーナリズム」を取り上げた理由を尋ねた。それに対して山下先生は、当時のミルが基本的にベンサムの立場を継承しながら、一八三二年以後、議会に進出した哲学的急進派の人々を指導し激励するために書き続けた政治評論の足跡を明らかにしたかったと答えられると共に、一八三〇年代のミルの思想形成過程と政治的ジャーナリズム活動の全貌を展望するために、第一章において思弁的トーリ主義の評価やカーライル、サン・シモン派、コールリッジ主義者の影響、ハリエット・テイラーとの恋愛をどのように配分するかで苦慮したと答えられた。私は、他の学会でミルとカーライルに関して報告するために、サン・シモン著作集やF・マニュエル『サン・シモンの新世界』などを読んでいたので、ミルがサン・シモン派から学んだものとして精神的権威や歴史を組織的時代と批判的時代に分類したことなどについて話し合ったことを覚えている。また山下先生自身もこの論文により、ミルの一八三〇年代における思想形成はほぼ明らかにすることができたと自信を示され、「この論文はできたら、他の論文、すなわち、『自由論』、『代議政治論』に関するものと合わせて著書として発表したかった」と言われた。そして突然「ミルとスターリングとカーライルの関係を調べてみないか」と言って、四冊の本を目の前に持ってこられた。*Essays and Tales,* by John Sterling. という三巻本と *Caroline Fox,* by Wilson Harris という本であった。いずれも外国でコピーを取られ、きちんと製本されていた。「スターリングを読み込むとミルとカーライルの関係も今まで以上に明らかになるが、自分は今回の論文でスターリングを読むことをやめることにした」と述べられた。このときミルをめぐって三時間以上話し合っていた。帰るときにふと「先生はお疲れではないか」と感じた。

二〇一三年二月に『随想——思ひ草』をいただいた。

「拝啓

ご無沙汰しておりますが、御元気のことと存じます。

私は、今年家内と一緒に米寿（数え年八八）を迎えましたので、ささやかな記念として小冊子を書きました。自分史あるいは研究の回顧文のようなものです。

私は、大学一年生の時、陸軍二等兵として終戦に遭い、戦後の混乱の中で政治の恐ろしさを身にしみて感じ、政治学を志し、今日まで日本、イギリスを中心とする近代政治思想を勉強してきました。この小冊子は教員生活四五年間を中心とした回顧録です。一凡人の人生の記録として一読していただければ幸いです。

敬具

山下重一

」

私は、『随想――思ひ草』を読んだとき、先生が死後に自分の研究が継承されることを切望してこの本をまとめられたことを知った。そして「できたら、山下重一先生の遺稿集を出したい」と考えるようになった。このことをご遺族に相談したところ、ご承諾下さり、かつご協力下さることになった。採用する論文の選定は私にまかせていただいた。山下重一先生の論文の中では「J・S・ミルの一八三〇年代における思想形成と政治的ジャーナリズム」は、それ以後の著作『論理学体系』『経済学原理』『自由論』『代議政治論』『功利主義論』『女性の隷従』などの主著を理解するために不可欠なものであり、それゆえ、最も重要な論文とみなすことができる。もう一つの論文をどれにするかで随分迷ったが「バーリンにおける自由論と価値多元論」(上)(下)を取り上げることにした。その理由は、一つは山下先生が晩年にもバーリンの自由論を考察されたことにある。もう一つは、ミルの『自由論』を今日に生かすには、バーリン(一九〇九ー一九九七)やオルテガ(一八八三ー一九五五)との関連を考察することが必要であり、そのことは私自身の今後の課題だと思うからである。山下重一先生は、バーリンが思想史研究によって価値多元論の構想に到達し、自由論の基底に据えた過程を追求することを通じて、彼の政治思想の確信を把握しようと努めている。

最後にご子息の山下政一さんが「父のこと」を書いて下さり、よき家庭人であった先生の姿を知ることができ、心から感謝申し上げる。

本書を刊行するに当たって、遺稿集の刊行を快く引き受けて下さった御茶の水書房の社長の橋本盛作氏と同社の小堺章夫氏に厚く御礼を申し上げたい。

二〇一六年七月

第四部　山下重一先生の著訳書・論文目録

〔著書〕

イギリス政治思想史　小峯書店　一九六八年
J・S・ミルの思想形成　小峯書店　一九七一年
J・S・ミルの政治思想　木鐸社　一九七六年
スペンサーと日本近代　御茶の水書房　一九八三年
英学史の旅　御茶の水書房　一九九四年
ジェイムズ・ミル　研究社出版　一九九七年
J・S・ミとジャマイカ事件　御茶の水書房　一九九八年
琉球・沖縄史研究序説　御茶の水書房　一九九九年
続琉球・沖縄史研究序説　御茶の水書房　二〇〇四年

〔訳書〕

ミル　アメリカの民主主義　未来社　一九六二年
トーニー　獲得社会（世界の思想17）　河出書房新社　一九六六年
ミル　代議政治論（世界の名著38）　中央公論社　一九六七年
ベンサム　道徳および立法の諸原理序説（世界の名著38）　中央公論社　一九六七年
クランストン　西欧の政治哲学者たち　木鐸社　一九七四年

ミル　ミル自伝初期草稿　御茶の水書房　一九八二年
ミル　評註ミル自伝　御茶の水書房　二〇〇三年

〔共訳書〕

クランストン　政治的的対話篇　みすず書房　一九七四年
ロブスン・レーン編　ミル記念論集　木鐸社　一九七九年
J・S・ミル初期著作集　四巻　御茶の水書房　一九七九—一九九七年
ベイン　J・S・ミル評伝　御茶の水書房　一九九三年

〔編著〕

近代イギリス政治思想史　木鐸社　一九八八年
田島利三郎・琉球文学研究　第一書房　一九八八年
風俗画報・山下重民文集　青蛙房　一九九〇年

〔共編書〕

J・S・ミル研究（イギリス思想研究叢書9）　御茶の水書房　一九九二年
城泉太郎著作集　長岡市史編纂所　二〇〇〇年

〔論文〕

ジェイムズ・ミルと哲学的急進派　『國學院法学』第二巻第一号　一九六四年
ジェレミイ・ベンサムの政治思想（一）（二）　同誌第三巻第二、三号　一九六五年
功利主義思想の系譜――ベンサム研究序説　同誌第四巻第一号　一九六六年
『ミル自伝初期草稿』について　同誌第五巻第一号　一九六七年
J・S・ミルの議員活動　同誌第五巻第二号　一九六七年
J・S・ミルのベンサム批判　『國學院大學紀要』第六集　一九六七年
カーライルとミル　『社会思想研究』第一九巻第四、五、六、一一号　一九六七年
小野梓とベンサム　『國學院法学』第三号　一九六八年
J・S・ミルと『ロンドン・アンド・ウェストミンスター・レヴュー』　同誌第六巻第一、二、四号　一九六八―九年
カーライルとミル――両極の対立　『國學院大學栃木女子短大紀要』第二号　一九六八年
J・F・スティーヴンのミル批判　『國學院法学』第七巻第一号　一九六九年
J・S・ミルの議会政治論　同誌第七巻第二号　一九六九年
ミル『自由論』に関する最近の研究　同誌第七巻第四号　一九七〇年
小野梓とミル父子　『國學院大學栃木女子短大紀要』第三号

一九七〇年

J・S・ミルにおける社会科学方法論の形成（一）（二）
『國學院法学』第八巻第一、二号　一九七〇年

坂本南海男と西洋政治思想　同誌第八巻第三号　一九七〇年

小野梓と西洋政治思想――リーバー、ウールジーとの関係　『早稲田大学史紀要』第三巻　一九七〇年

ミルの初期演説草稿について　『國學院大學栃木女子短大紀要』第三号
一九七〇年

城泉太郎の生涯と著述　『國學院法学』第九巻第二号　一九七一年

沖縄断想　同誌第九巻第三号　一九七一年

ミル『自由論』研究序説（一）（二）（三）（四）　同誌第九巻第四号、
第一〇巻第二、三、四号　一九七二―三年

ミルの死　同誌第一〇巻第四号　一九七三年

中村敬宇訳『自由之理』について　『國學院大學栃木女子短大紀要』第六号
一九七二年

『ミル記念学会』に出席して　『國學院法学』第一一巻第一号　一九七三年

J・S・ミルの後半生　同誌第一一巻第二、三号　一九七三年

英艦沖縄来航記　『國學院大學栃木女子短大紀要』第七号
一九七三年

明治時代におけるスペンサーの受容　『國學院法学』第一二巻第一号　一九七四年
フェノロサの東京大学教授時代　同誌第一二巻第四号　一九七四年
カーライルとミル（一）（二）　同誌第一三巻第一、二号　一九七五年
古沢滋と初期自由民権運動　同誌第三、四号　一九七五―六年
明治初期におけるスペンサーの受容　『政治学年報』　一九七五年
明治初期におけるミルの受容　『思想』一二月号　一九七五年
ミルに関する資料と研究動向　『みすず』一二月号　一九七五年
ヒンメルファーブの『自由と自由主義』　『國學院法学』第一四巻第一号　一九七六年
海外留学記――ミルの足跡を訪ねて　同誌第一四巻第三号　一九七六年
J・S・ミルとフランス七月革命（一）（二）（三）　同誌第一五巻　第一、二、三号　一九七七年
小野梓とイギリス政治思想　『英学史研究』第一一号　一九七八年
J・S・ミルの政治的ジャーナリズム――「新聞ノート」『國學院法学』第一七巻第二号　一九七八年
坂本直寛の思想と行動　『英学史研究』第一二号　一九七九年
バークの本邦初訳――金子堅太郎『政治論略』について（一）（二）　『國學院法学』第一八巻第一、二号　一九八〇年
ホッブズ『レヴァイアサン』の本邦初訳――『主権論』――について　『英学史研究』第一三号　一九八〇年
ミルとフォックス兄妹　『國學院法学』第一九巻第一号　一九八一年

永峰秀樹訳『代議政体』の草稿について　『國學院法学』第一九巻第三号　一九八一年
対清改約分島交渉と井上毅　同誌第九巻第四号　一九八一年
ジェイムズ・ミルのスコットランド時代　『國學院法政論叢』第二輯
福島県三春の自由民権運動　『國學院法学』第二一巻第三号　一九八二年
徳富蘇峰とトクヴィル、スペンサー　『英学史研究』第一五巻　一九八二年
帯広晩成社前史　『國學院法学』第二一巻第四号　一九八三年
ハーバート・スペンサーの思想形成　同誌第二一号　一九八三年
J・プリーストリの生涯と業績　『國學院法政論叢』第一〇号　一九八三年
土居光華に関する一考察　『國學院法学』第二二巻第三号　一九八四年
ミルとバックル　『甲南経済学論集』第二五巻第四号　一九八五年
J・ミルの初期思想（一）―（七）　『國學院法学』第二三巻第四号―第二五巻第四号　一九八五―七年
高畑利宜文書・解説と翻刻　同誌第二四巻第四号　一九八六年
田島利三郎覚書　同誌第二五巻第一号　一九八七年
過渡期におけるジェイムズ・ミル（一）―（五）　同誌第二六巻第二号―第二十六巻 第二号　一九八八―九年
琉球処分概説　『國學院法学』第二七巻第四号　一九九〇年
明治七年対清北京交渉と井上毅　『栃木史学』第三号　一九八九年

J・ミルの『統治論』と『出版の自由』　『國學院法学』第二八巻第一号　一九九〇年

『ウェストミンスター・レーヴュー』とミル父子（一）―（五）
同誌二八巻第二号―第二九巻第二号　一九九〇―九一年

フェノロサとスペンサー　『英学史研究』第二四号　一九九一年

ミル伝の本邦初訳　『國學院大學図書館紀要』第三号　一九九一年

『議会の歴史と評論』とJ・ミル　『國學院法学』第三〇巻第一号　一九九二年

J・ミルのベンサム論――『マキントッシュ断章』の検討
同誌三〇巻第二号―三一巻第一号　一九九二―九三年

沖縄の初期県政　同誌第三〇巻第四号　一九九二年

自由民権運動と英学――土佐立志社と三春正道館　『英学史研究』第二五号　一九九二年

晩年のジェイムズ・ミル（一）（二）　『國學院法学』第三一巻第二、三号

宮古島人頭税廃止請願運動　同誌第三一巻四号

坂本直寛関係文書について　『國學院大學図書館紀要』第五号　一九九三年

河上肇と河井栄治郎のベンサム研究『國學院法政論叢』第一四集

J・S・ミルとジャマイカ事件（一）―（四）　『國學院法学』
第三二巻第三号―第三三巻第一、二、三号　一九九四―五年

小野梓とイギリス功利主義の政治思想　『英学史研究』第二九号　一九九五年

琉球通詞・牧志朝忠　『國學院法学』第三四巻第一号　一九九六年

ミルとゴンペルツ　同誌第三四巻第三号　一九九六年
ベイジル・ホールとジョン・マクラウドの琉球来航記　同誌第三五巻第三号　一九九七年
ヘンリ・ジョージの本邦初訳―城泉太郎編述　『済世危言』同誌第三五巻第四号　一九九八年
ハーンとスペンサー　『英学史研究』第三〇号　一九九七年
ミルとスターリング（一）（二）　『國學院法学』第三六巻第一、二号　一九九八年
スペンサーと明治日本　『英学史研究』第三一号　一九九八年
バーリンにおける自由論と価値多元論（上）（下）『國學院法学』第三六巻第三、四号　一九九八―九年
明治七年日清北京交渉とウェード公使　同誌第三七巻第一号　一九九九年
J・S・ミルとハリエット・テイラー（一）（二）（三）　同誌三七巻第二、三、四号　一九九九年
琉球通事・安仁屋政輔　『英学史研究』第三三号　一九九九年
中国におけるミル『自由論』の受容――厳復訳『群己権界論』（一）（二）
『國學院法学』第三八巻第一、二号　二〇〇〇年
厳復訳『天演論』の一考察（一）（二）　同誌第三八巻第三、四号　二〇〇〇年
ミル『自由論』の日本と中国における初訳『英学史研究』第三三号　二〇〇〇年
琉球王国に関する欧州人の記録（一）―（四）『國學院法学』第三九巻一―四　二〇〇一年
ゴービルの『琉球諸島に関する覚書』『南島史学』57、58合併号　二〇〇一年
『ジャパン・ガゼット』論説の琉球処分批判と井上毅の反論
『國學院法学』第四〇巻第一号　二〇〇二年

ベイジル・ホールの生涯と著述　同誌第四〇巻第二号　二〇〇二年

ベッテルハイムの琉球滞在前半期——一八四六—五〇年における活動とイギリス、アメリカの対琉球政策
同誌第四〇巻第三号　二〇〇二年

ベッテルハイム・モアトンの琉球滞在とイギリスの対琉球政策　同誌第四〇巻第四号　二〇〇二年

ロバート・パウン号事件の一検討　同誌第四一巻第二号　二〇〇二年

ジェイムズ・ミルの連想心理学と倫理思想（一）（二）
同誌第四一巻第四号」第四二巻第一号　二〇〇三—四年

ハーンとスペンサー——二つの論争をめぐって『國學院法学』第四二巻第二号　二〇〇四年

カーライルとミル——親交から対立へ——　同誌』第四二巻第三号　二〇〇四年

英艦サマラン号の琉球・長崎来航　『南島史学』第六三号　二〇〇四年

J・S・ミルとJ・モーリ　『國學院法学』第四三巻第三号　二〇〇五年

アッピア父子の生涯と思想　同誌第四四巻第一号　二〇〇六年

J・S・ミルの一八三〇年代における思想形成と政治的ジャーナリズム（一）（二）（三）
同誌第四四巻二、三、四号　二〇〇六—七年

一八三〇—四〇年代における西欧艦船の琉球来航『國學院法学』第四五巻第一号　二〇〇七年

ジェレミイ・ベンサムにおける功利主義の形成と政治的急進主義への転化（一）（二）（三）
同誌第四五巻二、三、四号　二〇〇七—八年

ベイジル・ホールのナポレオン会見記　『南島史学』第六九号　二〇〇七年

ジェレミイ・ベンサムの永久平和論　『國學院法学』第四六巻第一号　二〇〇八年

ベンサム、J・ミルとミランダ　同誌第四六巻第二号　二〇〇八年

スペンサーの『社会静学』　同誌第四六巻第三号　二〇〇八年

クラブロートの沖縄論　『南島史学』第七一号　二〇〇八年

マンスリ・レポジトリとフォックス（一）（二）　『國學院法学』第四七巻第一、二号　二〇〇九年

J・S・ミルの個性論　同誌第四七巻第三号　二〇〇九年

井上毅と沖縄　『南島史学』第七三号　二〇〇九年

中村敬宇訳『自由之理』——ミル『自由論』の本邦初訳——（一）（二）（三）

『國學院法学』第四七巻第四号、第四八巻第一、二号　二〇〇九—一〇年

スマイルズと『自助論』（上）（下）　同誌第四八巻第三、四号　二〇一〇—一一年

城泉太郎の『支那の大統領』　同誌第四九巻第一号　二〇一一年

永峰秀樹訳『代議政体』——ミル『代議政治論』の本邦初訳　『國學院法学』

第四九巻第二号　二〇一一年

西周訳『利学』（明治十年）——ミル『功利主義論』の本邦初訳——

同誌第四九巻第三、四号　二〇一一—一二年

深間内基訳『男女同権論』——ミル『女性の隷従』の本邦初訳——

同誌第五〇巻第一号　二〇一二年

小野梓とベンサム、ミル父子　同誌第五〇巻第二号　二〇一二年

ベンサム『憲法典』の一考察　同誌第五〇巻第三号　二〇一二年
インディアン・オーク号の遭難と琉球における救助活動　同誌第五〇巻第四号　二〇一三年

第五部　父のこと

山下政一

息子から見た父重一のことを少しお話しします。

父の最も古い記憶は桜新町駅前の街頭テレビを肩車をして見せてもらったこと。おぼろげですが一九五五年頃のことだと思います。

私が三歳の時に桜新町から三鷹の家に引っ越しました。父はいつも書斎にこもって何やら難しそうな本と格闘していました。幼い頃の私は父が仕事をしている書斎の片隅でおとなしく遊んでいるのが好きでした。

いつもタバコを吸っていました。銘柄は両切りのピースが中心でロング・ピースやハイライト、ずいぶん前は朝日や富士のこともありました。左手の中指はタバコのヤニでいつも汚れていました。亡くなる二年前に脳梗塞で倒れて以来タバコを吸うことはなくなり、半年ほどで左手中指が本来の肌色に返りました。父のヤニ色でない中指を初めて目にしてちょっと違和感を感じました。

父のイメージは絵に描いたような文系学者の印象ですが、今思うと結構子どもたち（私と私の三歳下の妹）のためにいろいろやってくれました。

三鷹の家は当初はアニメの「となりのトトロ」に出てきた家のようなテラスのある和洋折衷のこぢんまりした平屋で、父は庭にセメントで固めた小さなひょうたん型の池を作り、鉄棒やブランコ、さらには鯉のぼりを掲げる掲揚塔までこしらえました。

2013年4月父と母の米寿のお祝い、子2人、孫6人、曾孫2人、子と孫の配偶者5人と共に。

父が一人で作ったとなんとなく思っていたのですが、よく考えると大工さんに手伝ってもらったのかもしれません。あの父が一人でできるとはちょっと疑問です。今では確かめられないのが残念です。

私が小学校三年生の時に父はイギリスに一年間留学しました。一生懸命手紙を書いたのを覚えています。父もマメに家族に便りを寄越しました。

印象的なのは母に届いた父の手紙の末尾に「My Angel」と書いてあったことで、当時は意味がわからなかったのですがなぜか強烈に記憶していました。父と母の米寿のお祝いで子ども・孫・ひ孫が勢揃いした時にこのエピソードをみんなに初めて披露したところ大いに受けました。

父が九十九里浜に小さな海の家を建てたのは私が中学生になるころでした。遠浅の海とどこまでも続く広い砂浜が印象的な田舎の風景はみんな大好きで以後三〇年ほど「山下家の夏は九十九里浜」となりました。

九十九里浜の「別荘」ができてしばらくした夏、父が私と私の友人五人ほどを引き連れて泊まりに行きました。海で遊び河口でハゼ釣りをして、釣果の小さなハゼを父は器用に開いて天ぷらを作ってくれたのは忘れられません。家庭で父が料理するのを見たことがなかったからです。私の友人たちも印象的だったようで、もう半世紀も前のことなのに同窓会で会うたびに「あのときのハゼの天ぷら美味しかったなあ」と言われます。

夏の九十九里浜とは別に、私が高校生になる頃まで両親と私と妹の四人で学校の休みのたびに家族旅行に行きました。良く覚えているのは何度か訪れた奈良のことです。父は仏像が大好きでした。

父と小学生だった私と二人で奈良旅行に行ったこともありました。帰ってから作文に「大仏は大きいけど興福寺の宝物館の仏像の方がよかった」などと書いたら父が「よくわかったなあ」とほめてくれたのがとてもうれしかった記憶があります。

父は仏像に関してはマニアと言っていいほどの知識がありました。ずっと後年、国立博物館で大規模な木造仏像展があったとき、私も父の影響で結構仏像好きになっていたのでさっそく鑑賞に行って父に自慢したら、父はとっくに見ていて「あの何々寺のなんたらはすごいだろう。わしは現地に何度も見に行った。どこそこの何々仏はなんたらかんたら……」ととめどもなくマニアックな仏像講義が始まってしまい、この人にはかなわないなあ……と思ったこともありました。

父も母も、私たち兄妹に勉強のこと生活のこともああしろこうしろと口うるさく指図することは一切ありませんでした。受験の頃など、もう少し口うるさく勉強しろって言ってくれたらもっと成績が良くなってたんじゃないかな？

などと実に勝手なことを思ったほどでした。

私が浪人した上に留年して大学の学部で六年間もふらふらしていたときも黙って学費を出してくれました。私が覚悟を決めて高校の教員になろうとした時は父も初めは都立高校の教員でしたのでいろいろ世話をしてくれました。

後になって父が「息子は都立高校で生物の教師をしているんだ」ってうれしそうに話していたと聞いて、ほんの少し恩返しできたかなと感じました。

自分に子ができ孫ができたこの歳になって、私の父と母はなかなかたいした人たちだったんだな、とあらためて感じます。掃除や整理整頓や庭の草木の世話など全くできないというような欠点はさておいて、ですが。

子どもたちを信頼して自由に生きていくことを温かく見守っていてくれたことを本当に感謝しています。

著者紹介

山下重一（やました　しげかず）

國學院大學名誉教授

1926 年 2 月 24 日、東京都世田谷区深沢町八丁目（通称桜新町）に生まれる。
1938 年 4 月、府立第八中学校（現在の都立小山台高校）に入学。
1942 年 4 月、旧制府立高等学校文科甲類（英語を主とする文科甲類）に入学。
1944 年 10 月、東京大学経済学部経済学科に入学。授業を受けたのは 3 ヵ月で、翌年 2 月徴兵検査に合格し、4 月、広島県福山市の船舶機関砲第二連隊に入営。8 月 15 日の終戦により、軍隊生活は 4 ヵ月余りで終わり、大学に戻る。
1948 年 3 月、東京大学経済学部卒業。同年 4 月、東京大学法学部政治学科に学士入学。瀬田中学校で社会科の講師を勤める。近代イギリス思想史への関心を深める。
1951 年 3 月、東京大学法学部を卒業し、同年 4 月、都立石神井高校教諭となる。
1962 年、東京都の海外研究員の試験に合格して、6 ヵ月間、イギリスに留学。
1965 年 4 月、國學院大學法学部の助教授となり、政治思想史等を担当する。
1976 年、3 月末から 9 月中旬までロンドンとトロントに留学し、ロブスン、スティリンガー教授らと知り合い、ミル父子の文献を調査する。
1980 年 4 月、日本イギリス哲学会の常任理事となり、以後、企画委員や編集委員などを担当し、研究会や研究大会で司会や報告者として活躍する。
1981 年、國學院大學の法学部長に選ばれる。（在任期間は 4 年間）
1996 年、定年により國學院大學を退職する。
2016 年 4 月 1 日、胃ガンで逝去。享年 90 歳。

主要著書
『J.S. ミルの政治思想』（1976 年、木鐸社）
『ジェイムズ・ミル』（1996 年、研究社出版）
『J.S. ミルとジャマイカ事件』（1998 年、御茶の水書房）
『評註ミル自伝』（2003 年、御茶の水書房）

主要共訳書
ロブスン・レーン編『ミル記念論集』（1979 年、木鐸社）
ベイン『J.S. ミル評伝』（1993 年、御茶の水書房）
山下重一・杉原四郎編『J.S ミル初期著作集』全 4 巻（1979 － 96 年、御茶の水書房）

J. S. ミルと I. バーリンの政治《せいじ》思想《しそう》

2016 年 9 月 28 日　第 1 版第 1 刷発行

著　者　山　下　重　一
編集・解説　泉　谷　周三郎
発行者　橋　本　盛　作
発行所　株式会社 御茶の水書房
〒 113-0033 東京都文京区本郷 5-30-20
電　話　03-5684-0751

Printed in Japan
印刷・製本／東港出版印刷㈱
ISBN 978-4-275-02053-6　C3012